Zu diesem Buch

Das vertrackteste Rätsel, mit dem das schlafende Gehirn das wache konfrontiert, ist der Traum. Warum gibt es neben der Wachheit und dem «orthodoxen» Schlaf einen dritten Bewußtseinsmodus, den «paradoxen» Schlaf, der uns in das Reich der Träume entführt? Hat die Evolution «geschlafen», als sie ihn zuließ, und damit entgegen ihrem obersten Leitprinzip fast alle Vögel und Säugetiere einschließlich des Menschen einem Zustand ausgeliefert, in dem sie extrem schutzlos sind? Kaum denkbar – das Träumen scheint, wie der Schlaf, für den Organismus eine entscheidende Bedeutung zu haben.

In seinem Buch – heftig diskutiert in den französischen Medien – setzt der renommierte Neurologe Michel Jouvet, der «Entdecker» des paradoxen Schlafs, neue Akzente in der Schlaf- und Traumforschung. Was wir, so seine Hypothese, nachts als surreale Bilder und Szenen durchleben, ist die fortlaufende Reprogrammierung unserer Gehirnzellen. Sie werden, im Gegensatz zu anderen Körperzellen, unser ganzes Leben lang nicht ersetzt und müssen sich deshalb auf andere Weise – eben durch das Träumen – an die sich ständig verändernden Erfahrungen anpassen.

«Wir erleben derzeit den historischen Zusammenbruch einer Weltanschauung», schreibt Jouvet, «nach der der Mensch durch gezielte Veränderungen der Umwelt selbst verändert werden sollte. Mit wieviel Propaganda sind die Menschen bombardiert worden, und wie viele hat man erschossen, um andere zum ‹richtigen› Denken zu bringen! Warum hat das alles versagt? Vielleicht deshalb, weil die Menschen immer noch träumen.»

© Louis Monier

Michel Jouvet, Professor für experimentelle Medizin an der Universität Lyon und Mitarbeiter der großen französischen Forschungszentren INSERM und CNRS, befaßt sich seit den fünfziger Jahren mit der Erforschung von Schlaf und Traum und gilt heute international als Kapazität auf diesem Gebiet. Bei Byblos erschien 1993 sein Roman «Das Schloß der Träume».

Michel Jouvet

Die Nachtseite
des Bewußtseins

Warum wir träumen

Deutsch von Alexandre Métraux

ro
ro
ro

Rowohlt

rororo science
Lektorat Jens Petersen

Veröffentlicht im Rowohlt Taschenbuch Verlag GmbH,
Reinbek bei Hamburg, April 1994
Copyright © 1994 by Rowohlt Taschenbuch Verlag GmbH,
Reinbek bei Hamburg
Umschlaggestaltung Barbara Hanke
Die Grafik auf S. 43 zeichnete Hans Baumer
Die Originalausgabe erschien 1972 unter dem Titel
«La Sommeil et le rêve» im Verlag Editions Odile Jacob, Paris
Copyright © by Editions Odile Jacob, Mars 1992
Alle deutschen Rechte vorbehalten
Satz Sabon (Linotronic 500)
Gesamtherstellung Clausen & Bosse, Leck
Printed in Germany
1490-ISBN 3 499 19621 2

Inhalt

Vorwort

Die wissenschaftliche Traumforschung knüpft mittels einiger ihrer Untersuchungsmethoden nach wie vor an das 18. Jahrhundert an, in dem die Geheimnisse der Zeugung durch das Wunderbare und der Traum durch die Zwiesprache der Seele mit den «Lebensgeistern» erklärt wurden. Die wenigen Kenntnisse von der Funktionsweise des Gehirns, über die wir verfügen, müßten eigentlich die neugierigsten und kühnsten Forscherpersönlichkeiten zur Physiologie, der Königin aller Wissenschaften, bekehren.

Im Labyrinth des Schlafs ist ein langer Monolog über das Leben, die Ungewißheiten, die Irrtümer, die mitunter abenteuerlichen Reisen der Neurobiologen – und nicht zuletzt auch über die unzähligen Fallstricke, in denen sich die Analyse der Mechanismen und Funktionen von Traum und Schlaf in den vergangenen drei Jahrzehnten immer wieder verfangen hat.

Die Naturgeschichte des Traums gewährt einige Einblicke in die Forschungsarbeit in einem Labor. Die einfach gehaltene, aber umfassende Darstellung der Naturgeschichte des Traums soll – so lautete die Absicht der Organisatoren, die mich um diesen Vortrag baten (Institut National de la Santé et de la Recherche Médicale und Palais de la Découverte, Paris) – das Engagement junger Forscher wecken.

Erinnerungen im Traum und das «zweigeteilte» Gehirn ist dem nichtpsychoanalytischen Zugang zu Traumerinnerungen gewidmet. Wieviel Latenzzeit verstreicht zwischen einem im Wachzustand wahrgenommenen Ereignis und dessen Verarbeitung im Traum? Reisende, die sich oft in fernen Ländern aufhalten und sich an ihre Träume erinnern, werden wohl durch Selbstbeobachtung bemerkt haben, wie befremdlich es doch ist, im Amazonasgebiet oder im nepalesischen Gebirge vom eigenen Wohnsitz oder vom Arbeitsplatz zu träumen.

Arbeiten beide Hemisphären im Traum unabhängig voneinander? Und wie läßt sich dies allein auf der Basis von Erinnerungen an Träume nachweisen? Die Analyse der Entsprechungen zwischen akustischen und visuellen Botschaften bestimmter Träume ermöglicht es, sich diesen Fragen behutsam anzunähern.

Das vierte Kapitel enthält eine detaillierte Beschreibung des *Traumverhaltens*. Wovon träumen eigentlich Katzen? Die Entdeckung des Träumens bei Katzen erlaubt den Nachweis, daß die Grenzen zwischen dem Wachsein und dem Traum oft verwirrend unscharf sind.

Der Beitrag *Ist der paradoxe Schlaf der neurobiologische Zeuge des Traums?* wendet sich an jene, die nach wie vor dem Glauben anhängen, der Geist sei im Schlaf unentwegt tätig. Die kürzlich gewonnenen Erkenntnisse über das Traumverhalten und über den Klartraum bei Menschen bestätigen, daß der paradoxe Schlaf tatsächlich ein objektiver Indikator des Traums ist.

Der Schlaf als Kehrseite des Geistes versucht, eine spitzfindige Frage, die ein Theologe auf einem vom Vatikan veranstalteten Symposium aufwarf, zu beantworten. Wie kann in den neunziger Jahren ein Neurobiologe überhaupt noch von Geist sprechen?

Die Funktionen des Traums faßt zunächst Freuds Ansichten über das «Wie» und das «Warum» der Träume zusammen. Diese Ansichten werden mit den gegenwärtig verfügbaren Forschungsdaten der Neurobiologie des Traums konfrontiert. Im Anschluß daran werde ich die wichtigsten neurobiologischen Theorien der Traumfunktionen kurz vorstellen.

Ist der paradoxe Schlaf der Hüter der psychischen Individualität? stellt die jüngste Entwicklung der Theorie der wiederkehrenden (oder iterativen) Programmierung der psychischen Individualität in allen Einzelheiten dar.

Das Buch schließt mit einer Untersuchung der geschichtlichen Entwicklung, durch die die Neurobiologie des Schlafs und des Traums seit 1960 gegangen ist. Es geht also genau um den Wissenschaftszweig, der in den vorangegangenen Kapiteln beschrieben worden ist. Das exponentielle Wachstum der Neurowissenschaften in den vergangenen zwanzig Jahren hat den Umsturz bestimmter Theorien oder «Paradigmen» bewirkt. Aber die zunehmenden präzisen Kenntnisse über die Mechanismen – über das «Wie des Wie» – des Schlafs haben das Problem des «Warum» nicht zu lösen vermocht – zweifellos deshalb, weil es um das undurchsichtigste Rätsel geht, das das träumende Gehirn dem wachen aufgibt.

1
Im Labyrinth des Schlafs

Ich glaube nicht, daß die Wissenschaften einem geradlinigen Weg folgen. Ebensowenig glaube ich, daß sich die Forschung «verwalten» läßt. Ihr muß die größte Freiheit eingeräumt werden. Wollte man sie «verwalten», dann geschähe dies im Namen bestimmter Dogmen und Wahrheiten. Je bekannter eine Wahrheit wird, desto mehr verbaut sie andere Forschungswege.

Dagegen glaube ich, daß irgendeine Gottheit den Forscher stets begleitet. Deshalb vertraue ich dem Zufall immer. Als man eines Tages eine Elektrode in das Gehirn einer Katze einführte, hatte man Glück: Zwei oder drei Jahre später waren ungefähr 80 Prozent aller Erkenntnisse über den paradoxen Schlaf zusammengetragen. Aber in den dreißig Jahren danach hat man kaum Fortschritte gemacht...

Seit sieben Jahren arbeite ich an einer energetischen Theorie des Traums. Von jedem Montag in der Frühe bis in die späte Nacht eines jeden Freitags beobachten wir ununterbrochen Tiere unter besonderen Bedingungen. Diese Bedingungen erlauben es uns, die Körpertemperatur der Tiere zu verändern, ohne dabei die Systeme der Temperaturregulierung in Gefahr zu bringen. Nach und nach die Temperatur eines Tieres zu senken ist eine wahre Kunst – ungefähr so, als wollte man einen Riesentanker mit einem Motor von zwei Pferdestärken sicher in einen Hafen lotsen. Man muß unentwegt antizipieren und sich dabei auf sein Gespür für ein ganzes Ensemble von Faktoren verlassen: für das Wetter, für die Dichte des Fells und anderes mehr... Ich habe mit dem Verfahren derart viele Mißgeschicke erlebt, daß ich heute alle zu vermeidenden Fehler kenne. Die Erfahrungen gleichen denen eines Kunstschmiedes: man kann sie nicht in Worte fassen. Ich verbringe also oft die Nacht im Labor und schlafe, wenn ich Zeit finde. Das mißfällt mir nicht. Im Labor ist es nachts wunderbar: Ich kann nachdenken, Radio hören...

Natürlich würde ich lieber *in vitro* arbeiten. Zum einen ginge alles viel schneller, und zum anderen würde man einer Mode folgen. Den Schlaf *in vitro* wird man vielleicht in zehn Jahren herstellen, wenn man die energetischen Bedingungen dieses Phänomens besser kennen wird. Aber wie steht es mit dem Traum *in vitro*? Ihn kann ich mir nicht vorstellen, obgleich sich immer wieder unvorstellbare Dinge ereignen. Ich glaube einfach nicht, daß man ihn in den nächsten zwanzig Jahren herstellen wird. Also wird man weiterhin entweder an Tieren experimentieren oder alles aufgeben müssen.

Aus der Wissenschaftsgeschichte sind Beispiele für Forschungszweige bekannt, die zehn oder zwanzig Jahre nicht vorankommen und danach wieder in Bewegung geraten. Die Geschichte der Traumforschung ist ein solcher Fall. Der erste, der den Traum tatsächlich dem Schlaf einverleibt und ihm eine Zeitstruktur verliehen hat, war Alfred Maury, der als Professor am Collège de France lehrte. Die damals gängige Theorie lautete, der Geist als immaterielle Substanz könne überall sein, während der Körper in den «periodischen Tod» des Schlafs falle. Maury gelang die Wiederlegung dieser Annahme, und zwar mit seiner Deutung des Traums als eines in der Phase zwischen dem Wachzustand und dem Schlaf episodisch wiederkehrenden Zufalls. Diese Auffassung hat aber die Forscher, die sich danach mit der Problematik befaßten, regelrecht gelähmt.

Man mußte in der Tat bis zum Zweiten Weltkrieg warten – denn Kriege bringen die Forschung voran –, bis man über Vorrichtungen verfügte, mit denen man Phänomene im Mikrovoltbereich mühelos erfassen konnte. Als 1957 einige Neurophysiologen in Chicago die Augenbewegungen schlafender Menschen beobachteten und die Periodizität derselben feststellten, glaubten sie – da sich das Elektroenzephalogramm (EEG) in nichts von dem des Einschlafens unterschied und da die Ideen Maurys nach wie vor akzeptiert wurden –, der Traum sei nichts anderes als die Wiederkehr des leichten Schlafs. Eigentlich hätte die Entdeckung dieser Physiologen großes Aufsehen erregen müssen, doch sie erregte nicht einmal ein kleines. Das Paradigma – um ein Wort zu verwenden, das ich nicht besonders mag – des Traums als Zwischending zwischen Wachsein und Schlaf blieb unverändert bestehen.

Wie ich es bereits angedeutet habe, rollten François Michel und ich die Problematik zufällig von einer ganz anderen Seite her auf, als wir

1958 die Lernmechanismen bei Katzen untersuchten. Es fiel uns auf, daß der Traum weder zum Wachzustand noch zum Schlaf gehört. Mit anderen Worten, der Traum ist ein dritter Gehirnzustand, der von dem des Schlafs genauso verschieden ist wie dieser von dem des Wachseins.

Ein großer Teil dessen, was man heute über den paradoxen Schlaf weiß, wurde hier in Lyon von Studierenden des École du service de santé militaire entdeckt – und sie wurden für ihre Arbeiten nicht einmal bezahlt. Die Untersuchung der Phylogenese und der Ontogenese des paradoxen Schlafs war in den Anfängen ziemlich ungewöhnlich. Man konnte überall Tiere kaufen. Wollte man Vögel untersuchen, holte man sich ein Huhn oder eine Gans. Wir erwarben Schafe, Hasen, Krokodile, Schildkröten, eine Pythonschlange, Leguane...

Jedenfalls wurde die einheitliche Theorie des Schlafs umgeworfen. Die Physiologen haben eine sehr einfache Auffassung (die Theorie des von der Formatio reticularis* gesteuerten Schlafs und Wachzustands) aufgeben müssen, um zwei neue Erkenntnisse miteinander zu vereinbaren. Die erste Erkenntnis: der Schlaf ist ein aktives Phänomen; die zweite: es gibt zwei Schlafzustände. Diese Revolution hat viele Forscher aufhorchen lassen. Bis ungefähr 1985 war die Erforschung des Schlafs, die Hypnologie, einer der «heißesten» Bereiche der gesamten Neurophysiologie.

Zusammenfassend läßt sich also festhalten: 1949 identifizieren Giuseppe Moruzzi und Horace Magoun die Formatio reticularis als das für das Wachsein zuständige System. Das war für uns ein wichtiges Ereignis. 1959 wird der paradoxe Schlaf entdeckt; zugleich gelingt der Nachweis, daß Tiere durch experimentelle Läsionen am Schlafen gehindert werden können. 1969 schließlich wird der Zusammenhang zwischen dem monoaminergen System und dem Schlaf theoretisch beschrieben; diese Theorie behauptet sich zehn Jahre lang.

Das war eine äußerst fruchtbare Periode, in der man alles durch die jüngst entdeckten Neurotransmitter erklärte. Zuerst gab es nur *einen* Neurotransmitter: das Serotonin. Inzwischen kennt man ungefähr hundert dieser Botenstoffe. Doch mit dieser Zahl läßt sich nicht mehr arbeiten. Drei oder vier Neurotransmitter genügen. Einer für «Ja»,

---

* Wichtige Fachbegriffe werden im Glossar erklärt.

einer für «Nein», einer für «Vielleicht ja» und schließlich einer für «Vielleicht nein». Man kommt, wenn man mit einem Computermodell der neuronalen Systeme arbeitet, mit drei, vier Neurotransmittern durchweg aus. Man braucht keine Neurotransmitter für «Das ist ein schwarzes Huhn» oder «Das ist ein weißes Huhn». Wenn man so vorginge, gäbe es nie genügend Gene...

Als man sich nunmehr zu der Erkenntnis durchringen mußte, daß Neurotransmitter nicht alles erklären, begann eine lange Phase des Pessimismus. Den Leuten, die gesagt hatten: «Wenn man uns Geld gibt, werden wir alles erklären – das Denken, das Gedächtnis und die Geisteskrankheit», wurde der Geldhahn zugedreht. In den meisten Ländern wurde die Grundlagenforschung zugunsten der angewandten Forschung benachteiligt. In den USA begann man zur Zeit Reagans – es ist kein Zufall, daß gerade damals das Alter zum bevorzugten Forschungsgegenstand erklärt wurde –, den Schlaf zwanzigjähriger Katzen zu untersuchen – was keine geringe Leistung ist, wenn man bedenkt, daß man das Alter von Katzen mit 6 oder 7 multiplizieren muß... Und da man unbedingt etwas finden mußte, haben einige Forscher den Nachweis geführt, daß betagte Katzen gelegentlich unruhig schlafen... Es wurden zudem mehrere Arbeiten über Atemstillstandsepisoden während des Schlafs veröffentlicht. Leute, die zuviel essen, einen zu kurzen Hals haben und schnarchen, hören manchmal im Schlaf zu atmen auf, was sich, wenn es allzu oft geschieht, negativ auf das Herz auswirkt. In den USA gibt es viele solche Leute – wegen der vielen Süßspeisen, Coca-Cola und so weiter.

Während dieser Zeit hat man uns in Frankreich in der Forschung eine große Freiheit gelassen. Man weiß sehr wohl: der Schlaf stellt ein vielschichtiges Problem dar, und der Traum liegt ohne Zweifel in einer der äußersten Grenzzonen der Neurobiologie – man wird die Wahrnehmung gewiß früher verstehen als den Traum. Werden Forschungsgelder in ausreichender Höhe bewilligt – stehen also genügend Neuroanatomen zur Verfügung, denen man Forschungsaufträge erteilen kann –, wird man, so nehme ich an, um das Jahr 2015 herum fast die gesamte zerebrale Organisation kennen. In der Traumforschung hingegen werden wir, fürchte ich, keinen entscheidenden Schritt weitergekommen sein.

Die Grundschwierigkeiten mit dem Traum ist die: man hat es mit einem anscheinend funktionslosen Phänomen zu tun – ein ziemlich einmaliger Fall in der Geschichte der Physiologie. Ich will versuchen, dies zu verdeutlichen. Man kann mit Leichtigkeit auf eine kleine Hirnregion stoßen, von der man nicht weiß, wozu sie dient. Seit Claude Bernard ist bekannt, daß eine Funktion die Tätigkeit vieler Strukturen integriert. Nehmen wir den Fall der Zirbeldrüse (Corpus pineale oder Glandula pinealis). Warum war es so lange unklar, wozu sie dient? Weil der Zusammenhang zwischen ihr und anderen Regionen nicht erkannt wurde. Man wollte in ihr eine in sich geschlossene Einheit erblicken, während ihre Arbeitsweise in Wirklichkeit von anderen Systemen abhängt. Heute weiß man, daß die Zirbeldrüse die Dauer des Tageslichts errechnet. Werden die Tage kürzer, sollen sich die Tiere nicht vermehren, weil sonst die Nachkommen im Winter zur Welt kämen. Es handelt sich also um eine für die Evolution sehr wichtige Hirnregion, wenngleich ihre Bedeutsamkeit für den Menschen nicht mehr groß ist. Aber der Traum ist nicht wie die Zirbeldrüse – und er ist keine Hirnregion! Das Träumen beansprucht 20 Prozent der Schlafzeit; es gefährdet die Tiere, denn einerseits sind sie gelähmt, und andererseits ist die Schwelle zum Wachwerden erhöht; es entspricht einem Bedürfnis, denn wenn man es unterdrückt, stellt es sich automatisch wieder ein; schließlich handelt es sich um eine Funktion, die durch die ganze Entwicklungsgeschichte erhalten blieb, deren Notwendigkeit aber nicht erkannt wird.

Hier einige wichtige Hinweise zur Veranschaulichung der Zweckmäßigkeit von Träumen. Es ist nachgewiesen, daß der Schlaf ein energetischer Zustand ist. Amerikanische Forscher haben vor wenigen Jahren entdeckt, daß das menschliche Gehirn beim Denken die gleichen energetischen Bedingungen erfüllt wie ein arbeitender Muskel. So wurde gleichsam der Gemeinplatz «Denken macht müde» experimentell bestätigt. Man hat nämlich festgestellt, daß die Kortexregionen doppelt soviel Glukose verbrennen, wenn sie vom Ruhezustand zu erhöhter Aktivität übergehen, daß aber die Sauerstoffzufuhr konstant bleibt. Das heißt, unser Gehirn durchläuft anaerobe Phasen und produziert Milchsäure. Also «ermüdet» es wie die Muskeln, wenn sie angestrengt werden. Da die für das Wachsein verantwortlichen Neurotransmitter gleichzeitig Glykogen-Moleküle «zerschlagen», muß der Schlaf dafür sorgen, daß das Gehirn seinen Energiebedarf (vor allem in den Gliazellen) und seine Temperatur senkt.

Der Mensch braucht etwa 90 Minuten, um seine Temperatur um 0,8 Grad Celsius zu senken. Und genau zu diesem Zeitpunkt – und *nur* dann – zeigen eigentümliche Systeme (vielleicht handelt es sich um Thermoregulatoren, die derart fein sind, daß sie noch ein Hundertstel eines Grades registrieren) dem Gehirn an, daß die Energiereserven wieder vorhanden sind. Ein anderer Sensormechanismus, den man als Redoxpotential bezeichnet, teilt dem Traumsystem mit, daß es genügend Energie in Gestalt von ATP angesammelt hat. Dann beginnt das Träumen, das eine große Energiemenge aufbraucht, bevor im Anschluß daran erneut eine lange Phase der Energiespeicherung beginnt. Wir fangen erst an, diesen ganzen Prozeß zu begreifen. Bleibt die Aufgabe, das System ausfindig zu machen, das dem Gehirn die Messung der verfügbaren Energiemenge erlaubt. Dieses System ist mit Sicherheit komplexer als das von uns derzeit untersuchte System.

Das für die Steuerung des temperaturabhängigen paradoxen Schlafs zuständige System ist insofern ungewöhnlich, als es einigen wiederholt bestätigten fundamentalen Gesetzen der Biologie zuwiderläuft – zum Beispiel den Gesetzen von Jacobus H. van't Hoff und Svante A. Arrhenius, denen zufolge eine chemische Reaktion langsamer verläuft, wenn die Temperatur abnimmt. So besteht ein bestimmtes Verhältnis, das als Q^{10} bezeichnet wird, zwischen der Tätigkeit eines Systems (Atmung, Herzfrequenz, Sauerstoffverbrauch usw.) bei 37 Grad und der Tätigkeit desselben Systems bei 27 Grad Celsisus. Dieses Verhältnis bewegt sich stets zwischen den Werten 2 und 3. Das heißt, ein Wärmerückgang um 10 Grad reduziert die Tätigkeit eines biologischen Systems um 50 Prozent. Das Steuerungssystem des paradoxen Schlafs scheint aber nachgerade zweimal paradox zu sein: Zum einen nimmt die Menge des paradoxen Schlafs bei sinkender Temperatur der zentralen Systeme zu (so daß Q^{10} den Wert von 0,1 annimmt); zum anderen aktiviert der paradoxe Schlaf selbst ein Kühlsystem, das unmittelbar Wärme abgibt. Es besteht somit eine offene Rückkopplungsschleife: Je mehr die interne Temperatur sinkt, desto mehr nimmt der paradoxe Schlaf zu usw. Das «Ziel» dieses Systems scheint darin zu liegen, einen paradoxen Dauerschlaf bei etwa 20 Grad Celsius zu erreichen...

Natürlich gibt es verschiedene Modelle für die Erklärung dieses Systems. Das einfachste beruht auf der Annahme von Thermosensoren innerhalb des Gehirns. Einige dieser Sensoren reagieren auf Wärme (es könnte sich dabei um die Systeme des Wachzustands handeln, die den paradoxen Schlaf unterbinden); andere reagieren dagegen auf Kälte und lösen den paradoxen Schlaf aus. Diese Hypothese steht aber auf tönernen Füßen, denn man müßte annehmen, daß wir als homöotherme Lebewesen (deren Körperwärme stets 35 Grad übersteigt) über Nervenzellen verfügen, die erst zwischen 25 und 20 Grad «auf vollen Touren laufen» (also bei einer Temperatur, die unsere Vorfahren, die poikilothermen Lebewesen, vor einigen Millionen Jahren gehabt haben). Daraus folgt, daß Thermosensoren von Dinosauriern in unserem Gehirn überleben. Aber warum eigentlich nicht?

Die Thermosensoren-Hypothese wurde inzwischen durch ein Modell ersetzt, in dem eine Art Thermostat die interne Temperatur konstant hält. Aber ein Thermostat besitzt *per definitionem* eine negative Rückkopplungsschleife, was bei unserem System, das eine offene Schleife hat, eben nicht der Fall ist. Deshalb drängt sich ein drittes Modell auf. Es beruht auf der Annahme einer fortlaufenden Energiebilanz des Gehirns, in der sowohl der Glykose- als auch der Sauerstoffverbrauch bei abnehmender Temperatur zwischen 37 und 27 Grad Celsius gemessen werden.

Das Kernproblem betrifft nunmehr die Erschließung des zerebralen Energiehaushalts. Eine Lösung dieses Problems hat sich lange vor allem aus technischen Gründen nicht finden lassen. In der Physiologie gibt es verschiedene Bereiche, in denen Erkenntnisfortschritte auf neue Techniken angewiesen sind. Derartige Techniken stehen einem heute zur Verfügung. Wir haben jetzt die Positronenemissionstomographie, die es erlaubt, den Glykose- und Sauerstoffverbrauch des menschlichen Hirns zu erfassen, was zuvor nie geglückt war. Bei der Katze lassen sich mit Hilfe der Kernspinresonanz-Spektroskopie *in vivo* (also ohne den geringsten Eingriff) die Energiequellen, das heißt die ATP-, Phosphor- und Kreatinphosphatspitzen, sichtbar machen, was wunderbar ist. Man wird also in den kommenden Jahren auf Wegen vorankommen, auf denen seit gut zwei Jahrzehnten niemand einen Schritt getan hat. Auf dieser Basis wird man entscheiden können, wem der Vorrang gebührt: den energetischen Mechanismen oder den Neurotransmittern.

Daraus folgt, daß das energetische Rätsel noch nicht gelöst ist. Fortschritte werden jedoch nur Physiologen erreichen, die die unterschiedlichen, hochkomplexen Mechanismen der Energieversorgung und die zwischen den Neuronen (und bestimmt auch zwischen diesen und den Gliazellen) stattfindenden Informationsaustauschprozesse zur Synthese bringen. Deshalb mein Eintreten für eine Physiologie, die man zu unterdrücken im Begriff steht. Man muß immerhin einige Daten vor Augen haben: Zwischen 1960 und 1987 ging der Anteil der physiologischen Grundlagenforschung an der internationalen Schlaf- und Traumforschung von 60 auf 15 Prozent zurück. In allen Ländern werden demnächst viele Molekularbiologen arbeiten, die überhaupt nicht mehr wissen, wie ein Organismus lebt und funktioniert.

Ich stelle mir deshalb gern nicht etwa die Götterdämmerung der Molekularbiologie (denn sie hat nach Möglichkeit zum Fortschritt beigetragen, und das ist nicht gerade wenig), sondern eine gewisse Zurückhaltung wenigstens gegenüber dem Zentralnervensystem vor, damit andere Ansätze, insbesondere der energetische, ihr Glück versuchen können. Das wird aber nicht einfach sein. Zur Verteidigung ihrer Stellung um jeden Preis lassen die Molekularbiologen ganze Garderegimenter aufmarschieren. Die Hirnmodelle, die auf der Molekularbiologie der Rezeptorzelle aufbauen, werden sich also einer großen Beliebtheit erfreuen. Vermutlich wird eine andere Richtung, die aus der Informatik stammt, genauso wichtig werden. Diese Richtung entwickelt Modelle von Maschinen, die eine künstliche Intelligenz – und warum nicht auch das Denkvermögen? – besitzen. Meiner Meinung nach hinkt jeder Vergleich zwischen dem Gehirn und dem Computer, denn er übersieht die Plastizität und die Entwicklung des Gehirns während der Ontogenese. Der Vergleich täuscht vor allem darüber hinweg, daß ein Computer an eine elektrische Leitung angeschlossen ist, also kein Energieproblem kennt, während das Gehirn sowohl seinen Energiehaushalt als auch den des ganzen Organismus steuern muß. Zudem möchte ich wirklich wissen, wie diese Modelle den Schlaf und den Traum erklären…

Ich habe übrigens, wie viele andere Leute, auch dazu beigetragen, den Erkenntnisgewinn zu verzögern. So habe ich lange angenommen, das Serotonin sei für den Schlaf verantwortlich. Um sich über mich lustig zu machen, haben meine Schüler eine Photographie vom Großen Vorsitzenden Mao, der das «Rote Büchlein» hochhält, in einem Labor aufgestellt. Inzwischen weiß ich, daß das Problem ungleich komplexer ist. Ich habe mich von der Idee verabschiedet, daß es eine notwendige und hinreichende Ursache des Traums gibt. Die Ursache des Schlafs und des Traums ist lediglich der Inbegriff aller hinreichenden Bedingungen für das Auftreten dieser Phänomene; oft aber glaubt man, die letzte Bedingung sei die Ursache. Deshalb nehmen Untersuchungen dieser Art soviel Zeit in Anspruch. Um Fortschritte zu erzielen, muß man notwendigerweise Hindernisse aus dem Weg räumen. Diese Hindernisse werden oft von mächtigen wissenschaftlichen Schulen errichtet, die viel publizieren. In den sechziger Jahren beispielsweise herrschte das Dogma vor, der Sauerstoffverbrauch des menschlichen Gehirns sei im Wachzustand wie im Schlaf konstant. Zu diesem Ergebnis war eine der angesehensten Forschergruppen in den USA gelangt. Heute weiß man, daß sich ein Fehler in die statistischen Berechnungen eingeschlichen hatte, wodurch die meisten Forscher von der Fährte der energetischen Theorie abgedrängt wurden.

Wahrscheinlich kann der Mechanismus des Traums mit der Annahme geklärt werden, es handle sich um ein Phänomen mit einem überaus hohen Energiebedarf. Einen anderen Schlüssel zum Geheimnis des Traums liefert die Phylogenese. Warum existiert eine Barriere zwischen den poikilothermen Lebewesen – also den niederen Wirbeltieren, die ihre Körperwärme nicht selbst regulieren – und den homöothermen Lebewesen, deren Körpertemperatur unabhängig von der Umwelt konstant ist? Kein Mensch hat bei Fischen, Amphibien und Reptilien mit Sicherheit einen Zustand beobachten können, der dem paradoxen Schlaf entspricht – eine Ausnahme bildet vielleicht das Krokodil. Warum haben die Fische den paradoxen Schlaf nicht zu «erfinden» brauchen? Was ist das Rätsel? Ich nehme an, das Rätsel hat mit der Neurogenese zu tun. Bei Wechselblütlern teilen sich die Nervenzellen während des ganzen Lebens. Man betrachte einmal einen sechzig Jahre alten Karpfen – seine Gehirnzellen teilen sich nach wie vor! Bei den homöothermen Lebewesen verhält es sich anders: nach dem einundzwanzigsten Lebenstag bei Ratten und Katzen (wenn ich mich nicht täusche) und nach dem dritten Lebensmonat beim Menschen teilt sich keine Nervenzelle mehr. Nur eine Zukunft liegt vor ihr: das Absterben.

Ein weiterer Schlüssel zum Rätsel des Traums ist in der Ontogenese zu suchen. Je weniger ein Säugetier oder ein Vogel entwickelt ist (*in utero* oder *in vivo*), desto wichtiger ist etwas, das dem paradoxen Schlaf gleicht (man bezeichnet das Phänomen als «seismischen

Schlaf»). Dieser Zustand fällt mit dem Abschluß der genetischen Programmierung des Gehirns am Ende der Neurogenese zusammen, aber es handelt sich nicht wirklich um den paradoxen Schlaf, weil man ihn weder durch Drogen noch durch Verletzungen – wie bei erwachsenen Organismen – unterdrücken kann. Sobald die Neurogenese abgeschlossen ist, macht sich der paradoxe Schlaf bemerkbar. Dieser löst beim Säugling Lächeln, ja alle möglichen Variationen menschlicher Gesichtsausdrücke spontan und ohne Anwesenheit einer Bezugsperson aus. Darauf gründet sich die Annahme, die Mimik sei programmiert.

Wozu dient eine solche Programmierung? Ich glaube, die Beobachtung von Zwillingen hilft uns weiter.

Betrachtet man Zwillinge, die von Geburt an getrennt aufgewachsen sind, wird man sich über Ähnlichkeiten nicht wundern. Nun hat aber Thomas J. Bouchard von der University of Colorado noch viel merkwürdigere Dinge herausgefunden, als er Dutzende von eineiigen, seit der Geburt in verschiedenen Familien lebenden Zwillingen untersucht hat. Wie lassen sich die außergewöhnlichen Ähnlichkeiten im Leben dieser Zwillinge verstehen (siehe auch Kapitel 8)? Worin liegt die Ursache der Vererbung psychischer Merkmale, die für gleiche idiosynkratische Reaktionen dieser Zwillinge verantwortlich ist, und dies, obwohl die beobachteten Personen ihr Leben lang völlig verschiedenen Umgebungen ausgesetzt waren?

Würden sich die Nervenzellen unentwegt teilen, dann müßte man annehmen, das in der DNS enthaltene Programm sorge aufgrund der ununterbrochenen Neurogenese bei jedem Zwilling für identische psychische Dispositionen. Das ist aber nicht der Fall, da das Gehirn eben das einzige Organ ist, dessen Zellen sich nicht teilen. Muß man daraus schließen, daß das vor und kurz nach der Geburt ein für allemal entwickelte Programm für die unzähligen subtilen Verbindungen zwischen den Nervenzellen verantwortlich ist und daß diese Verbindungen spezifischen Charaktereigenschaften zugrunde liegen? Das ist ausgeschlossen. Zum einen würde die genetische Programmierung von Abermilliarden synaptischer Verbindungen viel mehr Gene erfordern, als im Genom vorhanden sind. Und zum anderen würden die Umwelteinflüsse diese synaptischen Verbindungen so oder anders eben doch verändern.

Warum also nicht mit dem Gedanken spielen, daß einzelne genetische Programme periodisch verstärkt werden, damit synaptische Verbindungen, die für die Anlage psychischer Eigenschaften zuständig sind, funktionsfähig bleiben? Der Vorteil eines solchen Mechanismus bestünde natürlich darin, daß einzelne, durch bestimmte epigenetische Ereignisse gestörte synaptische Bahnen «geflickt» werden könnten. Meine Hypothese lautet also: Diese iterative (wiederkehrende) genetische Programmierung findet in der Phase des paradoxen Schlafs, also im Traum, statt.

Und wozu das alles? Schlicht zu dem Zweck, die Individuation zu gewährleisten. Verschiedenartigkeit – Diversifikation – ist außerordentlich wichtig. Und vor allem ist es entscheidend, daß wir in einer Umwelt, durch die wir fortwährend konditioniert werden, über ein System verfügen, das die Individuation ermöglicht.

Wir erleben derzeit den historischen Zusammenbruch einer Weltanschauung, nach der der Mensch durch gezielte Veränderungen in der Umwelt selbst verändert werden sollte. Mit wieviel Propaganda sind die Menschen bombardiert worden, und wie viele hat man erschossen, um andere zum «richtigen» Denken zu bringen! Warum hat das alles versagt? Vielleicht deshalb, weil die Menschen immer noch geträumt haben. Was haben die Agenten des KGB den Nonkonformisten angetan? Sie steckten sie in psychiatrische Anstalten. Und warum? Um ihnen Drogen (Phenothiazin-Derivate oder Antidepressiva) zu verabreichen, die den Traum unterbinden. Haben sie gewußt, daß Menschen, denen man solche Drogen verabreicht, deren Traumtätigkeit also blockiert oder wenigstens vermindert wird, ideologisch leichter zu beeinflussen sind?

Die Hypothese der iterativen Programmierung des Individuationsprozesses im Traum (siehe Kapitel 8) wird von der wissenschaftlichen Intelligenzija nicht besonders geschätzt. Die genetische Fixierung bestimmter psychischer Eigenschaften steht seit Théodule Ribots Übertreibungen nicht hoch im Kurs. Dem heute geltenden Dogma zufolge hängt das mentale Profil eines Menschen von der kulturellen Umwelt ab, so daß man durch Veränderungen der Umwelt ein Individuum «verbessern» kann. Sobald man von Veranlagung und Individuation spricht, denken die Leute sofort an den alten Streit über Intelligenz, Intelligenzquotienten, soziale Schichtung und so weiter. Das aber hat mit meiner Hypothese nicht das geringste zu tun.

Zweimal haben sich Widerstände gegen meine Annahme geregt, als ich versucht habe, das Problem auf den Menschen zuzuschneiden. Wir haben die Entdeckung gemacht, daß jeder Mäusestamm charakteristische Muster schneller Augenbewegungen während des paradoxen Schlafs aufweist (die Maus ist das einzige träumende Tier, bei dem man die Genese des paradoxen Schlafs untersuchen kann): Bei manchen Stämmen bewegen sich die Augen oft, bei anderen wenig. Es stellte sich zudem heraus, daß die Stämme mit wenigen Augenbewegungen im Labyrinth besser abschneiden, also «intelligenter» sind, als solche mit vielen Augenbewegungen.

Diese Entdeckung bewog uns, mögliche Unterschiede der Augenbewegungsmuster bei bestimmten Menschengruppen zu untersuchen, die sich genetisch unterscheiden und die man als genetische Isolate bezeichnen kann. Dank der freundlichen Hilfe von Professor Gessais und seiner Frau – beide arbeiten am Musée de l'Homme in Paris – konnten wir 1972 den Schlaf der Bassari – eines genetisch damals bereits gut erforschten Volkes, das im Grenzgebiet zwischen Senegal und Guinea lebt – detailliert studieren. Diese kleine Expedition brachte Abwechslung in die Routine der Laborarbeit. Wir mußten einen Apparat für die Aufzeichnung der elektrischen Hirnaktivität, einen Kleinrechner zur Auswertung der Augenbewegungen und Akkumulatoren mitschleppen und führten unsere Untersuchungen nach langen Verhandlungen mit den Frauen, auf deren Einwilligung wir angewiesen waren, durch. Ich habe die zum Glück ziemlich kühlen Nächte, während deren wir den Schlaf von vier erwachsenen Bassari-Männern in dem in vielerlei Geräusche getauchten Busch aufzeichneten, in guter Erinnerung. Trotz vieler Schwierigkeiten gelang es uns, etwa zwanzig Traumphasen aufzuzeichnen. Sofort stellten wir erstaunt fest, wie selten sich die Augen während dieser Phasen bewegten. Auf die vielen Stunden tagsüber, in denen wir als Ärzte Dutzende von Bassari versorgten – sie litten an Krankheiten, die nur noch in alten medizinischen Lexika verzeichnet sind –, gehe ich hier ebensowenig ein wie auf unseren Zahnarzt, der einigen alten Männern abgefeilte Zähne zog, oder auf die Tänze, die Büffelopfer, die Honigsuche in den Bäumen, die Löwenfährten und so weiter.

Dank der langjährigen Erfahrung der mit uns zusammenarbeitenden Ethnologen und ihrer profunden Kenntnisse über die Bassari konnten wir zwei unserer Probanden nach Lyon kommen lassen. Nachdem sie einige Monate in Frankreich gelebt hatten, zeichneten wir ihren Schlaf erneut in unserem Labor auf. Und wieder machte sich das andersartige Augenbewegungsmuster bemerkbar, das sich von dem der Kontrollgruppe deutlich unterschied. Daraufhin verfaßten wir für eine englischsprachige Fachzeitschrift eine kurze Mitteilung, in der wir mit aller Vorsicht als Fazit andeuteten, es gebe hinsichtlich dieser Muster signifikante, möglicherweise genetisch bedingte Unterschiede zwischen Gruppen von Menschen. Diese Mitteilung wurde nicht gedruckt, mit der Begründung, wir hätten zu wenige Probanden untersucht – aber ja! –, und die Feststellung der geringeren Anzahl von Augenbewegungen bei den Bassari könnte in einem ungünstigen, wenn nicht gar rassistischen Sinne interpretiert werden!

Trotz dieser ersten unangenehmen Erfahrung habe ich später versucht, über die Vermittlung eines Kenners der Polargegenden eine viel weniger isolierte Menschengruppe zu untersuchen: die Lappen. Briefe wurden an Botschaften und wissenschaftliche Gremien in Norwegen verschickt, in denen wir die Gründe für unsere Expedition usw. erläuterten. Schließlich bekamen die Lappen Wind von unserem Vorhaben. Eines Tages erhielt ich ein Schreiben mit einem wunderbaren Briefkopf, auf dem die nach Autonomie strebenden arktischen Völker (Lappen, Eskimo, Samojeden) vertreten waren. Der Brief teilte in barschem Ton mit: «Es kommt nicht in Frage, daß sich die Lappen als Versuchspersonen zur Verfügung stellen» und so weiter. In meiner Antwort hob ich hervor, aus der Untersuchung könnte sich – entgegen ihrer Erwartung – ein weiteres Argument zugunsten ihrer Unabhängigkeit ergeben, wenn es uns gelänge, einen Unterschied zwischen dem Muster ihrer Augenbewegungen und dem der Norweger zu entdecken. Immerhin hätte damit die Traumforschung wenigstens einmal eine praktische Konsequenz gehabt. Ich erhielt eine unwiderrufliche Antwort: Wenn wir kämen, würden sie uns mit Schußwaffen empfangen. Für die Ethno-Oneirologie sterben? Nie im Leben! Also haben wir die (aus privaten Quellen stammenden) bescheidenen Zuschüsse ausgegeben, um bei den Lofoten auf Fischfang zu gehen. Der nahende Frühling, der Nebel, die grauen Wogen, die gebratenen Seezungen mit Aquavit werden mir immer in bester Erinnerung bleiben.

Ich bedauere es, daß ich diese Arbeit nicht habe fortsetzen können.

Jeden Tag sterben Menschenstämme aus, ohne daß wir die traumbedingten Augenbewegungen ihrer Mitglieder haben aufzeichnen können. Wir haben den Code (warum nicht die Oneironeme?) dieser Bewegung *noch nicht* geknackt. Eines Tages wird es aber möglich sein, und dann ist es zu spät. Wer weiß, ob uns nicht die Augenbewegungen der verschwundenen Völker etwas Wesentliches über die Ursprünge des Menschen hätten sagen können? Ich habe über die Dringlichkeit ethnooneirologischer Studien auf einem Kongreß in Kyoto einen Vortrag gehalten, aber ich glaube nicht, daß man mich verstanden hat.

Doch entspricht es nicht meiner Natur, so rasch die Segel zu streichen. Ein dritter Versuch wurde in Lyon unternommen. Wir untersuchten zehn Paare ein- und zweieiiger Zwillinge; Zehntausende von Augenbewegungen im Traum wurden auf Magnetbändern aufgezeichnet. Da wir 1976 noch über keinen Computer verfügten, verwandte einer meiner Schüler – Informatiker und Mathematiker von Beruf – Tausende von Stunden darauf, die Daten zu verarbeiten. Vier Jahre hat er sich damit beschäftigt. Seine hervorragende Dissertation weist die Ähnlichkeit der Bewegungsmuster bei eineiigen Zwillingen nach, wogegen eine solche Ähnlichkeit bei zweieiigen Zwillingen nicht zu beobachten ist. Seit jener Zeit geht dieser Forscher Zwillingen aus dem Weg; er hat sich inzwischen in einem innovativen Bereich der Elektrophysiologie einen Namen gemacht.

Um mit dem Thema Genetik und Traum zu einem Ende zu kommen, erzähle ich eine authentische Geschichte. Bei einem Empfang hatte ich die Gelegenheit, mit einem Kollegen und Mitglied einer Akademie über Erinnerungen in Träumen zu sprechen. «Als Kind», berichtete er, «habe ich oft denselben Traum gehabt: Ich gehe an einem großen Haus vorbei und sehe eine schwarzgekleidete Frau, die die Tür zu einem weiten Flur öffnet.» In dem Moment näherte sich uns sein Bruder, der meinem Kollegen gleicht wie ein Ei dem anderen, hörte die letzten Brocken des Traumberichts und fuhr spontan fort: «Die Dame öffnet die Tür zu einem Flur, und Hunderte von Katzen springen heraus.» Mein Kollege blickte seinen Bruder erstaunt an und sagte: «Woher weißt du, wie mein Traum endet? Ich habe dir davon noch nie erzählt.»

Die Zwillinge hatten also dasselbe geträumt. Es handelt sich bestimmt um einen einmaligen Fall. Dennoch könnte die Erforschung der

Erinnerungen in Träumen bei ein- und zweieiigen Zwillingen zu einem interessanten, wenngleich mit vielen Fallen gespickten und weitläufigen Forschungsbereich werden.

Das Gehirn und die Mechanismen des paradoxen Schlafs sind derart komplex, daß die Hypothese der iterativen genetischen Programmierung lange – also fünf oder zehn Jahre – wird ruhen müssen. Zum Glück gibt es noch andere Hypothesen, also auch andere Diskussionsmöglichkeiten. Ich wurde vor einigen Jahren zu einem mehrmonatigen Aufenthalt am Salk Institute in Kalifornien eingeladen. Francis Crick, der Mitentdecker der DNS-Doppelhelix, hatte mir diesen Aufenthalt ermöglicht. Crick ist ein vornehmer, bisweilen charmanter und gelegentlich extravaganter Mensch, der auch als Molekularbiologe sein Physikstudium nicht vergessen hat. Mit einem Freund, der als Informatiker arbeitet, hat er eine Hypothese über die Funktion des Traums entwickelt – denn kein unberührtes Fleckchen Erde darf sich dem biologischen und britischen Imperialismus entgegenstellen. Nach dieser Hypothese ist zur Aufrechterhaltung der Funktionsfähigkeit eines Supercomputers, also auch des Gehirns, das periodisch wiederkehrende Eindringen stochastischer Signale nötig, damit die mit bedeutungslosen Signalen angefüllten Gedächtnisspeicher gereinigt werden. Diese Metapher war anscheinend sinnvoll, denn im Schlaf ist die Hirntätigkeit stochastisch. Andererseits beruht eine solche Programmierungsbeziehungsweise Reinigungsoperation auf der Unterbrechung der zwischen Input und Output bestehenden Verbindungen – was auch im Traum stattfinden könnte, da ein Hemmungssystem das Eindringen von Signalen aus der Umwelt und die Erregung der Motoneuronen (mit Ausnahme der Augenbewegungen) unterbindet. Cricks Hypothese besagte also, daß der Traum dazu dient, überflüssige Gedächtnisspuren zu löschen. 1886 hatte W. Robert, den Freud in seiner ‹Traumdeutung› zitiert, bereits eine solche Annahme geäußert. Francis Crick war diese Quelle, die ich ihm nannte, unbekannt. Allerdings haben wir das Buch von Robert in San Diego nicht auftreiben können.

Wir diskutierten also lange und lebhaft unsere Theorien, die sich teilweise zu widersprechen schienen (meine Theorie geht ja auch von der Aufhebung bestimmter Verbindungen aus), und wir versuchten, ein Verfahren für die Überprüfung der Theorie Cricks zu finden. Nach Crick mußte zwischen dem Volumen der Hirnrinde – dem auszulöschenden Gedächtnis – und der Menge des paradoxen Schlafs ein Zusammenhang bestehen. Da gibt es aber einen merkwürdigen Ausnahmefall. Delphine besitzen einen Kortex, der beinahe so entwickelt ist wie der des Menschen; sie kennen aber keinen paradoxen Schlaf, worüber mich Professor Muchametow bei einer Begegnung in Moskau informiert hatte. Wir standen also vor einem Rätsel, das sich allerdings zum Teil auf Angaben aus der Sowjetunion gründete. Da sich in der Nähe San Diegos ein Marinestützpunkt befindet, wo über Delphine geforscht wird, konnten wir vermuten, daß auch die Wissenschaftler der US Navy dieser Frage nachgegangen waren. Wir wandten uns an den Leiter der Forschungsgruppe, einen Admiral der Navy. Doch da weder Crick noch ich einen amerikanischen Paß besaß und da die Forschungsprojekte als streng geheim eingestuft worden waren, verweigerte man uns jede Auskunft.

Das Nichtvorhandensein eines Beweises ist kein Beweis des Nichtvorhandenseins, meinte Crick, der dann für die Zeitschrift *Nature* einen Aufsatz über seine «Traum = Vergessen»-Theorie verfaßte. Gegen die Theorie gibt es gewichtige Einwände, selbst wenn man den Delphin «vergißt» und den Sonderfall der Katze, die doppelt soviel träumt wie der Mensch, außer acht läßt. Der wichtigste Einwand lautet: Seit mehr als zwanzig Jahren werden Hunderte an Depression leidende Menschen mit Medikamenten behandelt, die – wie Aufzeichnungen beweisen – den paradoxen Schlaf oder den Traum unterbinden. Die wochen-, bisweilen monatelange Unterdrückung des Traums hat jedoch nie zu Gedächtnisstörungen geführt. Diese Feststellung genügt zur Widerlegung der «Traum = Vergessen»-Hypothese. Meine Hypothese dagegen widerlegt die Abwesenheit mnestischer oder kognitiver Störungen nicht. Die offenkundigen und subtilen Veränderungen, die eine Person bei der Behandlung mit «traumhemmenden» Antidepressiva durchläuft, könnten natürlich mit dem Verschwinden der iterativen genetischen Programmierungen in Verbindung gebracht werden. Man kann jedoch mit gleichem Recht darauf hinweisen, daß die Entstehung oder das Verschwinden kleinster idiosynkratischer psychischer Reaktionen entweder auf die Substanzen selbst oder auf die Behebung eines depressiven Zustands zurückzuführen ist. Dennoch hat man kein Recht, normalen Menschen Drogen zu verabreichen, die den Traum unterbinden, wie dies früher in der Sowjetunion geschah.

Ich komme kurz auf das Fehlen des paradoxen Schlafs beim Delphin zurück. Den Forschungsarbeiten meines Freundes Muchametow und seiner Schüler gegenüber hege ich großen Respekt. Den Schlaf von Delphinen aufzuzeichnen ist keine leichte Sache. Die Russen haben Übermittlungssysteme entwickelt, die unter Wasser bestens funktionieren. Ich habe in Moskau ausgezeichnete Schlafaufzeichnungen gesehen. Was auch immer hinter dem Rätsel der Delphine stecken mag: die Abwesenheit des paradoxen Schlafs bei diesen Tieren hat mir die Gelegenheit zu einer unvergeßlichen Reise gegeben.

Anfang der achtziger Jahre wurde experimentell nachgewiesen, daß verschiedene aus dem Zwischenteil der Hirnanhangdrüse (Hypophyse) stammende Peptide den paradoxen Schlaf von Katzen erheblich verlängern. Ich habe einige Zeit – völlig zu Unrecht – die These vertreten, diese Substanzen allein seien für die Entstehung des paradoxen Schlafs verantwortlich. Es gelang uns der Nachweis, daß die Peptide entweder direkt über neuronale Wege zwischen Hypothalamus und Hirnstamm – dem Ort, wo sich die «Maschine» des paradoxen Schlafs befindet – oder mittelbar über den Blutkreislauf nach ihrer Ausschüttung durch die Hirnanhangdrüse wirken. Professor Muchametow sandte uns zwei Delphinhirne. Dank der exzellenten Arbeit der Immunohistochemiker unseres Labors stellte sich heraus, daß die Organisation bestimmter peptiderger Systeme des Delphins von der der entsprechenden Systeme bei Katzen stark abweicht. Wir haben uns also die Frage stellen müssen, ob Spuren der «traumgenerierenden» Peptide in der Hirnanhangdrüse der Delphine zu finden seien. Um diese Frage zu beantworten, mußten wir uns derartige Gehirne beschaffen – was leichter gesagt als getan ist. Es gibt nur noch zwei Gegenden, wo Fischer Delphine töten: vor den Küsten der Türkei und um Japan herum. Die Delphine richten durch die Zerstörung der Netze erheblichen Schaden an. Ich flog also zum zweitenmal nach Japan und hielt mich in Okinawa auf. Dank der großen Effizienz der Japaner waren wir bald im Besitz der Hirnanhangdrüsen mehrerer Delphine, die in einem Tiefkühlbehälter gelagert wurden.

Zum gleichen Zeitpunkt erfuhren wir von der Entdeckung einer unbekannten Katzenrasse auf Iriomote, der südlichsten Insel des Ryu-Kyu-Archipels, das einzige Dutzend Kilometer weit vor Taiwan liegt. Diese Insel ist derart von Mangroven überwuchert, daß sie von kriegerischen Auseinandersetzungen verschont blieb. Der Strandsand besteht aus kleinen Korallensternen; und Flora und Fauna sind recht eigenartig. Dort leben ungefähr sechzig Katzen mit sechs Zehen; sie schnurren nicht und verbringen ihre Zeit im Meer auf der Jagd nach Fischen. Diese Katzen werden von etwa genauso vielen japanischen Forschern beobachtet und geschützt. Die Tiere sind so selten, daß wir unseren Plan, die Erlaubnis zur Aufzeichnung des Katzenschlafs einzuholen, schnell aufgaben. Wir haben in Wahrheit nicht eine Katze gesehen, dagegen einige unvergeßliche Tage auf dieser sonnenüberfluteten, vom Tourismus noch völlig unberührten Insel verbracht.

Wir flogen also mit den Delphin-Hirnanhangdrüsen nach Lyon zurück. Aber die Hypothese, von der wir ausgegangen waren, konnte nicht mehr stimmen, denn inzwischen hatte sich herausgestellt, daß die Zunahme der Traumdauer aufgrund der aus der Hirnanhangdrüse stammenden Peptide eine Reaktion auf einen bestimmten, durch Entzug des paradoxen Schlafs bewirkten Stress ist. Das war der Beweis dafür, daß die Peptide eben nicht die notwendige und hinreichende Bedingung des paradoxen Schlafs sind, sondern höchstens für krankhafte Schlafsuchtsyndrome verantwortlich sein können.

Die Geschichte mit den Delphinen macht den Ad-hoc-Charakter der Erforschung neurobiologischer Traummechanismen ein wenig deutlich. Der Traum ist, wie ich bereits ausgeführt habe, eine der letzten *new frontiers* der Neurowissenschaften. Wir stecken zum Glück noch mit einem Bein im 18. Jahrhundert und können so die Naturgeschichte des Schlafs im Verlauf der Evolution studieren. Um des wissenschaftlichen Ansehens willen müssen wir aber das andere Bein auf den Boden der Biochemie stellen, das heißt nach dem traumauslösenden Molekül suchen – an das ich übrigens nicht mehr glaube, denn ich habe mich von der Vorstellung einer notwendigen und hinreichenden Ursache gelöst. Einige aus der heutigen Biologie oder Molekulargenetik stammende Begriffe erinnern mich an das Lego-Spiel meiner Kinder. Sowohl die Komplexität als auch die Faszination einer energetischen Erklärung des Wechselspiels von Wachzustand, Schlaf und Traum hängen mit der Aussicht zusammen, das Problem des Mechanismus gleichzeitig mit dem Problem der Funktion zu lösen. Aber dieser Ansatz hat mit den Vereinfachungen molekularbiologischer Modelle oder neuronaler Netze nichts gemein.

Ich glaube, daß man erst in späteren Generationen verstehen wird, wie das Gehirn seine eigene Energie und die des ganzen Organismus «verwaltet».

Das ist auch der Grund, warum es mir so schwerfällt, ein Buch über die Physiologie des Wachzustands, des Schlafs und des Traums zu schreiben. Zudem muß ich annehmen, daß die Traum- und Schlafforscher meiner Generation mit ihrer Zeit gewuchert haben. Wir sind viele Jahre lang blindlings, Tag und Nacht, ohne viel Schlaf in einen Wettlauf mit der Zeit getreten, um ein Phänomen zu verstehen, das plötzlich greif- und meßbar geworden war und dessen Funktionen wir zu erahnen meinten.

Natürlich bereue ich die Jahre zwischen 1960 und 1980 und die schlaflosen Nächte im Krankenhaus, im Labor oder im Flugzeug nicht. Es war jedoch ein Fehler, von der Untersuchung bestimmter Mechanismen – Struktur, klassische Neurotransmitter, Neuromodulatoren – die Erleuchtung über die Funktion (oder die verschiedenen Funktionen) zu erwarten. Eine Hürde besteht darin, daß wir es heute nicht mehr mit *einem* Neurotransmitter, dem Acetylcholin, zu tun haben, sondern mit mindestens sechzig. Sind wir einem strategischen Irrtum aufgesessen? Ohne Zweifel. Aber Fehler sind dadurch entstanden, daß wir das Verhältnis von Zeitaufwand und Datenmenge nicht richtig eingeschätzt haben. Inzwischen fehlt uns die Zeit, um die Daten aus den «klassischen» Laborexperimenten von William Dement in Stanford, Allan Rechtschaffen in Chicago, William Roffwarg in Dallas und aus anderen Institutionen, von denen einige bereits verschwunden sind, zu verwerten und zu integrieren. Die meisten dieser Versuchsergebnisse wurden in der Zeit vor der Banalisierung der Informatik gewonnen. Der «Speicher» vieler einmaliger, nicht wiederholbarer, also nicht publizierbarer Experimente befindet sich in den Gehirnen sechzigjähriger Forscher und zerläuft sich nach und nach. Die Erinnerungen an diese Versuche steigen gelegentlich an Kongreßabenden im Dämmerlicht amerikanischer oder japanischer Bars hoch. Den jüngeren Generationen sind sie jedoch kaum zu vermitteln.

Der Anspruch, das Geheimnis der Traummechanismen und -funktionen innerhalb von dreißig Jahren mit Hilfe objektiver Methoden lüften zu wollen, entpuppt sich nun als unbegründete Hoffnung. In der Tat dringt man bis zu den äußersten Grenzen der Neurowissenschaften vor, wenn man das Traumbewußtsein zu verstehen versucht. Das Traumbewußtsein ist uns noch schleierhafter als das Wachbewußtsein. Dürfen wir überhaupt annehmen, daß das bewußte Gehirn eines Tages wird erklären können, warum es ein Bewußtsein seiner selbst besitzt?

Aus Neugierde zu suchen und hinter die Dinge zu blicken ist ein genetisch programmiertes Verhalten, wie die Studie über Mäuse-stämme gezeigt hat. Könnte nicht eine Funktion des Traums darin be-stehen, in bestimmten Individuen die Vorstellung zu programmieren, es gebe auf eine unlösbare Frage – die der Funktion der Träume – doch eine Antwort...?

Der Text entstand nach einem von Claire Parnet und Antoine Dulaure geführten Interview, das im Mai 1990 in L'Autre Journal *veröffentlicht wurde.*

2
Die Naturgeschichte
des Traums

Wie viele Menschen erinnern sich an ihre Träume? Wenn Statistiken nicht täuschen: etwa 80 Prozent aller Menschen. Zur Beruhigung derer, die keine Träume zu haben glauben, sei gesagt: auch sie träumen nachtein, nachtaus. Aber der schnelle Übergang zum Wachzustand löscht oft die Erinnerung an jeden Traum, vielleicht deshalb, weil das wache Hirn sich gegen die Traumszenen, genauer: gegen das Traumdrama, sperrt. Die Geschichte der Traummodelle, die ich hier zusammenfasse, zwingt uns zu der Erkenntnis, daß während des Schlafs in unserem Gehirn eine Traummaschine periodisch in Gang gesetzt wird.

Die metaphysische Traumtheorie

Vor langer Zeit war die Geschichte der Träume die der entschlüsselten Botschaften von Göttern und Dämonen. Diese Geschichte fand ihre Fortsetzung als Dechiffrierung der Trauminhalte in psychologische Begriffe. Vor dreißig Jahren wurde sie zur Geschichte eines neurobiologischen Zustands, in den ausschließlich homöotherme Wirbeltiere verfallen.

Diese lange Geschichte geht auf die Ursprünge der Menschheit zurück. Wie lange hat es angesichts der nächtlichen Wiederholung geisterhafter Bilder gedauert, bis die entscheidende Frage nach der Natur des Traums im Morgengrauen der Menschheitsentwicklung gestellt wurde? Da muß es ein nichtmaterielles «Etwas», einen «Geist», geben, der sich vom Körper prinzipiell unterscheidet. Der unermüdliche und unsichtbare Geist kann während des Schlafs wach bleiben. Er wandert nach Belieben in Raum und Zeit umher und zeigt dem von Müdigkeit in Schlaf gesunkenen Körper Traumbilder von seiner Reise. Geist, also

Unsterblichkeit, also Begräbnis. Nach J. Lubbock, Herbert Spencer und Bronislaw Malinowski liegt die dunstgebildartige Eigenschaft des Traums dem Glauben an die Seele und den Geist zugrunde – einem Glauben, den man in den Ursprüngen fast jeder Zivilisation und Religion wiederfindet.

Die metaphysische Traumtheorie hat heute noch viele Anhänger. So bedecken die Fellachen des Nildeltas ihr Haupt mit einem Turban, damit die Seele während des Schlafs nicht aus der Schädeldecke entweicht; es ist verboten, einen kenianischen Massai plötzlich aus dem Schlaf zu reißen, weil sonst sein umherstreifender Geist nicht in seinen Körper zurückfindet.

Mit dieser metaphysischen Auffassung müssen die prophetischen Träume Jakobs, der Pharaonen und Nebukadnezars im Alten Testament in Verbindung gebracht werden. Das gleiche gilt für den Traum Josephs oder der Drei Weisen im Neuen Testament. Die Gründer religiöser Orden standen über Träume mit Gott in einer privilegierten Beziehung – so geschehen bei Franz von Assisi, Don Bosco und dem heiligen Bruno. Und die großen Kriegsherren konnten nur gewinnen, wenn das Orakel durch einen Traum zu ihnen sprach – was bei Xerxes und vielen anderen der Fall war.

So ist der Bezug zur Zukunft Bestandteil unserer mentalen Struktur. Kein Wunder, daß Traumdeutung und Traumwahrsagerei seit Artemidor und der Kabbala immer wieder auf den Wellen des Erfolgs reiten.

Die psychologischen Theorien

Die metaphysische Traumlehre wurde nach und nach durch die psychologische verdrängt. Die Psychologie richtete ihre Aufmerksamkeit auf die Beziehungen zwischen dem Traum (er wurde nach wie vor als ein zeitloses Phänomen innerhalb des Schlafs gedeutet) und den Erinnerungsspuren, den Persönlichkeitsmerkmalen, den während des Schlafs wirkenden äußeren Reizen usw.

Diese Richtung der Psychologie geht auf Aristoteles zurück, der den Schlaf als eine Tätigkeit des Geistes definierte, ohne allerdings einen heißen Draht zwischen Geist und Göttern zu unterstellen. Gegen Ende des 18. und im Verlauf des 19. Jahrhunderts beschleunigt sich die Entwicklung der Psychologie. Es ist unmöglich, alle damals entstandenen Traumtheorien zu nennen. Für die einen sind kinästhetische Empfindungen in den Gliedmaßen, für andere äußere oder innere Reize Ursache der Traumbilder. So führt Henri Bergson die Traumbilder auf Bilder zurück, die auf der Netzhaut entstehen.

Nach und nach wird die Analyse individueller Traumerfahrung durch einzelne Forscher in wissenschaftlichen Kreisen zu einer Mode. Wissenschaftliche Akademien stellen Preisaufgaben. Yves Delage, der durch seine Kontroversen mit Darwin bereits eine gewisse Reputation erworben hat, zeichnet täglich in seinem Labor in Roscoff seine Träume auf. Dabei fällt ihm auf, daß weder die Kriegserklärung im Sommer 1914 noch der Tod einiger Verwandter Traumspuren hinterlassen. Durch sorgfältige Analyse seiner Träume gelangt er zu der Annahme, der im Wachzustand verdrängte «Psychismus» komme im Traum zur Erscheinung. Die Verdrängungsthese, bereits 25 Jahre zuvor von dem deutschen Forscher Robert entwickelt, besagt, daß der Traum Gedanken, die im Keim erstickt worden sind, aufgreift und ausbreitet.

Es haben sich damals derart viele Traumforscher zu Wort gemeldet, daß eine Aufzählung ihrer Namen mehrere Stunden dauern würde. Einige dieser Forscher fallen durch Besonderheiten auf. So behauptete Marie-Jean-Léon d'Hervey de Saint-Denis, seines Zeichens Professor für chinesische und tartarisch-mandschurische Sprachen am Collège de France, er könne seine Träume nach Belieben «inszenieren» – ein, wie ich glaube, außerordentliches Phänomen. Dagegen ist der unwillkürliche Klartraum kein unbekanntes Phänomen mehr; es erfreut sich derzeit einer durch die Medien geförderten Popularität. Das Buch des Marquis d'Hervey bietet einen meisterhaft geschriebenen Überblick über die psychologischen Traumtheorien. «*Nihil est in visionibus somniorum quod non prius fuerit in visu*» – «Nichts ist in den Traumgesichtern, was nicht zuvor im Blick gewesen wäre», schreibt er – und hebt dabei die Bedeutung der Kindheitserinnerungen und die Verdrängung dieser Erinnerungen hervor.

Merkwürdig ist allerdings, daß Sigmund Freud das Buch von Saint-Denis offenbar nicht gelesen und die Frage der zeitlichen Koordinaten des Traums innerhalb des Schlafs nirgends gestreift hat. Freud, der Begründer der Metapsychologie, übergeht den Schlaf als solchen mit Schweigen, weil er höchstens physiologisch relevant ist. Für Freud ist der Traum Ausdruck eines Wunsches und Hüter des Schlafs. Der Vater der Psychoanalyse konstruiert also einen vollständigen psychischen Apparat ohne Bezug zur Anatomie des Gehirns. Diese Topik macht es möglich, die dem Es, dem Ich und dem Über-Ich zugeordneten Räume genau zu bestimmen. Man weiß, welchen Triumphzug die psychoanalytische Auffassung angetreten hat, und man wartet auf eine experimentelle Widerlegung, und zwar vergeblich, weil eine derartige Widerlegung unmöglich ist.

Wir beschließen diesen Streifzug durch die psychologische Traumforschung mit C. G. Jung. Sein Begriff des Unbewußten unterscheidet sich von dem Freuds dadurch, daß es sich um den Sitz von Archetypen handeln soll, die man in allen Kulturen wiederfindet. So heißt es, der Traum vom Sonnenphallus gehe auf den Mithras-Kult zurück.

Die Zeitstruktur des Traums

Gegen Ende des 19. Jahrhunderts wird dem Traum erstmals eine eigene Zeitstruktur zugeschrieben. Deren Erforschung ist äußerst bedeutsam, denn sie kündigt die moderne Neurobiologie an.

Als Alfred Maury, Professor am Collège de France, Anfang des 20. Jahrhunderts seine Versuchspersonen in regelmäßigen Zeitabständen aus dem Schlaf zu reißen pflegte, mußte er überrascht feststellen, daß Träume nur selten erinnert wurden. So widerlegte er die Hypothese, Träume fänden während der ganzen Dauer des Schlafs statt. Für Maury ist der Traum ein episodisches Phänomen, das sich zufällig im leichten Schlaf – sei es beim Einschlafen («hypnagoge» = Schlaf herbeiführende Bilder), sei es unter der Einwirkung äußerer oder innerer Reize (Lärm beziehungsweise Schmerz), sei es schließlich beim Aufwachen («hypnopompe» = vom Schlaf wegführende Bilder) – einstellt. Folglich hängt der Traum von der Art des Schlafs einerseits, vom Zusammenhang zwischen dem Schlaf und dem Wachsein andererseits ab. Der Traum ist kein zeitloses Phänomen mehr – er wird zu einer physiologischen Gegebenheit. Berühmt geworden ist Maury übrigens auch wegen eines oft zitierten, allerdings apokryphen Traums von der Guillotine (der Traum wurde erst fünfzig Jahre danach aufgezeichnet).

Die Forschungen Henri Piérons sind ebenfalls geschichtlich bedeutsam, obgleich sie die Traumproblematik selbst nur gestreift haben. 1913 gelang ihm die Transfusion der «Hypnotoxine» eines Hundes, der am Schlafen gehindert worden war, auf einen anderen Hund – der Blutkreislauf des einen Tieres war mit dem des anderen verbunden –, so daß letzterer in einen Tiefschlaf versetzt wurde. Piérons Forschungsergebnisse wurden vehement kritisiert (vor allem von R. Dubois in Lyon, dem Erfinder der Theorie der Kohlenstoffnarkose, und von Edouard Claparède in Genf, für den der Schlaf eine Instinkthandlung ist); danach gerieten sie in Vergessenheit. Sie haben inzwischen eine neue Aktualität erlangt, nachdem die Existenz schlaffördernder Peptide nachgewiesen wurde. Durch wie viele Faktoren Schlaf und Traum bedingt werden, ist derzeit Gegenstand zahlloser Untersuchungen.

Das neurobiologische Substrat

1880 wurden die ersten Bausteine des neurobiologischen Traumsubstrats identifiziert. Damals beschrieb Jean Gélineau, ein früherer Marinearzt, die Narkolepsie (Gélineausche Krankheit). Ohne sich dessen bewußt zu sein, erkannte er eine der wichtigsten Eigenschaften des Traums, nämlich die vollständige Abwesenheit des Muskeltonus. Die Narkolepsie zeichnet sich durch unvermittelten, unüberwindlichen Schlafzwang oder durch von Stürzen begleitete Tonusverluste der Muskulatur (Kataplexie) infolge intensiver Affekterlebnisse oder nach einem Lachanfall aus. Einige Kranke träumen und verlieren während derartiger Episoden den Bezug zur Wirklichkeit.

Nach und nach wurden in der ersten Hälfte des 20. Jahrhunderts die Teile des Traumpuzzles zusammengefügt. 1937 entdeckte Klaue bei Katzen Stadien «tiefen Schlafes», die sich im EEG durch hohe elektrische Aktivität des Kortex auszeichnen – im Gegensatz zur niedrigen Kortexaktivität während des «orthodoxen» Schlafs. Seine Arbeit ist völlig in Vergessenheit geraten. 1944 beschreibt Ohlmeyer einen Zyklus im Schlaf periodisch wiederkehrender Erektionen beim Mann. Der Zyklus beginnt 90 Minuten nach dem Einschlafen; die Erektionsphasen mit einer durchschnittlichen Dauer von 25 Minuten folgen einander im Abstand von durchschnittlich 85 Minuten. Das entspricht

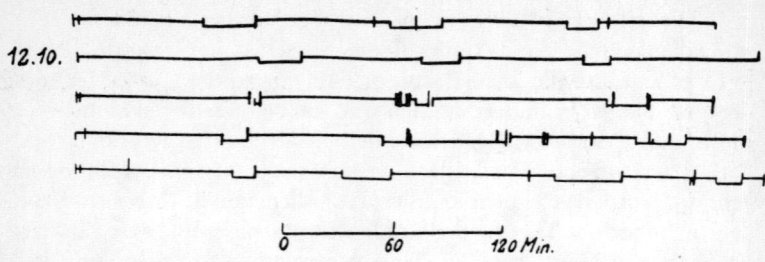

Abbildung 1: Aufzeichnung des Erektionszyklus aus fünf Nächten. In jeder Nacht finden drei bis vier Erektionen statt. Die erste erfolgt etwa sechzig bis neunzig Minuten nach dem Einschlafen. Die Erektionsphasen verlaufen parallel zu den Traumphasen. Nach Ohlmeyer *et al.* 1944, S. 559 f.

exakt dem Zyklus der Traumstadien; damals wurde die Erektion allerdings nicht mit dem Träumen in Verbindung gebracht (Abbildung 1).

Muskeltonusverlust während der Narkolepsie, periodische Erektion und erhöhte Kortexaktivität beim Träumen: diese für eine bestimmte Krankheit charakteristischen Symptome waren 1944 fast vollständig beschrieben, aber es fehlte die Kenntnis der zwischen ihnen bestehenden Zusammenhänge. Es hat siebzig Jahre gedauert, bis sich die verschiedenen Teile zusammenfügen ließen. Die Geschichte der Wissenschaften lehrt uns also, daß eine Disziplin nur dann erfolgreich ist, wenn sie sich sowohl begrifflich als auch technisch von anderen Wissenschaftszweigen inspirieren läßt. Eine Wissenschaft darf sich nicht abschließen, sondern muß interdisziplinär arbeiten. Wie ließe sich denn ein integriertes System wie das des Traums allein auf der Grundlage der Molekularbiologie verstehen?

Zwischen 1953 und 1957 wurde also das Puzzle gelöst. 1953 beobachtete Eugen Aserinsky, ein Schüler Nathaniel Kleitmans in Chicago, schnelle Augenbewegungen (*rapid eye movement* = REM) bei einem schlafenden Kind und stellte die Hypothese auf, daß die REM-Phasen die Traumstadien seien. Aserinsky steuerte damit ein wichtiges Teil des Puzzles bei, das deshalb so wertvoll ist, weil sich die Augenbewegungen objektiv leicht aufzeichnen lassen. Zwischen 1953 und 1958 fügten William Dement und Kleitman ihre Puzzlestücke hinzu, ohne jedoch

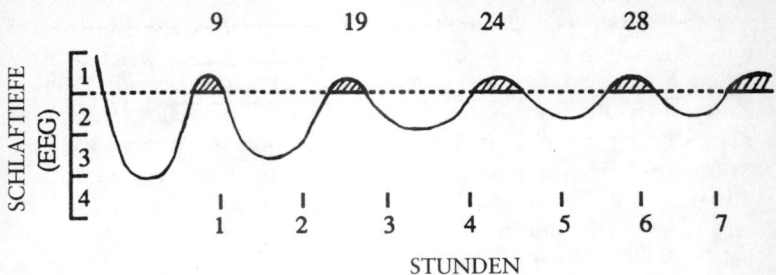

Abbildung 2: Die 1960 von der Chicagoer Schule vertretene Lehre. Die Schlaftiefe ist auf der Abszisse aufgetragen. Die Traumstadien (Dauer in Minuten) werden den Phasen des leichten Schlafs (*emerging stage one*) gleichgestellt, die ihrerseits dem Einschlafstadium (*descending stage one*) ähnlich sein sollen.

den Muskeltonus zu untersuchen. Es zeigte sich — was durch Befragung der Versuchspersonen nach Abschluß der Beobachtung ermittelt werden kann —, daß zwanzig- bis fünfundzwanzigminütige Traumstadien periodisch nach einem Intervall von jeweils neunzig Minuten stattfinden. Ein Traumstadium zeichnet sich im EEG durch hohe kortikale Aktivität (vergleichbar derjenigen während des Einschlafens) und durch rasche Augenbewegungen aus. Der Traum wird von der Chicagoer Schule folglich als ein periodisch wiederkehrender leichter Schlaf (*emerging stage one*) definiert, der Ähnlichkeiten mit dem Einschlafstadium (*descending stage one*) aufweist (Abbildung 2).

Der Traum im Wach-Schlaf-Rhythmus

1959 wurde das Puzzle endlich in der richtigen Anordnung zusammengesetzt — und zwar dank neurophysiologischer Untersuchungen an Tieren. Nun wurde der Traum im Zyklus von Wachheit und Schlaf angesiedelt. Seit Urzeiten haben Menschen beobachtet, wie sich Hunde im Schlaf auf merkwürdige Art bewegen. Einzug in die Neurophysiologie hielt der Traum jedoch dank der Katze. Die Aufzeichnung des Wach-

Schlaf-Rhythmus durch langfristig in die Hauptstrukturen des Gehirns und in verschiedene Muskelgruppen implantierte Elektroden führte zufällig zur Entdeckung zweier unterschiedlicher Schlafzustände. Der eine Zustand ist durch langsame «Schlafwellen», langwellige elektrische Kortexaktivität mit hoher Amplitude, und durch die Beibehaltung des Muskeltonus charakterisiert, der andere dagegen durch eine kortikale Tätigkeit, die paradoxerweise der des Wachzustands ähnelt, durch rasche Augenbewegungen und durch das Verschwinden jeglichen Muskeltonus (Abbildung 3). Diese Perioden, für die ich 1959 die Bezeichnung «paradoxer Schlaf» eingeführt habe, treten während des Schlafs alle fünfundzwanzig Minuten auf und dauern im Schnitt sechs Minuten (Abbildung 4).

Man kam bald zu der Erkenntnis, daß das Kriterium der Muskelatonie auch vom Menschen erfüllt wird und daß menschliches Träumen und der paradoxe Schlaf einer Katze auf dem gleichen neurobiologischen Substrat beruhen – zumal in physiologischer Hinsicht. Somit durfte man das Träumen nicht mehr mit dem leichten Schlaf gleichsetzen. Mit anderen Worten, das Traumstadium muß als ein dritter Gehirnzustand betrachtet werden. Es unterscheidet sich vom synchronisierten «orthodoxen» oder Slow-wave-Schlaf genauso wie dieser vom Wachzustand.

Das Konzept des Traums als des dritten Gehirnzustands ist jedoch nichts anderes als die neue Version eines uralten Begriffs, der sich schon in den Upanischaden der indischen Mythologie findet. Ihr zufolge durchläuft das menschliche Gehirn die Zustände der Wachheit, des traumlosen Schlafs und des Schlafs mit Träumen.

Die Neurobiologen waren aber bezeichnenderweise auf einen dritten funktionellen Gehirnzustand nicht angewiesen. Der Wach-Schlaf-Rhythmus genügte ihnen *a priori*, um den Aktivität-Ruhe-Zyklus unserer Gehirnzellen, insbesondere der für die höhere Nerventätigkeit verantwortlichen, zu erklären.

Zu diesem neu entdeckten zerebralen Kontinent hat die Neurophysiologie auf der Suche nach einer umfassenden Erklärung der Traumtätigkeit zwei Haltungen eingenommen. Die eine ist die globale, die es auf die Naturgeschichte dieses Phänomens abgesehen hat: Wann setzt das Träumen in der phylogenetischen und in der ontogenetischen Entwicklung ein? Die andere Haltung ist die reduktionistische: Was weiß

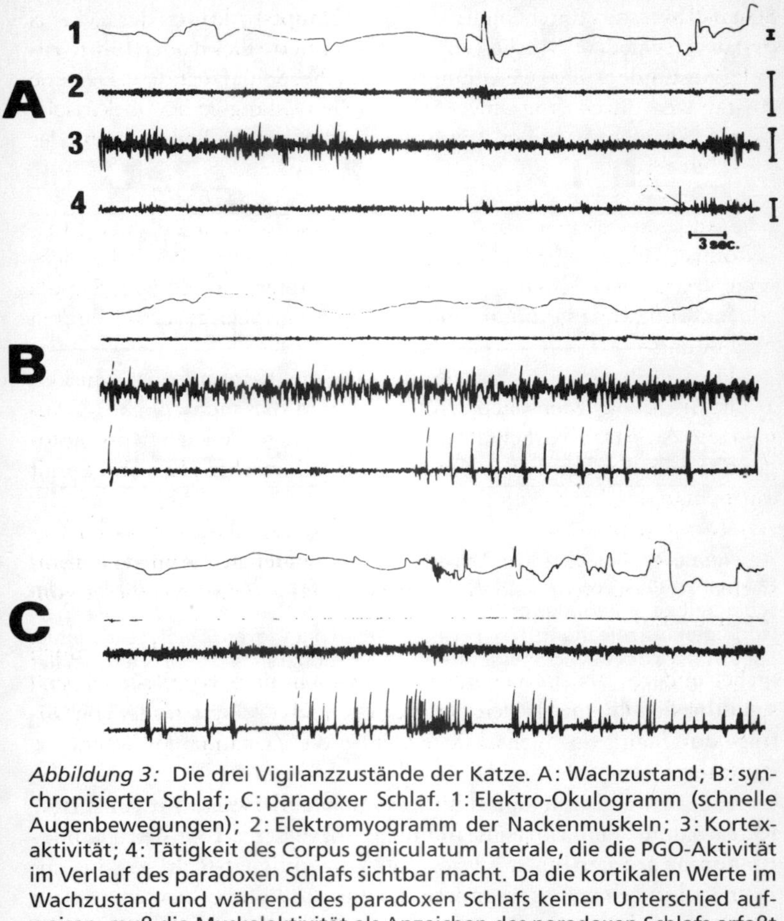

Abbildung 3: Die drei Vigilanzzustände der Katze. A: Wachzustand; B: synchronisierter Schlaf; C: paradoxer Schlaf. 1: Elektro-Okulogramm (schnelle Augenbewegungen); 2: Elektromyogramm der Nackenmuskeln; 3: Kortexaktivität; 4: Tätigkeit des Corpus geniculatum laterale, die die PGO-Aktivität im Verlauf des paradoxen Schlafs sichtbar macht. Da die kortikalen Werte im Wachzustand und während des paradoxen Schlafs keinen Unterschied aufweisen, muß die Muskelaktivität als Anzeichen des paradoxen Schlafs erfaßt werden. Quelle: Institut National de la Santé et de la Recherche Médicale, Forschungseinheit 52.

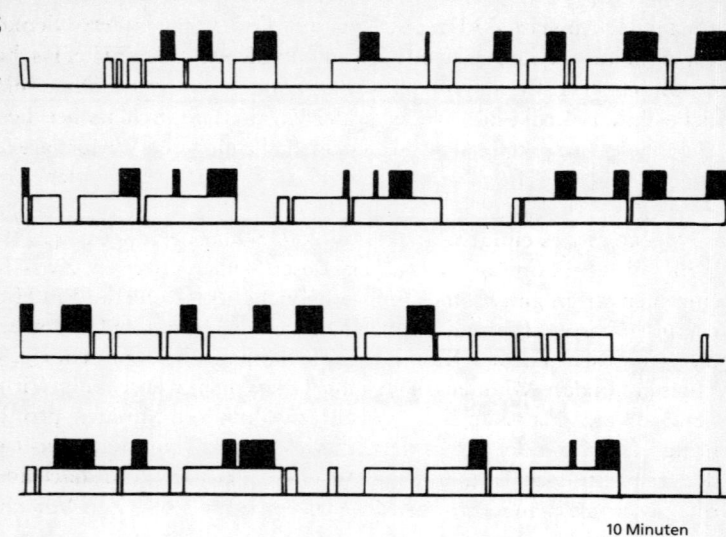

10 Minuten

Abbildung 4: Der paradoxe Schlaf (PS) ist ein periodisch wiederkehrendes Phänomen (LS = leichter Schlaf; W = Wachzustand). Bei der Katze tritt er im Schlaf mit einer Periode von 25 Minuten auf (jede Reihe entspricht einer vierstündigen Aufzeichnung). Die Periodizität des paradoxen Schlafs scheint dem Logarithmus des Gewichts eines Tieres proportional zu sein (7 Minuten bei der Maus, 90 Minuten beim Menschen, 180 Minuten beim Elefanten). Quelle: Institut National de la Santé et de la Recherche Médicale, Forschungseinheit 52.

man über die neurobiologischen Mechanismen des paradoxen Schlafs? Kann man die Funktionen des Traums von diesen Strukturen und Mechanismen ableiten?

Die Phylogenese des Traums

Fassen wir die Naturgeschichte des Traums zusammen: Ist der Traum (oder der paradoxe Schlaf) ein Wesensmerkmal aller Tiere oder wenigstens aller Wirbeltiere (es dürfte schwierig sein, das Phänomen des Traums bei einem Mikroorganismus, einer Auster oder einer Stechmücke nachzuweisen)? Die Antwort auf diese Frage lautet: Niemand hat bis heute mit Sicherheit einen traumähnlichen Zustand bei Fischen, Amphibien und Reptilien nachweisen können (eine Ausnahme bildet vielleicht das Krokodil), wogegen der Zustand des Schlafs bei diesen Tieren leicht zu erkennen ist. So scheinen alle niederen Wirbeltiere (die poikilothermen Lebewesen) keinen «Bedarf» für den paradoxen Schlaf entwickelt zu haben.

Dagegen ist es einfach, den paradoxen Schlaf bei Vögeln und Säugern – also bei homöothermen Lebewesen – nachzuweisen. Zwischen einzelnen Arten gibt es allerdings erhebliche Unterschiede: Ein Huhn träumt höchstens fünfundzwanzig Minuten pro Nacht und nimmt es in dieser Hinsicht mit der Kuh auf, ein Schimpanse träumt neunzig, ein Mensch hundert Minuten pro Nacht. Geschlagen werden alle Wirbeltiere von der Hauskatze, die es auf zweihundert Minuten pro Tag bringt. Der Grad der zerebralen Entwicklung ist somit nicht das Maß der artspezifischen Traummenge. Aus diesem Grund wurde nach anderen Zusammenhängen (Korrelationen) gesucht. Unter den Vorschlägen ist wohl jener der beste, der einen Zusammenhang zwischen der Traummenge und einem «Sicherheitsindex» hergestellt hat. Die Tiere, die sich in ihrem Biotop sehr sicher fühlen, schlafen mehr als jene, die häufiger Angriffen ausgesetzt sind. Der Schlaf ist für Tiere, die in Sicherheit leben, das Tor zum Traum. So macht uns die Phylogenese mit einem Rätsel vertraut, dessen Schleier wir nicht zu lüften vermögen, und dies um so mehr, als ein anderes Rätsel – das der Delphine – zusätzliches Kopfzerbrechen bereitet.

Sprechen wir also von unserem neurobiologischen Meeresbruder. Er lebt mit dem Fluch Undines, denn er kann nur willkürlich atmen, so daß er vor der Alternative steht, schlaflos zu atmen oder im Schlaf zu ertrinken. Die Evolution hat diese Zwickmühle mit Eleganz gelöst. Der Delphin schläft zwar, aber jeweils nur mit einer Hemisphäre, wobei er mit der anderen die Atmung steuert (Abbildung 5). Dementsprechend ist es meinem Freund Professor Muchametow trotz zehn Jahre währender intensiver Forschung weder in Moskau noch auf der Krim je gelungen, die Stadien des paradoxen Schlafes im Verlauf der gesamten Schlafphase eines Delphins aufzuzeichnen. Das Nichtvorhandensein eines Beweises ist kein Beweis des Nichtvorhandenseins. Doch bis dieses Rätsel gelöst ist, steht jede Theorie der Traumfunktion auf schwachen Füßen.

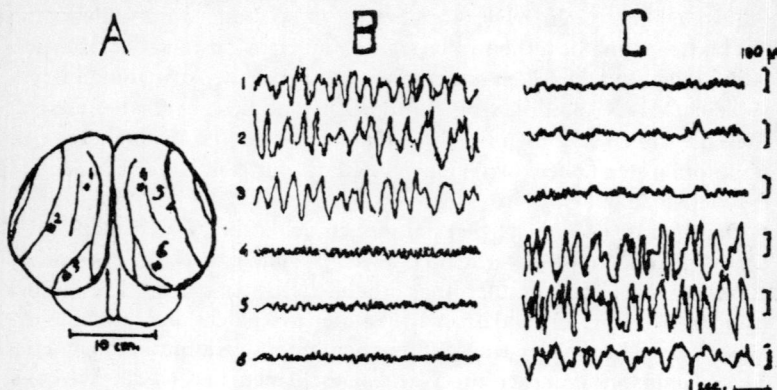

Abbildung 5: Der Delphin schläft mit jeweils einer Gehirnhälfte. *A:* Schematische Darstellung eines Delphinhirns und der am Kortex angebrachten Elektroden. *B:* Phase des Slow-wave-Schlafs in der rechten Hemisphäre, während die linke wach ist (hohe Aktivität). *C:* Zwanzig Minuten später «schläft» die linke Gehirnhälfte, während die rechte aktiv ist. Nach Muchametow *et al.* 1977.

Die Ontogenese des Traums

Die ontogenetische Betrachtung des Traums hilft uns aber etwas weiter (Abbildung 6). In vielen Untersuchungen ist festgestellt worden, daß der Anteil des paradoxen Schlafs an der Dauer des Gesamtschlafs um so höher liegt, je weniger die Entwicklung eines neugeborenen Wirbeltieres fortgeschritten (und je anfälliger der Thermoregulator) ist: 50 bis 60 Prozent des Gesamtschlafs bei einem neugeborenen Menschen und sogar zwischen 80 und 90 Prozent bei einem Kätzchen oder einer neugeborenen Ratte. Es ist auch nachgewiesen worden, daß der Anteil des paradoxen Schlafs beim Meerschweinchen-Fötus ständig wächst. Ähnlich verhält es sich mit einem Küken *in ovo* einige Tage vor dem Schlüpfen.

So erreicht der paradoxe Schlaf, der später zum Traumstadium wird, am Ende der vorgeburtlichen Reifung und bei Abschluß der genetischen Programmierung des Nervensystems seinen relativen Höhepunkt. Danach geht sein Anteil zurück. Ein höchst merkwürdiges Phänomen, wie man einräumen muß.

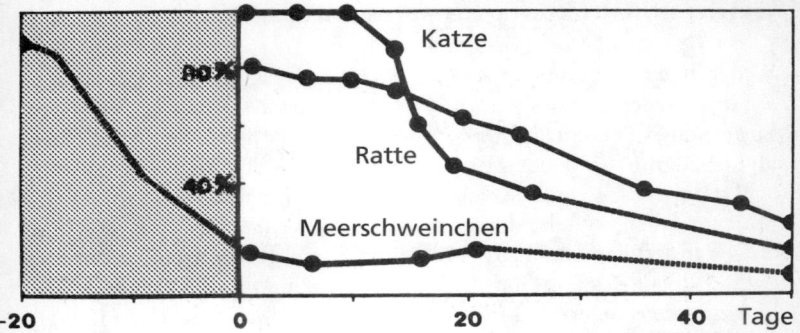

Abbildung 6: Ordinate: Anteil des paradoxen Schlafs an der Gesamtdauer des Schlafs beim Kätzchen, der neugeborenen Ratte und dem neugeborenen Meerschweinchen. Abszisse: Tage vor und nach der Geburt. Das Meerschweinchen wird mit einem fast vollständig entwickelten Nervensystem geboren (wie fast alle grasfressenden Säuger); der Anteil des paradoxen Schlafs ist niedrig. Dagegen ist der Anteil des paradoxen Schlafs beim Fötus *in utero* zwanzig Tage vor der Geburt hoch – der Grad der zerebralen Unreife eines Meerschweinchens entspricht ungefähr dem zerebralen Reifegrad eines neugeborenen Kätzchens oder einer neugeborenen Ratte. Quelle: D. Jouvet-Mounier und L. Astic, Institut National de la Santé et de la Recherche Médicale, Forschungseinheit 52.

Die Mechanismen des Traums

Zu welchem Zweck hat die Evolution den Traum für homöotherme Lebewesen erfunden?

Den Umriß einer Antwort liefert der reduktionistische Ansatz der experimentellen Neurophysiologie, der es in den vergangenen zwanzig Jahren gelungen ist, die Hauptmechanismen des Traums zu identifizieren (Abbildung 7) und Antworten auf folgende Fragen zu finden: Welche Hirnstrukturen sind notwendige und hinreichende Ursachen der periodisch wiederkehrenden Auslösung von Traumphänomenen? Wie arbeiten diese Hirnstrukturen zusammen? Wo befinden sich die sogenannten permissiven Systeme, die den Traum während des Wachzustands verhindern und ihn (im allgemeinen) nur nach einer relativ langen Schlafphase zulassen?

Welche Hirnstrukturen lösen Träume aus?

Weder die Exstirpation des Kortex noch die des Kleinhirns wirken sich auf die Wiederkehr des paradoxen Schlafs aus. Mehr noch: Selbst bei Entfernung aller Hirnregionen oberhalb des Pons (einschließlich des Hypothalamus und der Hirnanhangdrüse) stellt sich der paradoxe Schlaf periodisch ein. Die elektrischen, für den paradoxen Schlaf charakteristischen Signale, die die seitlichen Bewegungen der Augen und die Veränderungen der Herz- und Lungentätigkeit begleiten, treten erst auf der Ebene des Pons auf. Da der Pons und der Bulbus (Medulla oblongata = verlängertes Mark) für die Entstehung des paradoxen Schlafs ausreichen, muß sich das «Traumzentrum» in diesen sogenannten «ausführenden» Systemen befinden, die sowohl für die periodische Auslösung als auch für den Ablauf des paradoxen Schlafs zuständig sind.

Abbildung 7: Schematische Darstellung der für die drei zerebralen Zustände verantwortlichen Prozesse. Im Wachzustand werden die aminergen Systeme (das serotoninerge Raphe-System und der noradrenerge Locus coeruleus) sowie das histaminerge System auf der Ebene des hinteren Hypothalamus aktiviert. Der andrenerge bulbäre Relaiskern kontrolliert die Erregung des sympathischen Systems, das für die Gefäßverengung, den Anstieg der zentralen Temperatur und den Metabolismus zuständig ist.

Der Schlaf entsteht wahrscheinlich unter dem Einfluß des während des Wachzustands freigesetzten Serotonins. Die präoptische Region wird aktiviert. Diese Aktivierung durch einen noch unbekannten Faktor löst eine Kette von Hemmungen der aminergen Systeme aus. Gleichzeitig geht die Tätigkeit des bulbären Systems zurück (Zunahme der Gefäßerweiterung, deshalb Senkung der Körpertemperatur und Rückgang des Metabolismus).

Der paradoxe Schlaf kann erst dann beginnen, wenn die aminergen Systeme «schweigen». Die Hemmung dieser Systeme hängt sowohl von dem in der präoptischen Region freigesetzten Faktor als auch vom Stillstand des bulbären Systems ab. Die ausführenden Mechanismen des paradoxen Schlafs können dann tätig werden.

WACHZUSTAND

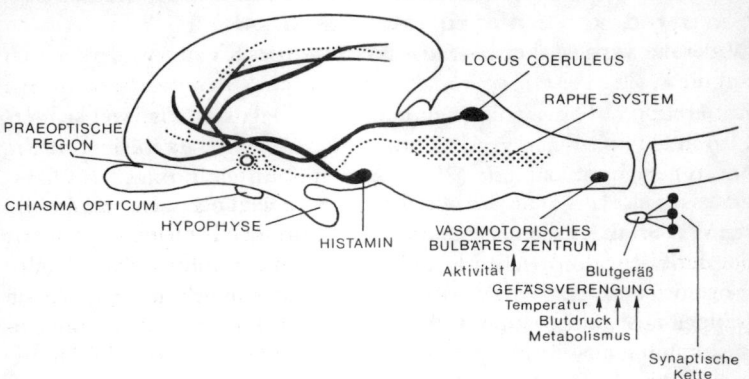

PRAEOPTISCHE REGION

LOCUS COERULEUS

RAPHE–SYSTEM

CHIASMA OPTICUM

HYPOPHYSE

HISTAMIN

VASOMOTORISCHES BULBÄRES ZENTRUM

Aktivität ↑

Blutgefäß

GEFÄSSVERENGUNG

Temperatur ↑↑
Blutdruck ↑
Metabolismus ↑

Synaptische Kette

SCHLAF

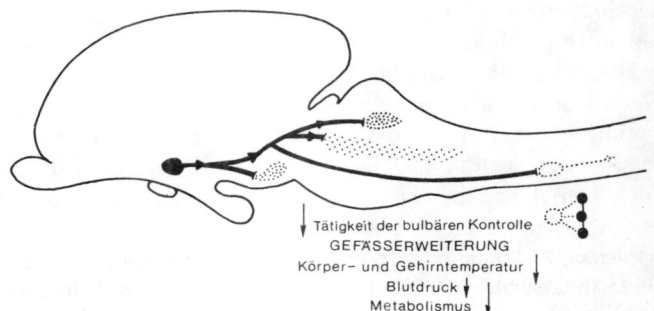

↓ Tätigkeit der bulbären Kontrolle

GEFÄSSERWEITERUNG

Körper- und Gehirntemperatur ↓

Blutdruck ↓ ↓
Metabolismus ↓

PARADOXER SCHLAF

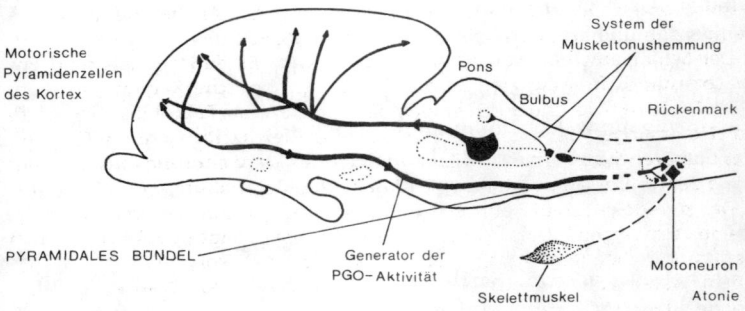

Motorische Pyramidenzellen des Kortex

Pons

System der Muskeltonushemmung

Bulbus

Rückenmark

PYRAMIDALES BÜNDEL

Generator der PGO–Aktivität

Skelettmuskel

Motoneuron

Atonie

Die «ausführenden» Strukturen (Pons/Bulbus), die für den paradoxen Schlaf zuständig sind, oder: Die «primäre Maschinerie» des Traums

Die Hauptmechanismen des paradoxen Schlafs sind für zwei sich ergänzende Funktionen verantwortlich. Zum einen wirken sie über die ponto-geniculo-okzipitale (PGO) Aktivität auf ein hirninternes Erregungssystem ein. Dadurch werden in weiterer Folge sensorische Systeme (vor allem die der Augen) sowie motorische Systeme (Pyramidenzellen des motorischen Feldes) erregt. Die auf diese Weise ausgelösten absteigenden Signale werden zum Rückenmark geleitet, wo sie Bewegungen und bestimmte Verhaltensweisen hervorrufen. Zur Unterdrückung dieser motorischen Tätigkeit wird ein zweites System beansprucht. Durch eine starke absteigende Hemmung blockiert es die Motoneuronen des Rückenmarks. So wird ein träumendes Lebewesen bis zur Unbeweglichkeit gelähmt.

Die PGO-Aktivität: Die Topographie der (vermutlich cholinergen) Neuronen, die den endogenen «Generator» der PGO-Aktivität des Traums bilden, ist exakt beschrieben worden. Der Kern dieses Generators befindet sich in der Formatio reticularis des Pons. Bekannt sind auch die Bahnen, die von der PGO-Aktivität zu den motorischen Kernen der Augen leiten (dort entstehen die schnellen Augenbewegungen). Die – sei es direkt, sei es über Relaiskerne des Thalamus – zur Hirnrinde aufsteigenden Bahnen sind ihrerseits präzise bestimmt worden.

Der Generator der PGO-Aktivität scheint somit das ganze Gehirn zu beeinflussen (und zu programmieren?). Das heißt: Führt man an irgendeiner Stelle des Gehirns eine Mikroelektrode ein, so wird man mit einer Wahrscheinlichkeit von 60 Prozent die Tätigkeit eines Neurons messen, das entweder unter dem verstärkenden oder unter dem hemmenden Einfluß der PGO-Aktivität des Generators steht. Man weiß allerdings noch nicht, auf welche (immunohistochemischen) Typen von Zellen die PGO-Aktivität projiziert wird, obgleich vieles dafür spricht, daß die betroffenen Rezeptoren auf der Ebene bestimmter «strategischer» Relaiskerne auf «nikotinische» Substanzen ansprechen.

Die motorische Bremse folgt einem Dreistufenplan. Auf der ersten Stufe befindet sich ein «Befehlsstand»; er allein ist der Kontrolle durch die permissiven Systeme, auf die ich noch zurückkommen werde, unterworfen. Die beiden anderen Stufen sind mit der Ausführung von Befehlen betraut. Die beidseitige Befehlsstufe ist neben dem Locus coeruleus lokalisiert; genauer: in einem kleinen Zellverband, der als Locus coeruleus alpha bezeichnet wird. Dieser Neuronenverband mit einem nach wie vor unbekannten Neurotransmitter wird normalerweise im Wachzustand wie im Schlaf durch ein starkes «permissives» System gebremst, nämlich durch den Locus coeruleus, dessen Endigungen Noradrenalin freisetzen. Das heißt, die elektrische Aktivität des Locus coeruleus ist im Wachzustand nicht weniger als im Schlaf beträchtlich, wogegen die des Locus coeruleus alpha gegen Null tendiert. Die Tätigkeit der «Bremse der Bremse» geht beim Einschlafen zurück und hört zu Beginn des paradoxen Schlafs ganz auf (die Neuronen befinden sich im Zustand «aus»). Dagegen ist der Locus coeruleus alpha tätig (die Neuronen befinden sich im Zustand «an»). Die elektrische Aktivität dieser Neuronen, die zuvor geschwiegen haben, steigt schlagartig an. Erregende Impulse werden dann über eine absteigende Bahn zur zweiten Stufe im Bulbus geleitet. Die Ankunft dieser erregenden Signale in dem aus Riesenzellen bestehenden Kern des Bulbus bewirkt seinerseits die Erregung eben dieses Kerns, der absteigende hemmende Signale zum Rückenmark sendet. Diese Signale blockieren auf der Ebene der motorischen Alpha-Neuronen (also der Neuronen, die die Muskeln unmittelbar innervieren) die Erregung, die aus dem Pyramidalbündel stammt (diese Erregung wird durch die Kortexzellen unter dem Einfluß der PGO-Aktivität in Gang gesetzt). Manchmal können jedoch besonders starke motorische Impulse diese Hemmschwelle überschreiten und kleine Bewegungen der Finger oder – bei Katzen – der Ohren und der Schnurrhaare auslösen. Allein die Motoneuronen der Augen sowie die Atmungsmechanismen entgleiten dieser mächtigen Hemmaktivität.

Das Traumverhalten

Es ist im Prinzip möglich, die Folgen einer beidseitigen, möglichst genauen (und deshalb nicht leicht zu erzielenden) Läsion der ersten Stufe dieses Bremssystems im Pons (Locus coeruleus alpha) oder der von dort absteigenden Bahn vorherzusagen. Da nun das Bremssystem zerstört ist, können die Entladungen auch während des Traums ungehemmt die motorischen Alpha-Neuronen erregen. Damit läßt sich das «Traumverhalten» beobachten. Dieses außergewöhnliche Verhalten weist folgende Merkmale auf:

● Während des Wachseins fällt keine Störung der Motorik oder irgendeine andere Verhaltensveränderung auf.

● Der durch langsame Wellen gekennzeichnete Schlaf verläuft normal.

● Erreicht die PGO-Aktivität die ersten Spitzenwerte, die den Beginn des paradoxen Schlafs ankündigen, öffnet die schlafende Katze die Augen, «blickt» nach oben, nach links und nach rechts; diese Sequenz des «visuellen Suchverhaltens» (in deren Verlauf die Katze sonst auf keinen visuellen Reiz reagiert) zeichnet sich durch paradoxe Gleichförmigkeit aus: Die Katze wendet den Kopf nach rechts, blickt aber nach links (oder umgekehrt).

● Es folgt eine Sequenz unterschiedlicher, aber nicht vorhersagbarer Verhaltensweisen. Die Katze kann sich schlagartig aufrichten und zu gehen beginnen. Sie scheint eine imaginäre Beute zu verfolgen, hält inne, um mit ihr zu spielen (jedenfalls führt sie die typischen Bewegungen einer Katze aus, die mit einer gefangenen Beute spielt). Doch kann sich unversehens auch Angst einstellen (die Ohren liegen seitlich nach hinten an), oder die Katze faucht (Öffnung des Mundes) oder setzt zum Angriff an (plötzliche Bewegungen des Vorderlaufs). Dagegen lassen sich (übrigens ziellose) Leckbewegungen eher selten beobachten; manchmal leckt die Katze ihr Fell, häufiger allerdings den Käfigboden. Klebt man ein Pflaster auf das Fell, leckt eine wache Katze die entsprechende Stelle; während der Traumphase ist das Lecken dagegen nicht auf sie gerichtet.

● Sogar bei starkem Hunger nähert sich eine träumende Katze einem ihr dargebotenen Stück Fleisch nicht.

Vorübergehend blind und gehörlos, da sie ja auch auf keine Hörreize reagiert, wird die Katze vollständig durch ein endogenes System gesteuert, das sich ihres Gehirns bemächtigt hat und nun *von diesem träumt.*

Die wesentlichen Züge des Traumverhaltens lassen sich relativ leicht erklären. Und doch bleiben viele Fragen offen.

Das Ausbleiben jeglicher Reaktion auf Seh- und Hörreize ist nicht verwunderlich, denn es beruht auf der vollständigen oder partiellen

Unterdrückung der visuellen und akustischen Afferenzen während des paradoxen Schlafs. Folglich richtet sich das Verhalten auf *kein Objekt*. So ist der Angriff auf eine Beute während des Wachseins von einem Angriff während des Träumens oder von dem durch Stimulation des Thalamus verursachten Verhalten, bei dem ein Tier jedes Objekt (etwa die Hand des Versuchsleiters), nie aber «ins Leere» angreift, zu unterscheiden. Das einzige vergleichbare Verhalten ist das Spiel, bei dem junge Katzen ein Blatt oder einen imaginären Feind angreifen. In diesem Sinne gleicht der Traum tatsächlich, wie Jean Piaget einmal gesagt hat, einem im Gehirn ablaufenden «Spiel».

Sehr wahrscheinlich gibt es Zusammenhänge zwischen den verschiedenen Verhaltensweisen im Traum und der PGO-Aktivität; sie sind jedoch im einzelnen schwer zu bestimmen. Zum einen eignet sich das quasi-stochastische Muster der PGO-Aktivität kaum zur «Schematisierung»; zum anderen verhindert die Komplexität des Flucht- oder Angriffsverhaltens, bei dem eine beinahe unbegrenzte Zahl von Muskeln beansprucht wird, die Feinanalyse der Muskeltätigkeit im Zusammenhang mit der PGO-Aktivität. Lediglich das visuelle «Orientierungsverhalten» am Anfang der Traumphase kann verhältnismäßig leicht mit dem «PGO-Alphabet» in Beziehung gesetzt werden.

Geht man von einem wenigstens mittelbaren Zusammenhang zwischen der Tätigkeit des endogenen Generators im PGO-System und den verschiedenen Verhaltensweisen im Traum aus, ist des weiteren die Frage zu beantworten, auf welcher Ebene diese Verhaltensweisen organisiert, differenziert und ausgelöst werden. In dieser Hinsicht wissen wir nicht mehr als die Neurophysiologen, die verschiedene stereotype Verhaltensweisen im Wachzustand als Reaktionen auf äußere oder zentrale Reize untersuchen. Es wird vermutet, daß der Amygdala, dem Hypothalamus und verschiedenen motorischen Feldern in der Nähe des Generators der PGO-Aktivität eine gewisse Rolle zufällt.

Die permissiven Systeme

Der Ausdruck «permissiv» ist erstmals vor nicht allzu langer Zeit in der angelsächsischen Literatur verwendet worden. Leider hat er sich schnell durchgesetzt. Er bezieht sich auf die Systeme, deren Tätigkeit erst zum Erliegen kommen muß, bevor das Träumen beginnen kann. Die Ausdrücke «Hemm-» oder «Blockierungssysteme» wären genausogut geeignet, diesen Sachverhalt zu charakterisieren.

Diese Systeme setzen sich aus den monoaminergen Neuronen des Hirnstamms und ohne Zweifel aus den kürzlich im hinteren Teil des Hypothalamus entdeckten histaminischen Neuronen zusammen (die Neuronen des Hirnstamms enthalten Serotonin und Noradrenalin). Die serotoninergen Neuronen befinden sich im Raphe-System, während die meisten noradrenergen Neuronen vom Locus coeruleus abhängen. Diese Systeme sind während des Wachzustands aktiv.

Vermutlich bewirkt die Freisetzung von Serotonin auf der Ebene des vorderen Teils des Hypothalamus (präoptische Region) im Wachzustand die Freisetzung eines (peptiden?) Faktors, der seinerseits das Einschlafen und die Herabsetzung der zentralen Temperatur nach sich zieht. So führt das Wachsein zum Schlaf – nach dem Ausspruch Zarathustras, das Schlafen sei keine Kunst, denn es genüge dafür, den ganzen Tag wach zu sein. Die genaue Ursache für die Verlangsamung und das Innehalten der aminergen Systeme am Anfang und während des paradoxen Schlafs ist noch nicht bekannt. Es handelt sich ohne Zweifel um einen Mechanismus, der auf verschiedenen Faktoren beruht. Ein Zellverband im Bulbus scheint dabei eine entscheidende Rolle zu spielen. Diese Struktur ist für die Steuerung der sympathischen Aktivität verantwortlich, durch die der Locus coeruleus angeregt wird. Der Rückgang dieser Tätigkeit während des Schlafs ist Ursache für die periphere Gefäßerweiterung, die einen Wärmeverlust und folglich eine zentrale Temperatursenkung nach sich zieht. Es ist nicht ausgeschlossen, daß dieser Prozeß zu einer Hemmung der permissiven Systeme führt. Wenn diese Annahme stimmt, dann existieren Mechanismen, die einen Zusammenhang zwischen der Wärmesteuerung und dem Wachzustand beziehungsweise dem Schlaf herstellen. Steuert der Wach-Schlaf-Rhythmus den Zyklus der zentralen Temperatur? Oder umgekehrt? Hat die Erfindung der Homöothermie durch einen gemeinsamen Vorfahren der Vögel und Säugetiere oder die je originäre Erfindung eines derartigen Mechanismus in der langen Entwicklungsgeschichte der Vögel und der Säugetiere den paradoxen Schlaf entstehen lassen?

Funktionen des Traums

So sind viele Fragen weiterhin offen, und viel Arbeit steht den Neurobiologen und den Ärzten noch bevor, die die vielfältigen Schlafstörungen und Beeinträchtigungen des Wachzustandes zu verstehen suchen. Jedenfalls können wir die Funktion (oder die Funktionen) aufgrund der soeben skizzierten Mechanismen noch nicht erkennen. Es gibt zum Thema Traumfunktionen so viele Theorien (oder neurobiologische Hypothesen), wie es Forscher in diesem Wissenschaftszweig gibt. Man stellt sich den Traum als einen Hüter vor, der von Zeit zu Zeit den Schlaf zur Lebenssicherung in einer feindlichen Umwelt leichter werden läßt; man vermutet in ihm einen Mechanismus, durch den Spuren vom Kurzzeitgedächtnis ins Langzeitgedächtnis übertragen werden; man glaubt, der Traum erleichtere (oder hemme) die Vermittlungen zwischen der linken und der rechten Gehirnhälfte; es heißt, daß der Traum – nicht anders als der Tagtraum – ein Epiphänomen ohne Bedeutung ist; man vermutet, er sei für das Löschen unwichtiger Informationen notwendig (Traum als Akt des Vergessens). Ich gestehe mein Unwissen sofort ein, und deshalb schlage ich eine unwiderlegbare, das heißt eine vorerst noch unwissenschaftliche Hypothese vor.

Wir müssen kurz auf die mit dem Aktivierungssystem des Pons zusammenhängende PGO-Tätigkeit zurückkommen. Ich glaube, daß diese Aktivität der Schlüssel zur Lösung des Traumrätsels ist, denn sie ist höchstwahrscheinlich für das Traumverhalten zuständig. Besteht nun irgendeine Beziehung zwischen der PGO-Aktivität und früheren Erfahrungen eines Individuums, oder sind derartige Beziehungen zur Lebensgeschichte schlicht inexistent? Den Umriß einer Antwort gibt uns die Genetik. Die Maus ist die einzige träumende Tierart, an der genetische Traumexperimente durchgeführt werden können. Die von einem Traumgenerator stammende Botschaft scheint in der Tat genetisch definiert zu sein, denn jeder Mäusestamm besitzt einen eigenen Code (Abbildung 8). Beobachtungen jüngeren Datums an eineiigen Zwillingen der Gattung Homo sapiens haben gezeigt, daß die Augenbewegungen einheitlicher organisiert sind als die zweieiiger Zwillinge. Im Traum scheint also das genetische Gedächtnis eines jeden Individuums zum Ausdruck zu kommen.

Damit kommen wir zum Kern der ganzen Problematik. Es geht um

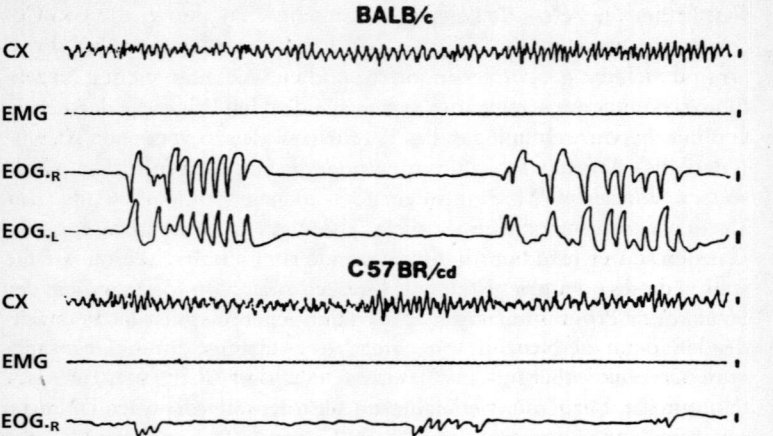

Abbildung 8: Die während des paradoxen Schlafs auftretenden Augenbewegungen bei Mäusen aus verschiedenen Stämmen unterscheiden sich. Die Kreuzung von Mäusen aus zwei Stämmen und die Kreuzung von Mäusen mit ihren Nachkommen innerhalb eines Stammes machen den Nachweis eines genetischen Faktors möglich, der sich auf das Muster der Augenbewegungen auswirkt. CX: Kortexaktivität; EMG: vollständige Haltungsatonie; EOG.R: Elektro-Okulogramm des rechten Auges; EOG.L: Elektro-Okulogramm des linken Auges. Nach R. Cespublio *et al.*, Institut National de la Santé et de la Recherche Médicale, Forschungseinheit 52.

die ideologisch umstrittene Frage, was angeboren und was erworben ist. Die Frage läßt sich auch so formulieren: Wenn der Traum durch das genetisch festgelegte Gehirn programmiert wird, ist er dann nicht für die interindividuellen Unterschiede des Instinktverhaltens bei Tieren und beim Menschen im Rahmen des angeborenen oder vererbten Teils der Persönlichkeit verantwortlich? Liegt er etwa der mentalen, durch Milieu, Kultur und Lernen nicht oder kaum zu beeinflussenden «Erbmasse» zugrunde? Spektakuläre Forschungsergebnisse zu diesem Thema sind von Bouchard (University of Colorado) veröffentlicht worden. Er hat die Persönlichkeitsprofile eineiiger Zwillinge, die von Geburt an in unterschiedlichen Milieus aufgewachsen sind, untersucht.

Homo fit non nascitur – «Zum Menschen wird man nicht geboren, sondern gemacht» –, meinen seit John Locke die Anhänger der Lehre, die alles auf Umwelteinflüsse zurückführt. *Homo nascitur non fit*, entgegnen die Anhänger der Lehre, die alles auf die angeborene «Erbmasse» zurückführt. Man müßte ihnen aber mit dem Satz «Der Mensch wird geträumt» antworten. Denn der Traum macht uns verschieden, da er eine iterative Programmierung auslöst, durch die die Spuren dieses oder jenes Lernprozesses gelöscht oder, sofern sie mit der genetischen Programmierung des Traums übereinstimmen, verstärkt werden (denn die Neuronen homöothermer Lebewesen, im Gegensatz zu denen poikilothermer Organismen, teilen sich nicht mehr). Es gibt also auf der Ebene des Gehirns kein System, das dank der DNS die Erhaltung einer genetisch bedingten Eigenschaft gewährleistet, wie man das von Organen auf anderen Ebenen, beispielsweise von der Nase der Könige Frankreichs, kennt.

Das genetische, also im Verlauf einer «epimetheischen» Entwicklungsgeschichte «gezüchtete» Programm bewirkt, daß innerhalb einer Mäusepopulation eine Vielfalt aggressiver oder ängstlicher, schnell oder langsam lernender, durch Emotionen gehemmter oder ungehemmter Individuen entsteht. So wird eine bestimmte Anzahl von Individuen überleben – je nach den Bedingungen der natürlichen Auslese beispielsweise die ängstlichen oder die aggressiven Individuen. Aber haben wir das Recht, aus genetisch bedingten Möglichkeiten etwas zu extrapolieren und von Ängstlichkeit, Aggressivität, Musikalität usw., also von Anlagen zu sprechen, die unter günstigen Umweltbedingungen zur Entfaltung gelangen und unter ungünstigen gehemmt werden?

Es ist möglich, daß der Traum als Hüter und periodisch wiederkehrender Programmierer der in einer Person vorhandenen Anlagen auch beim Menschen eine etwas weniger konservative prometheische Rolle spielt. Dank der ungeheuren Verbindungsmöglichkeiten, die sich erst dann verwirklichen, wenn die grundlegenden Schaltkreise unserer Persönlichkeit im Gehirn programmiert werden, ergibt sich nun ein schier unendliches Spiel der Kombinationen. Es verwertet die Lerngeschichte, die Träume erfindet – eben jene Träume, die auch neue Denkstrukturen für neu auftretende Probleme vorbereiten.

Unter diesen Umständen läßt sich die Bedeutsamkeit jener hundert Traumminuten, die jede Nacht, wenn die zentrale Temperatur ihren tiefsten Stand erreicht, wiederkehren, ohne weiteres erkennen. Diese Traumminuten, deren Auslösung wir nicht kontrollieren und deren Inhalte wir nicht bestimmen können, sind für die ersten Lebensjahre ohne Zweifel ausschlaggebend. In den Traumminuten werden die subtilsten Reaktionen unseres wachen «Bewußtseins» iterativ programmiert. Die geniale Intuition eines Arthur Rimbaud hat dies längst erahnt: «Ich ist ein anderer.»

* * *

Fragen und Antworten

Ist das Schlafwandeln ein Traum, bei dem der Muskeltonus nicht erlischt?

Das ist eine ausgezeichnete Frage, die mir immer wieder gestellt wird. Die Antwort ist ein deutliches NEIN. Erst wenn bei einem Kind oder Jugendlichen das Stadium des Tiefschlafs (Stadium 3 oder 4) erreicht ist, kann es zum Schlafwandeln kommen. Dieser Zustand wird als unvollständiger Schlaf des Gehirns gedeutet. Ein Individuum ist dann imstande, viele wohlkoordinierte Bewegungen auszuführen, an die es sich nicht erinnern wird, da das Einprägen unterbunden ist.

Kann man die Schlafdauer willkürlich über längere Zeit verkürzen?

Das kann man sicherlich dadurch erreichen, daß man den Wecker zwei Stunden früher klingeln läßt. Allerdings ist es nicht auszuschließen, daß so etwas über kurz oder lang zu Störungen führt, die sich in der Beeinträchtigung der Aufmerksamkeit im Wachzustand äußern. Die Schlafdauer scheint bei jedem Individuum genetisch programmiert zu sein. Einige Menschen kommen mit vier oder fünf Stunden aus, andere brauchen neun Stunden Schlaf. Wer wissen will, ob er genügend schläft, sollte auf Störungen des Wachseins während des Tages (Gähnen, Schlafbedürfnis usw.) achten.

Gibt es Schlafmittel, die auf physiologischem Wege wirken?

Noch nicht. Aber es sind viele nichtpharmakolische, vom gesunden Menschenverstand erfundene Mittel bekannt, mit denen man Schlaflosigkeit überwinden kann (keine Einnahme stimulierender Mittel, Verzicht auf Tabak, kleine Spaziergänge, eine Tasse kalte Milch für jene, denen das bekommt, beim Mann auch sexuelle Aktivität).

Gibt es Drogen, die Wachheit intensivieren?

Ja. Die ersten bekannten Mittel dieser Art waren die Amphetamine, die übrigens den deutschen Soldaten beim Überfall auf Kreta verabreicht wurden. Aber Amphetamine sind gefährlich, man gewöhnt sich an sie und wird süchtig. Es gibt derzeit einige in Frankreich entwickelte Moleküle, die Qualität und Intensität des Wachseins verbessern, ohne Gewöhnungsphänomene und Abhängigkeit hervorzurufen. Ich habe für diese Substanzen den Namen «Eugregorin» vorgeschlagen; er leitet sich von den griechischen Wörtern *eu* für «gut» und *gregorein* für «wachen» her.

Sollten Kinder viel schlafen?

Ja, denn der Schlaf spielt im Leben des Kindes eine sehr wichtige Rolle. Das Wachstumshormon wird nämlich während des Schlafs freigesetzt. Da Schulkinder verhältnismäßig früh aufstehen müssen, sollten sie auch früh zu Bett gehen. Deshalb sollten Fernsehprogramme für Kinder nach 20 Uhr nicht mehr gesendet werden.

Der Text ist zuerst erschienen in der Reihe «Dialogues – Le Cerveau en images», Institut National de la Santé et de la Recherche Médicale und Palais de la Découverte.

3
Erinnerungen im Traum und das «zweigeteilte Gehirn»
Über 2525 geträumte Erinnerungen

Die drei Wege zum Traum

In den vergangenen zwanzig Jahren ist die Forschung über die Mechanismen und die Funktion (oder Funktionen) des Traums drei verschiedenen Wegen gefolgt. Auf dem ersten Weg wird der Traum «von innen» untersucht. Dabei werden die subjektiven Trauminhalte über die Analyse der im Traum aktualisierten Gedächtnisspuren erschlossen. Auf den beiden anderen Wegen wird der Traum «von außen», das heißt mit objektiven Methoden und experimentell, untersucht. In beiden Fällen geht man von der Hypothese aus, daß zwischen dem Träumen und dem paradoxen Schlaf als dem neurobiologischen Substrat des Traums eine Identitätsbeziehung besteht.

Der neurophysiologische Ansatz

Der reduktionistische Ansatz der experimentellen Neurophysiologie hat die Identifizierung bestimmter neuronaler Systeme im Hirnstamm erlaubt, die für die Entstehung des paradoxen Schlafs während des Schlafens verantwortlich sind. Schematisch ausgedrückt: ein «Generator», eine Art Schrittmacher, in der Formatio reticularis pontis ist für die phasenweise Aktivierung der meisten Hirnzellen zuständig. Die so in den pyramidalen und extrapyramidalen Systemen ausgelösten Bewegungen werden jedoch auf der Ebene der Motoneuronen des Rückenmarks durch ein zweites, in der Nähe des Generators befindliches System gehemmt. Diese Hemmung erfaßt die gesamte Muskulatur mit

Ausnahme der Augen- und einiger kleiner Gesichtsmuskeln. Deshalb sind die Augenbewegungen ein höchst wertvoller Indikator des jeweils vom Generator erreichten Aktivitätsniveaus. Aber wir kennen den «Code» noch nicht, mit dem wir die Modalitäten dieser Aktivität entschlüsseln könnten.

Auf diesem Weg wurde anschließend der Versuch unternommen, die Gewebechemie der am paradoxen Schlaf beteiligten Neuronensysteme, die Neurotransmitter, Neuromodulatoren und Neurohormone sowie die steuernden Enzyme zu identifizieren. Aber was kann uns die Michaelis-Konstante eines Enzyms über die Natur der Träume denn überhaupt lehren?

Der phylo- und ontogenetische Ansatz

Der zweite experimentalwissenschaftliche Ansatz beruht auf globalen Methoden. Er versucht, die Naturgeschichte des paradoxen Schlafs durch die Analyse der phylogenetischen (stammesgeschichtlichen) und der ontogenetischen (individuell-lebensgeschichtlichen) Entwicklung nachzuzeichnen.

Wir wissen heute, daß dieser dritte zerebrale Zustand durch die Evolution wahrscheinlich gleichzeitig mit der Homöothermie «erfunden» wurde, und zwar auf der Evolutionsstufe, auf der die Vögel entstanden sind. Wahrscheinlich hängt die Menge des paradoxen Schlafs bei Säugetieren mit den öko-ethologischen Sicherheitsbedingungen im Biotop zusammen (Allison & Cicchetti 1976). Wir wissen zudem, daß die Menge des paradoxen Schlafs (oder eines sehr ähnlichen Zustands) vom Reifegrad des Gehirns abhängt: Ein Kükenembryo *in ovo*, ein neugeborenes Potoruh *in marsupio*, ein Meerschweinchen oder ein Lamm *in utero* oder ein frühgeborener Mensch *in incubatione* haben – wie Aufzeichnungen nachweisen – bereits alle Symptome des paradoxen Schlafs entwickelt. Die Augenbewegungen stehen in keinem Zusammenhang mit möglichen Traumbildern, denn die Entwicklung der Sehbahnen und des Kortex ist noch nicht abgeschlossen. Die «Einrichtung» der neurophysiologischen Maschinerie geht somit der Entstehung des Traumbewußtseins ebenso voraus wie der Bewußtwerdung des Ichs.

Die Naturgeschichte des paradoxen Schlafs und der bis in die letzten molekularen Winkel vorstoßende reduktionistische Ansatz (vgl. Jouvet 1978) versetzen uns allerdings noch nicht in die Lage, die Entstehung *der Funktionen des paradoxen Schlafs* zu erklären. *Sicherlich werden sich diese Funktionen eines Tages durch Bausteine des Schlafs erklären, aus diesen jedoch nicht ableiten lassen.*

Der Ansatz «von innen»: die Analyse der Erinnerungen im Traum

Der erste und älteste Weg zum Traum führt über die Untersuchung der Erinnerungen, die in Träumen geweckt werden (Erinnerungen im Traum, im folgenden ET genannt). Führt nun auch dieser Weg in eine Sackgasse?

Die experimentelle Neurophysiologie hat diesen Weg beinahe eingeschlagen, blieb aber dem Standpunkt der objektiven Verhaltensforschung verhaftet. Man kann bei einer Katze die Systeme, die für die Hemmung des Muskeltonus während des paradoxen Schlafs verantwortlich sind, selektiv zerstören. Nach einer derartigen Läsion nimmt ein Versuchstier während des paradoxen Schlafs stereotype Verhaltensweisen an: es blickt sich um, lauert, geht zum Angriff über, ist zornig oder ängstlich... Aber wie weiß man, ob es von einer Amsel, einer Maus oder einem Hund träumt?

Nun bietet sich dem Neurophysiologen der Umweg über das *Studium der ET beim Menschen* an. Dieser Umweg steckt voller Tücken. Ist eine ET die getreue Übertragung eines Ereignisses in die Traumszene, oder wird sie rasch durch das aufwachende Bewußtsein verändert? Da ferner das Subjekt selbst Objekt der Untersuchung ist, kann es unwissentlich die Niederschrift seiner ET beeinflussen.

Trotz dieser Einschränkungen erscheint das *Studium der manifesten Inhalte* einer ganzen Reihe von ET als eine Möglichkeit, aus einigen auffälligen Besonderheiten bestimmte neurophysiologische Hypothesen abzuleiten. Diese müssen allerdings auf ihre Bestätigung oder Widerlegung durch die Analyse anderer ET warten – sofern man eines Tages Material aus «Traumdatenbanken» zum Vergleich wird heranziehen können.

In der vorliegenden Untersuchung werden 2525 ET analysiert, die jeweils nachts unmittelbar nach einem Traum oder am Morgen danach aufgezeichnet wurden. Gesammelt wurden die ET zwischen Dezember 1970 und August 1978. Das entspricht einer durchschnittlichen Häufigkeit von 0,9 ET pro Nacht (Maximum: 9 ET in einer Nacht; längste Periode ohne ET: 9 Tage). Eine erste, keineswegs erschöpfende Analyse läßt Schlüsse auf einige charakteristische Züge sowohl der ET als auch der Tätigkeit der beiden Gehirnhälften zu.

Erinnerungen an kurz zurückliegende Ereignisse im Traum

Werden die ET, die sich auf mehr als 14 Tage zurückliegende Ereignisse beziehen, außer acht gelassen, so bleiben 400 Fälle, bei denen ein in den Traum eingearbeitetes Ereignis genau datiert werden kann (zwischen 0 und 14 Tagen). 130 ET wurden unter gewöhnlichen Alltagsbedingungen (nicht auf Reisen) und 270 auf oder unmittelbar nach Reisen ins Ausland gesammelt.

Gewöhnliche Alltagsbedingungen

In Abbildung 9 wird die Verteilung der Latenzen zwischen einem Ereignis und der manifesten Erinnerung im Traum dargestellt. Tagesreste (Latenz: 0 Tag) finden sich in 45 von 130 ET (34,6 Prozent). Diese Häufung ist als Bestätigung einer klassischen Lehrmeinung zu deuten. Mit zunehmender Latenz treten ET immer seltener auf. Diese rückläufige Entwicklung gilt allerdings nicht für die Verarbeitung von Ereignissen, die acht Tage zurückliegen (13 ET auf 130, also 10 Prozent).

Traumerinnerungen auf Reisen

Die gehäufte Einarbeitung von acht Tage zurückliegenden Ereignissen findet sich bei ET auf Reisen oder unmittelbar nach Reisen (zwei Wochen nach der Rückkehr) wieder. Die Analyse dieser ET zeigt, daß bei

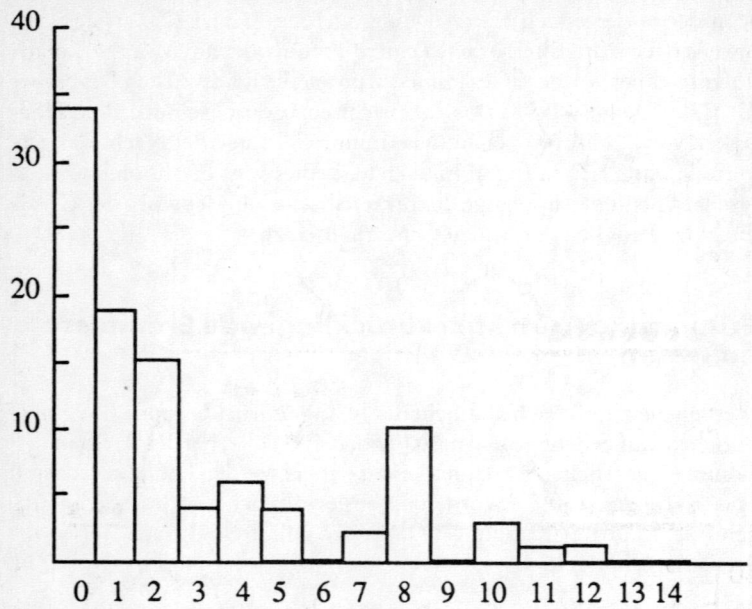

Abbildung 9: Verteilung der Latenzen zwischen Ereignissen und deren Verarbeitung im Traum (130 Träume).
Ordinate: Anteil in %. Abszisse: Dauer der Latenz. 0 = Tagesreste, 1 = Ereignisse des Vortages usw. Eine merkliche Spitze liegt bei einer Latenzdauer von acht Tagen.

zwanzig Reisen (deren Dauer zwischen fünf und zwanzig Tagen schwankte) die Reise*szenerie* mit einer Latenz von sieben bis acht Tagen im Traumraum repräsentiert wurde. So hatte von insgesamt 104 in den ersten sechs Reisetagen aufgetretenen ET nur eine irgendeinen Bezug zur neuen Umgebung (dies gilt auch für Reisen in ferne Länder oder für Schiffsreisen). Tagesreste, die den Träumenden und andere Personen auftreten ließen, existierten entweder nicht oder wurden in die vertraute Umwelt *vor* Beginn der Reise versetzt. Vom siebten Tag an häufen sich dagegen ET, deren Ausschmückungen offensichtlich Bestandteile des bereisten Landes enthalten.

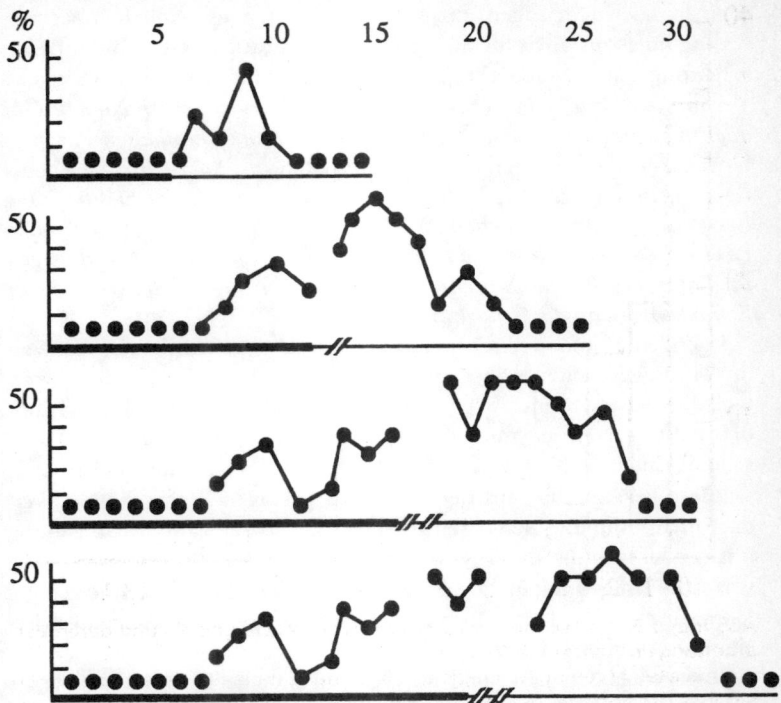

Abbildung 10: Das räumliche Gedächtnis im Traum.

Ordinate: Häufigkeit der Träume (in %), in denen ein bereistes Land verarbeitet wird. Abszisse: Die fett gedruckte Linie zeigt die Dauer einer Reise (5, 10, 15 beziehungsweise 20 Tage) an. Signifikant ist das Auftreten von ET, die mit der Reise in Zusammenhang stehen, um den siebten, achten Tag herum sowie die Persistenz derartiger ET nach der Rückkehr zum Wohnort. Die Schrägstriche auf den unteren Linien bezeichnen das vollständige Fehlen von ET (bedingt durch eine Rückreise).

Diese Latenz ist nach dem Ende jeder Reise erneut zu beobachten. Reiseszenen werden in den folgenden sieben, acht Nächten immer wieder im Traum erinnert (Abbildung 10).

Mit der folgenden Hypothese wird eine Erklärung sowohl für die Häu-

fung der nach acht Tagen auftretenden ET unter gewöhnlichen Lebensbedingungen als auch für die sieben- bis achttätige Latenz bis zur Einarbeitung einer neuen Umgebung in das Traumgeschehen möglich:
*Vermutlich beruht das Traumgeschehen auf zwei verschiedenen Ge-
dächtnisformen. Die erste Gedächtnisform ohne räumlichen Parameter bezieht sich auf Ereignisse jüngsten Datums. Sie ist für die Tagesreste zuständig, zeigt jedoch im Hinblick auf weiter zurückliegende
Ereignisse (sechs bis sieben Tage) eine zunehmende Schwäche. Die
zweite Gedächtnisform – das räumliche Gedächtnis – bleibt dagegen
im Traumgeschehen während sechs bis sieben Tagen latent: Es ist für
Erinnerungen an die Umgebung zuständig.*

Irgendeine besondere Spur der vertrauten und stabilen Lebenswelt
im Traumgeschehen selbst ausfindig zu machen fällt einem schwer,
weil die meisten Szenen in gewohnter Umgebung (Arbeitsplatz, Wohnort, Fahrt zur Arbeit und zurück) stattfinden. Deshalb ist die Wahrscheinlichkeit, daß Tagesreste in die vertraute Umgebung eingearbeitet
werden, gering. Und aus der statistisch geringen Wahrscheinlichkeit
darf nicht einmal geschlossen werden, daß die geträumte Umgebung
mit der Umgebung der Tagesreste übereinstimmt. Zudem enthält die
vertraute Umgebung nicht genug spezifische Elemente, die eine genaue
Datierung der im Traum erinnerten, eine Woche zurückliegenden Ereignisse erlauben könnten.

Dagegen lassen neue und abwechslungsreiche Umgebungen während Reisen eine verhältnismäßig genaue Datierung der Traumszene
zu. Ferner kann man leicht das unräumliche, kurzlebige Gedächtnis
von dem erst nach einer Latenz von acht Tagen in Erscheinung treten-
den räumlichen Gedächtnis unterscheiden.

Die Latenz des räumlichen Gedächtnisses findet sich auch in einigen
Traumberichten. Die Träume von Gefangenen inszenieren die Lebens-
welt vor dem Freiheitsverlust; nach der Haftentlassung spielen sich die
Träume in der Gefängniswelt ab.

Alle diese Angaben betreffen nur Erinnerungen an kurz zurückliegende Ereignisse. Vermutlich würde eine genauere Analyse der 2525
ET noch andere Besonderheiten aufdecken, die etwa in Zusammenhang mit der zeitlichen Distanz der erinnerten Ereignisse stehen könnten (gleichgültig, ob diese Ereignisse zuvor schon in ET vertreten waren
oder nicht). Es ist derzeit verfrüht, nach einem neurobiologischen Sub-

strat zu suchen, das für die Latenz der Umsetzung unserer räumlichen Umgebung im Traum verantwortlich ist. Würde das uns hier interessierende Phänomen durch andere ET bestätigt werden, läge der Schluß nahe, daß es für das räumliche Gedächtnis selektiv wirkende Verbindungen oder Mechanismen gibt. Ferner könnten wir dann behaupten, daß Informationen über die räumliche Umwelt ohne Latenz durch das wache Bewußtsein unmittelbar verwendet, dagegen im Traumtheater erst nach einer vorübergehenden Löschung verwertet werden.

Wird das Gehirn im Traum zweigeteilt?

Visuelle und kinästhetische Träume sind bei weitem die häufigsten (in unserer Sammlung sind 18 Prozent aller Träume farbig). Gelegentlich vernehmen wir in visuellen und akustischen Träumen deutlich eine Botschaft, die wir – auch wenn sie uns sinnleer anmutet – mühelos zu transkribieren vermögen.

Die Untersuchung von 85 akustischen ET zeigt folgendes:
- In 54 Prozent aller Fälle wird der Inhalt der Botschaft behalten, während das Gesicht des Überbringers unerkannt bleibt. Der Überbringer ist entweder ein Telefon oder eine leicht erkennbare *Form* – ein Polizist, eine Krankenschwester, ein Priester *ohne erinnerbares Gesicht*.
- Nur in 20 Prozent aller Fälle kann der Überbringer der Botschaft erinnert werden; es handelt sich zumeist um einen Verwandten oder einen Kollegen.
- Umgekehrt wird in 13 Prozent der Fälle das Gesicht der Person, von der die Botschaft stammt, erkannt, *während die gehörte oder gelesene Botschaft völlig unverständlich ist*. Es handelt sich dann entweder um eine unbekannte «Fremdsprache», um einen halbwegs unverständlichen Satzbrocken oder – das ist der Regelfall – um eine schwer hörbare Botschaft, die man dann unbedingt ein zweites oder drittes Mal hören möchte.
- In 13 Prozent der Fälle korrespondiert eine nicht verstandene oder «fremdsprachliche» Botschaft mit einem nicht erkannten oder fremden Gesicht.

Das heißt nun, daß in 67 Prozent der Fälle das Erkennen des Gesichts, das mit der Quelle der Botschaft in Verbindung gebracht wird, vom Erkennen des Inhalts der Botschaft dissoziiert wird. Der Anteil dieser Fälle ist signifikant. Georges Perec schildert in seinem Buch ‹La boutique obscure› (1973) 124 Traumerinnerungen. Die Analyse der ersten 64 Träume ergibt ein ähnliches Verhältnis (15 Dissoziationen in 20 Träumen).

Es folgen einige Beispiele für Dissoziationen aus unseren Traumaufzeichnungen und aus denen Perecs.

Deutliche Erinnerungen an den Inhalt einer Botschaft, bei denen das Gesicht des Überbringers unbekannt ist oder vergessen wurde:

● Traum Nr. 539, Juni 1972: In einer unbekannten Stadt flaniere ich durch eine Passage (wie in Mailand). Ich treffe M.; er ist mager, doch ich erkenne ihn wieder. Er begleitet eine *unbekannte Frau*, die eine schwarze Perücke zu tragen scheint. M. geht wortlos an mir vorbei. Die Frau löst sich von ihm und eilt auf mich zu. Dabei sagt sie laut: «Er mag die vielen tausend Meter seines Darms.» Ich glaube, die Frau spielt auf die Gefräßigkeit M.s an, was mich in Erstaunen versetzt...

● Traum Nr. 1305, März 1974: Ein *unbekanntes Mädchen*, dessen Gesicht mir nicht erinnerlich ist, gibt mir in den USA die Adresse eines Hotels. Ich kann die mit winzigen Buchstaben in das Adreßbuch eingetragene Anschrift lesen: *Lexington. Riverside.* Ich glaube, daß es sich um den Riverside Drive in New York handelt. Aber das Mädchen sagt laut: *Riverside Avenue, 141st Street.* Es geht um ein Hotel, in dem ein Zimmer fünftausend Dollar pro Monat kostet.

● Traum Nr. 2281, Mai 1977: An einem unbekannten Ort geht ein *unbekanntes Mädchen* in Begleitung einer Riesenmutter auf mich zu und sagt: «Die Katzen nehmen ihre Mütze nicht vom Kopf.»

Nach Georges Perec:

● Traum Nr. 13, Februar 1970: Ich erkundige mich an der Bar nach den Whisky-Marken. *Man* äußert einige Wörter (von der Art «Long John», «Glen...», «Mac...»); es folgt das Wort «Chivas», das *man* mit Abwandlungen mehrmals wiederholt («Chavaz», «Chivul» usw.).

● Traum Nr. 16, Juli 1970: Drei Männer treten in das Café ein (natürlich *sind es Polizisten*). Sie blicken sich zerstreut um. Vielleicht haben sie mich nicht gesehen. Ich atme fast schon auf, da will sich einer an meinen Tisch setzen. Ich habe keinen Ausweis mit, sage ich. Er ist schon im Begriff aufzustehen und wegzugehen, doch da sagt er zu mir: «Kopulieren Sie!» Ich verstehe nicht. Er schreibt die Wörter in *schwarzen Großbuchstaben* auf den Rand einer Zeitung: KOPULIEREN SIE...

Erinnerungen an Träume, bei denen das Gesicht des Überbringers deutlich erkennbar, die Botschaft jedoch sinnleer ist:
*   Traum Nr. 768, Dezember 1972: Ich begegne in Paris meinem Freund B. Ich erkenne ihn wirklich, gebe ihm aber den Namen Jacques (das ist nicht sein wirklicher Vorname). B. arbeitet an einem Aufsatz, den er mir zeigt, *aber ich kann das, was er schreibt, nicht lesen. Nach und nach verwandelt sich sein Aufsatz in ein Skirennen, das aussieht, als betrachtete ich es im Fernsehen.*
*   Traum Nr. 1052, Juli 1973: Auf einer Tagung in den USA hält M. (den ich deutlich wiedererkenne) einen Vortrag *mit einem so starken Akzent, daß ich ihn nicht verstehen kann.* R. (den ich auch wiedererkenne, obwohl ich ihn seit vielen Jahren nicht getroffen habe) fordert mich *mit einem Handzeichen* auf, näher bei M. Platz zu nehmen, damit ich ihn besser verstehe.
*   Traum Nr. 1292, März 1974: Vor meinem Vortrag auf einem wissenschaftlichen Kongreß suche ich Diapositive in meiner Tasche. M. ergreift dann das Wort. Er sieht verjüngt aus und trägt einen grellblauen Anzug. *Aber ich verstehe nicht, was er sagt. Seine Stimme ist unhörbar, da das Mikrophon abgestellt ist.*

Nach Georges Perec:
*   Traum Nr. 32, November 1970. Ich halte mich mit Z. oben im Treppenhaus auf. Elsa Triolet geht unten vorbei... Sie blickt in meine Richtung. Ich sage zu Z.: «Das ist Elsa Triolet.» Z. fragt mich, wie jung ich war, als sie mich kennengelernt hat, und sagt, sie werde mich jemandem vorstellen, der mich schon gekannt hat, als ich noch jünger war. *Aber all das ist so gesagt, daß ich nicht verstehe, ob es sich um eine Frau oder einen Mann handelt und ob es nicht «noch jünger als ich» bedeutet.*
*   Traum Nr. 35, Dezember 1970: Die *bezaubernd schöne* Z. steigt die Treppe hinab. Ich führe sie in ein Zimmer, das eng wie eine Röhre ist. Ich sage ihr, daß ich sie verlassen werde, und sie antwortet: «Ich gebe dir trotzdem... *(das Wort entgeht mir: einen Stamm, ein Diplom, ein Geheimnis, eine Pille).*»

Dissoziationen wie diese stellen uns vor das folgende Problem: Wir wissen heute, daß (bei Rechtshändern) die rechte Hemisphäre für das Erkennen von Gesichtern zuständig ist, die linke dagegen für Sprechen und Lesen. *Es liegt also die Vermutung nahe, daß in einigen Träumen zumindest zeitweilig die Verbindung zwischen den beiden Hemisphären beeinträchtigt ist.*

Der Ausfall der Verbindung legt folgende neurophysiologische Erklärung nahe: Die einheitliche Tätigkeit der kortikalen und subkortikalen Neuronen nimmt im paradoxen Schlaf merklich zu. Das Corpus callosum (Balken), der Verbindungsstrang zwischen den Hemisphären, sowie bestimmte Bereiche des Hippocampus weichen von dieser Regel ab, wie Berlucchi (1965) nachgewiesen hat. Die Tätigkeit des Balkens entfällt völlig, wenn man von den kurzen, mit den im paradoxen Schlaf auftretenden Aktivitätsphasen (Augenbewegungen) absieht. Gegen Ende des paradoxen Schlafs steigt die Tätigkeit des Corpus callosum schlagartig an, gleichgültig, ob der Organismus wach wird oder in den Tiefschlaf übergeht. So scheint bei Katzen während des paradoxen Schlafs eine wirksame Hemmung der kortiko-kortikalen Informationsübertragung auf der Ebene der interhemisphärischen Verbindungsbahnen zu bestehen. Obgleich noch keine Forschungsergebnisse zur Tätigkeit des Corpus callosum im paradoxen Schlaf bei Primaten und beim Menschen vorliegen, ist die Annahme nicht abwegig, daß auch bei diesen Lebewesen eine ähnliche traumbedingte Hemmung einsetzt. So könnte die Schwierigkeit, die man bei der gleichzeitigen Beschreibung des Inhalts einer Botschaft und des Gesichts des Überbringers zu spüren bekommt, auf die in bestimmten Träumen auftretende zeitweilige Hemmung der Tätigkeit im Corpus callosum zurückzuführen sein. Die experimentelle Überprüfung dieser Hypothese ist im Prinzip möglich. Beim Erkennen von Gesichtern wird die rechte Hemisphäre vom rechtsseitigen «Generator» des Pons angeregt. Dieser Generator ist gleichzeitig für eine Hemmung verantwortlich. So müßten die Augen eines Träumenden beim Erkennen von Gesichtern eher nach links, beim Erkennen des Inhalts einer Botschaft hingegen eher nach rechts gerichtet sein. Würden Träumende, deren Augenbewegungen aufgezeichnet werden, systematisch je nach der von den Augen angesteuerten Richtung geweckt, müßten ET aus der jeweils aktiven Hemisphäre hervorgebracht werden.

So könnten semiologische, linguistische und neuropsychologische Langzeitstudien der ET vieler gesunder und kranker Individuen aus unterschiedlichsten Gesellschaften zu Ergebnissen führen, welche die Analyse einiger mit zeitlicher Verzögerung auf dem Diwan des Psychoanalytikers berichteter und bearbeiteter Träume ergänzen.

Da Traumdatenbanken noch nicht existieren, möchte ich den Psychoanalytikern, die sich in Wortspielen bestens auskennen, eine Botschaft vorlegen, die im Traum, im Aquarium des Schlafs, von einem gesichtslosen Boten kurz vor dem Aufwachen überbracht wurde: «Das Genom spielt Billard nur mit dem Unbewußten.»

Der Text ist zuerst erschienen in La Revue du praticien, *1979, Heft 1, S. 29–32. Zum Teil lag er einem Vortrag bei der Jahresversammlung der Association for Psychophysiological Study of Sleep in Palo Alto (1978) zugrunde.*

4
Das Traumverhalten

Das Wechselspiel von Wachheit und Schlaf fügt sich in den 24-Stunden-Zyklus von Tätigkeit und Ruhe ein. Die Vorteile, die uns die Ruhe verschafft, sind uns bestens vertraut. Die Ähnlichkeit zwischen bestimmten Schlafmechanismen und dem Winterschlaf läßt erkennen, daß die Ruhe mit den allgemeinen Prinzipien des Energiehaushalts eines Organismus zusammenhängt.

Subjektiv bemessen wir den Gewinn einer ruhigen Nacht an der Güte des Wachseins (Schärfe der Aufmerksamkeit und des Gedächtnisses). Aber wir kennen das biologische Substrat der Hirnmüdigkeit noch nicht, und wir wissen nichts über die Ursachen ihrer Manifestation während des langen Wachseins; nicht anders verhält es sich mit den Ursachen des Verschwindens dieser Müdigkeit. Dank der Aufzeichnungen der elektrischen Aktivität von Nervenzellen ist bekannt, daß diese eigentlich nie zur Ruhe kommen, sondern in eine andere Form von Aktivität übergehen, wenn wir schlafen. Ferner ist der Schlaf kein einheitlicher Zustand, denn es gibt verschiedene Schlafzustände und insbesondere einen Zustand, der mit der geheimnisvollen Tätigkeit des Träumens Hand in Hand geht.

Warum gerät das Gehirn periodisch während des Schlafs in Traumzustände, von denen man inzwischen weiß, daß sie einen funktionellen Zustand des Gehirns repräsentieren, der vom Wachzustand genau so verschieden ist wie dieser vom Schlaf? Der Traum scheint biologisch nicht zweckmäßig zu sein, da er die für die Erholung des Organismus unentbehrliche Ruhe stört. Zudem verwirrt das Phänomen des Träumens jeden Neurobiologen, der für die Entschlüsselung der Hirnfunktionen diese zusätzliche Komplikation keineswegs nötig hat.

Der Traum scheint im Verlauf der Evolution zeitgleich mit der Homöothermie «erfunden» worden zu sein, denn man beobachtet ihn an Vogelarten, nicht aber an Amphibien oder Reptilien. Es ist nicht einzusehen, welchen Evolutionsvorteil der Traum einem Tier verschafft, da er dann stattfindet, wenn die Verletzbarkeit am größten ist. Das Träumen ist das gefährlichste Zeitintervall im Wach-Schlaf-Traum-Zyklus, weil das Gehirn dann alle Fenster zur Umgebung, folglich auch zu jeder möglichen Gefahr, schließt, um sich mit einem endogenen Programm zu befassen. Die Tatsache, daß nur träumende homöotherme Arten überlebt haben, gibt ein Rätsel auf, das wir lösen müssen, um bessere Modelle des Gehirns zu entwickeln. Alle diese Motive haben dazu beigetragen, daß die Untersuchung der Traummechanismen und -funktionen in den letzten zwanzig Jahren zu einem der produktivsten Zweige der Schlafforschung geworden ist.

Der Traum ist ein subjektives Phänomen, dessen Realität höchstens nach dem Aufwachen aus der Erinnerung heraus beachtet wird. Allerdings tritt der Traum zeitgleich mit einigen spezifischen physiologischen Prozessen auf, die als «paradoxer Schlaf» bezeichnet werden. Diese Phase des Schlafs ist in der Tat deshalb paradox, weil eine gesteigerte Gehirntätigkeit mit einer allgemeinen Erschlaffung der Muskeln einhergeht. (Zur Vermeidung umständlicher Formulierungen verwende ich die Bezeichnungen «Traum» und «paradoxer Schlaf» im folgenden als gleichbedeutend.) Warum sollten wir eigentlich Katzen, die über ihre Träume nicht berichten können, das Träumen absprechen?

Forschungsarbeiten zur menschlichen Traumtätigkeit haben zunächst einige charakteristische Eigenschaften dieses Phänomens innerhalb des Schlafs herausgearbeitet und Zusammenhänge zwischen dem subjektiv erfahrenen Trauminhalt und einzelnen Verhaltensmerkmalen oder vegetativen Veränderungen hergestellt. Die Augenbewegungen, auf die ich später zurückkommen werde, sind ohne Zweifel das auffälligste traumbedingte Verhaltensmerkmal. Angstträume dagegen beschleunigen merklich die Atem- und Pulsfrequenz. Da die Aufzeichnungen des paradoxen Schlafs bei Säugetieren weitgehend mit denen beim träumenden Menschen identisch sind, hat sich die experimentelle Neurophysiologie auf den Nachweis und die Analyse des paradoxen Schlafs an Versuchstieren konzentriert. Auf diese Weise wurden die fremdartigen stereotypen Verhaltenssequenzen im paradoxen Schlaf aufgedeckt, die allerdings unter Normalbedingungen nicht zum Ausdruck kommen, also virtuell sind, weil sie vor dem

Erreichen der Motoneuronen gehemmt werden. Diese Verhaltensweisen im Traum deuten darauf hin, daß das Träumen eine programmierte Hirntätigkeit ist.

Die Schlafzustände

Der Nachtschlaf des Menschen besteht aus Abfolgen von vier verschiedenen Phasen, die man im allgemeinen von 1 bis 4 numeriert. Diese Phasen entsprechen einer immer langsamer werdenden elektrischen Aktivität (deshalb spricht man auch von Slow-wave-Schlaf). Die verschiedenen Stadien des Slow-wave-Schlafs gehen nicht oder kaum mit Augenbewegungen einher; zudem bleibt ein gewisser, im Vergleich zu dem des Wachzustands aber etwas geminderter Muskeltonus erhalten. Wenn man jemanden aus dem Slow-wave-Schlaf weckt, bleiben zumeist keine Erinnerungen an Träume zurück.

Die Phasen des Slow-wave-Schlafs werden von Episoden unterbrochen, die durch schnelle Kortexaktivität und Augenbewegungen auffallen. Während dieser Stadien kommt es zu einer massiven Abnahme des Muskeltonus wie auch anderer charakteristischer vegetativer Phänomene. Gelegentlich bleiben geringfügige Finger- oder Gesichtsbewegungen (Anzeichen eines Lächelns oder einer Grimasse) erhalten; Bewegungen eines ganzen Gliedmaßensegments werden dagegen nur in seltensten Fällen beobachtet. Diese Schlafperioden wurden von Nathaniel Kleitman, Eugen Aserinsky und William Dement, den Vertretern der Chicagoer Schule, anfänglich als Wiederkehr der Phase 1 (Einschlafphase) aufgefaßt. Sie stellten fest, daß Versuchspersonen, die in einer solchen Phase aus dem Schlaf geholt werden, ihre Träume genau beschreiben können. Die in Einzelfällen nachweisbaren Zusammenhänge zwischen der Richtung der Augenbewegungen und dem manifesten Trauminhalt gab Anlaß zu der Hypothese, die Augenbewegungen entsprächen der «Betrachtung» der Traumszene. Das ist die Traumblick-Hypothese, auf die ich noch eingehen werde. Man weiß inzwischen, daß die Phase 1 in Wirklichkeit ein ganz anderer Schlafzustand ist, dem je nach theoretischer Ausrichtung ein anderer Name gegeben wurde: *rapid eye movement sleep* (REM-Schlaf), Phase der Augenbewegungen, paradoxer Schlaf, *dreaming state* (Traumstadium) usw. Es muß betont werden, daß der Traum mit einer vollständigen Haltungsatonie Hand in Hand geht. Das ist der Grund, warum das Schlafwandeln nicht zum Traum gehört, sondern ein unvollständiges Erwachen im Verlauf der Phasen 3 und 4 des Slow-wave-Schlafs darstellt (Abbildung 11).

Die Gedächtnisspuren, die sich im Traum regen und die lange Zeit als das einzige Zeugnis des Träumens angesehen wurden, bilden eine geschlossene Welt, mit der sich Psychologen und Psychiater befassen. Verschiedene psychoanalytische Schulen wetteifern um die wahre Deutung dieser Engramme. Die experimentelle Neurophysiologie dagegen hat sich aus pragmatischen Gründen dem Studium der neurobiologischen Mechanismen zugewandt, die dem paradoxen Schlaf bei Tieren zugrunde liegen.

Der paradoxe Schlaf

Man kann den Slow-wave-Schlaf vom paradoxen Schlaf und vom Wachzustand mit Hilfe von Aufzeichnungen der zerebralen und muskulären Aktivität an einem nicht anästhesierten, sich frei bewegenden Tier unterscheiden. Einem solchen Versuchstier sind Elektroden in die Gehirn- und Muskelstrukturen implantiert worden. Die Gesamtheit der Anzeichen für den paradoxen Schlaf unterteilt man wiederum in tonische (andauernde) und in phasische (episodische) Anzeichen. Erstere sind durch eine kortikale Aktivität, die der aufmerksamer Wachheit entspricht, und eine verallgemeinerte Haltungsatonie charakterisiert. Die phasischen Anzeichen beruhen auf einer spezifischen elektrischen Hirnaktivität, die zuerst auf der Ebene des Pons, des äußeren oder seitlichen Corpus geniculatum und der Okzipitallappen festgestellt wurde (daher auch die Bezeichnung «PGO-Aktivität»). Diese Hirnaktivität ist für die peripheren Bewegungen verantwortlich (schnelle Augenbewegungen, bei einer Katze: Bewegungen der Schnurrhaare, der Zunge, gelegentlich der Krallen, selten des Schwanzes). Während des paradoxen Schlafs unterdrückt die Haltungsatonie fast durchweg die Bewegung einzelner Gliedmaßensegmente. Nur der Hund bewegt in diesem Stadium die Beine; manchmal stöhnt oder bellt er. Wie ausgeprägt diese Phänomene auch sein mögen: zu einer aufrechten Haltung oder zur Fortbewegung kommt es nie.

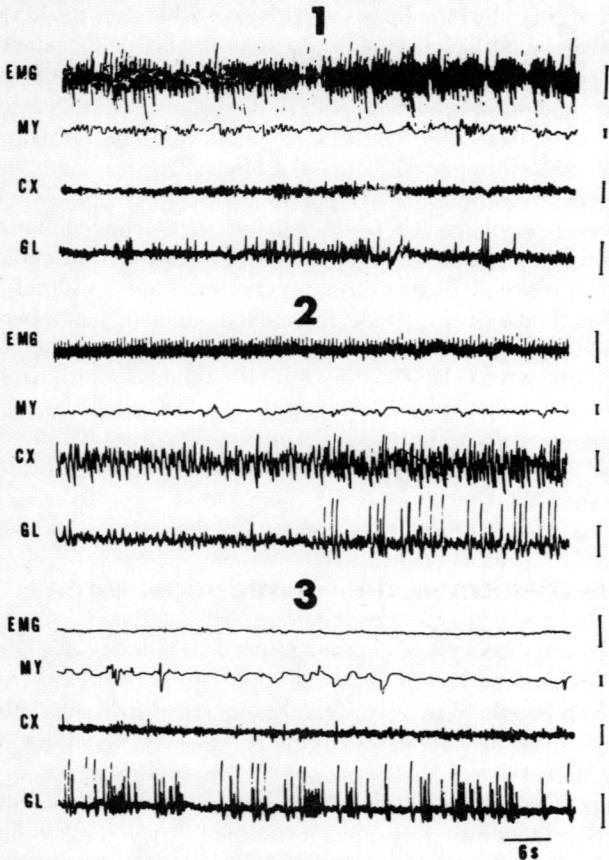

Abbildung 11: Die wesentlichen Merkmale, die den Wachzustand (1), den Slow-wave-Schlaf (2) und den paradoxen Schlaf (3) erkennen lassen (bei einer Katze). Folgende Anzeichen signalisieren das Einsetzen des paradoxen Schlafs: die zunehmende Aktivierung des Kortex (CX; Aufzeichnung der Tätigkeit der Sehrinde) und vollständige Haltungsatonie (EMG). Die spezifische Aktivität bestimmter Hirnstrukturen, zum Beispiel des Pons, des Corpus geniculatum laterale (GL) und des okzipitalen Kortex (PGO-Spikes), bilden einen der Schlüssel zu den Mechanismen des paradoxen Schlafs. Es handelt sich um eine zentrale Aktivität, die unter anderem für die schnellen Augenbewegungen (MY) während des paradoxen Schlafs verantwortlich ist.

Als Ende der fünfziger Jahre der paradoxe Schlaf identifiziert wurde, stellte sich die Problemlage ungefähr so dar: Alles deutete darauf hin, daß der Mensch während des paradoxen Schlafs träumt. Ein entsprechender Zustand war auch bei Katzen (und allen anderen Säugetieren) festgestellt worden, nur konnten die leider nicht über ihre Träume berichten. Wie sollte man unter diesen Umständen in der Analyse der phasischen Erscheinungen im paradoxen Schlaf vorankommen? Unter dem neurophysiologischen Blickwinkel drängte sich die Frage auf, ob die schnellen Augenbewegungen nur ein Randphänomen seien, das eine ungeordnete Erregung der Motoneuronen zum Ausdruck bringt, oder aber Bestandteil eines strukturierten, einheitlichen Bewegungsverhaltens, das jedoch durch bestimmte Hirnbereiche unterdrückt wird. Anders gesagt: Läßt sich das Verhalten einer träumenden Katze – das Traumverhalten selbst – erfassen?

Bevor ich auf diese Frage eingehe, muß ich kurz die Organisation der Strukturen und Mechanismen beschreiben, die vor dem Beginn und während des paradoxen Schlafs in Aktion treten.

Die Mechanismen, die Träume vorbereiten

Unter Normalbedingungen kommt es nie zu einem direkten Übergang vom Wachzustand zum paradoxen Schlaf. Folglich muß er während einer Vorphase im Slow-wave-Schlaf vorbereitet oder eingeleitet werden. Die Mechanismen dieser Vorphase sind komplex; doch was auf welche Weise vor sich geht, ist in groben Zügen bekannt.

Zuallererst muß der Wachzustand abgebrochen werden. Das heißt, das Wachsystem im Gehirn darf nicht mehr erregt werden. Die erste Voraussetzung dafür ist die Abwesenheit irgendeiner unmittelbaren Gefahr. Die akustischen, olfaktorischen und visuellen Fernsinne dürfen also durch Signale von möglichen Feinden nicht mehr gereizt werden; ferner dürfen die Propriozeptoren nicht durch Schmerzreize erregt sein. Eine zweite Voraussetzung ist die Sättigung des Organismus. Ein Tier darf weder hungrig noch durstig sein, es muß sich in einem Wärmegleichgewicht befinden und darf sich nicht auf der Suche nach einem Geschlechtspartner befinden. Die dritte Bedingung ist, daß die Einschlafphase in eine Ruhephase des 24-Stunden-Zyklus fällt. Man weiß, daß Katzen beispielsweise tagsüber spontan leichter einschlafen als nachts. Sind alle diese Bedingungen erfüllt, geht die Erregung des Wachsystems zurück, so daß die Einschlafmechanismen zu wirken beginnen.

Anatomisch besteht das Wachsystem aus einem Neuronenverband in der Formatio reticularis mesencephali (siehe Kapitel 2). Während des Wachzustands erregen diese Neuronen den Kortex über verschiedene Neurotransmitter, insbesondere über das Acetylcholin. Das Wachsystem ist seinerseits noradrenergen Erregungen unterworfen, die vorwiegend aus dem Locus coeruleus stammen. Allerdings ist die Liste der am Wachsein beteiligten Neurotransmitter mit der Erwähnung von Acetylcholin und Noradrenalin keineswegs erschöpft; so werden auch Serotonin und einige Peptide freigesetzt.

Das Einschlafen und die den paradoxen Schlaf vorbereitenden Phasen aktivieren während des Slow-wave-Schlafs andere Bereiche des Hirnstamms, insbesondere den hinteren Teil des Raphe-Systems, dessen Neuronen – sie setzen Serotonin (5-Hydroxytryptamin oder 5HT) frei – beim Einschlafen eine wichtige, experimentell mehrfach unter Beweis gestellte Rolle spielen. Die Interpretation der Versuchsergebnisse lassen jedoch keinen eindeutigen Schluß darauf zu, wie diese Neuronen ihr Werk verrichten.

Viele Kontrollmechanismen scheinen das Auftreten des paradoxen Schlafs während des Wachzustands und in den Anfangsphasen des Schlafs zu verhindern. Die beiden wichtigsten Kontrollmechanismen befinden sich zum einen in einem Teil des Wachsystems (Locus coeruleus), zum anderen im Nucleus rapheus dorsalis, der im Wachzustand, beim Einschlafen und im leichten Schlaf aktiv ist. Der paradoxe Schlaf kann überhaupt nur auftreten, wenn die Aktivität dieser beiden Systeme vollständig zum Erliegen kommt.

Daraus folgt, daß der Traum erst nach einem «Kontrolldurchgang» verschiedener Sicherheitssysteme zugelassen wird. Dieser Schutz bringt viele Vorteile mit sich, denn während des Träumens ist einerseits die Weckschwelle erhöht und andererseits der Organismus fast vollständig gelähmt. Ein gehörloses, blindes und gelähmtes Tier ist sehr verletzlich. Es kann also nur träumen, wenn es sich in Sicherheit befindet. Und erst dann taucht es in den Tiefschlaf ab.

Der Aspekt der Sicherheit ist in diesem Zusammenhang bedeutsam.

Er macht verständlich, warum die Traumdauer von Art zu Art verschieden ist. Ungeschützte Beutetiere erhalten wenig Schlaf, der zudem leicht ist. Die Gesamtdauer des paradoxen Schlafs übersteigt bei ihnen selten 15 bis 20 Minuten pro 24 Stunden. Dagegen schlafen (fleischfressende) Jäger und Hauskatzen – letztere genießen viel Sicherheit und brauchen nicht einmal auf Nahrungssuche zu gehen – ziemlich viel; die Dauer des paradoxen Schlafs kann 200 Minuten pro 24 Stunden übersteigen.

Der schlagartige Wechsel zum paradoxen Schlaf ist nur bei einer Erkrankung – der Narkolepsie – zu beobachten. Diese Krankheit tritt beim Menschen verhältnismäßig oft auf. Sie äußert sich durch plötzlichen Tonusverlust der Muskulatur mit anschließendem Sturz (Kataplexie). Ein solcher Anfall geht mit Träumen einher, während der Bezug zur Welt unterbrochen ist. Eher selten sind Kranke zu beobachten, die währenddessen bei vollem Bewußtsein bleiben, bei denen also nur das System aktiviert ist, das die Haltungsatonie steuert.

Man kann sich nun ohne weiteres vorstellen, daß Substanzen, die narkoleptische Anfälle unterdrücken, auch das Auftreten des paradoxen Schlafs hemmen, indem sie auf die Sicherheitssysteme des Traums einwirken. Und das geschieht tatsächlich, wenn Monoaminoxidase oder trizyklische Antidepressiva (Imipramin/Clomipramin) verabreicht werden, die eine Erhöhung der 5HT- oder der Katecholamin-Konzentration und damit die Erregung der den paradoxen Schlaf hemmenden Rezeptoren bewirken.

Die Organisation des paradoxen Schlafs

Rufen wir uns die Anzeichen des paradoxen Schlafs kurz in Erinnerung. Äußerlich lassen sich schnelle Augenbewegungen und eine verallgemeinerte Muskelatonie beobachten. Inwendig nehmen die kortikale und die PGO-Aktivität zu. Alle diese Merkmale zeigen den paradoxen Schlaf an. Welche Hirnbereiche sind für diese Veränderungen zuständig?
Man weiß heute, daß die Veränderungen von der Unversehrtheit der im Innern des Hirnstamms befindlichen Strukturen abhängen. Die Identifizierung dieser Strukturen war deshalb so langwierig und schwierig,

weil der anatomische Aufbau der Formatio reticularis bulbaris und der Formatio reticularis pontis ziemlich undurchsichtig ist. Jedes Jahr werden indes dank neuer histochemischer und anatomischer Verfahren bei der Bestimmung dieser Bereiche Fortschritte erzielt.

Die Haltungsatonie

Über die Beziehungen zwischen einer Hirnregion und einer Hirnfunktion sollen an dieser Stelle keine ausführlichen Überlegungen angestellt werden. Eines sei schlicht festgehalten: Man kann erst dann davon sprechen, daß eine bestimmte Hirnregion mit der Kontrolle einer Funktion (oder einer Tätigkeit) betreut ist, wenn gewisse notwendige Bedingungen erfüllt sind. Im Falle der Haltungs- oder Posturalatonie spielt eine Hirnregion dann und nur dann eine Rolle, wenn die drei folgenden Bedingungen zutreffen:

(1) Die physiologische Reizung dieser Region hat eine verallgemeinerte Atonie zur Folge;

(2) die elektrische Aktivität der Zellkörper geht äußerlich mit Symptomen der Atonie einher;

(3) die Zerstörung der Zellkörper unterdrückt selektiv das Auftreten der Atonie.

Aber keine dieser notwendigen Bedingungen ist auch schon hinreichend. Man kann die Haltungsatonie nämlich auch durch die Reizung anderer Systeme auslösen. So kann beim Menschen eine Kataplexie durch Lachen bewirkt werden (Lachschlag). Ferner läßt sich während des paradoxen Schlafs eine Aktivitätssteigerung in den Neuronen einer anderen Hirnregion feststellen, aber in diesem Falle handelt es sich um eine Aktivität, die mit Begleitphänomenen – etwa den Augenbewegungen – zusammenhängt. Schließlich läßt sich nicht beweisen, daß eine Läsion eines anderen Hirnstammsegments nicht dieselben Wirkungen zeitigt; ein solcher Beweis würde nämlich überabzählbar viele Versuche erfordern. Man geht also davon aus, daß die drei obengenannten Bedingungen, wenn sie denn erfüllt sind, die Identifizierung einer Funktion mit hinreichender Wahrscheinlichkeit zulassen. Heute kennt man sich in dem System, das die Haltungsatonie steuert, dank eng lokalisierter Läsionen und vor allem dank der Aufzeichnungen, die

Kasuya Sakai mit einigen Mitarbeitern an der Medizinischen Fakultät der Universität Lyon mit Hilfe von Mikroelektroden durchgeführt hat, ziemlich gut aus.

Die Haltungsatonie wird während des paradoxen Schlafs durch eine kleine Gruppe mittelgroßer Neuronen an der Innenseite des Locus coeruleus ausgelöst. Diese Neuronen sind nicht katecholaminerg, sondern reagieren auf Acetylcholin, weil sie auf eine lokale Einspritzung von Karbachol (einer Substanz, die cholinerge Rezeptoren zu reizen vermag) reagieren. Karbachol löst eine verallgemeinerte Atonie entweder mit paradoxem Schlaf oder Wachanfällen (Kataplexie-Zustand) aus. Diese Neuronen «verstummen» im Wachzustand, beginnen allerdings einige Minuten vor dem Einsetzen des paradoxen Schlafs mit ihrer Aktivität, die während des Träumens ihren Höhepunkt erreicht und mit dem Ende eines Traums vollständig zum Erliegen kommt.

Diese Neuronengruppe steht mit dem riesenzelligen bulbären Kern über eine ponto-bulbäre Bahn in Verbindung. Der riesenzellige Kern entspricht dem von Horace Magoun und Ruth Rhines entdeckten hemmenden Anteil der Formatio reticularis. Die Neuronen dieser Gruppe steigern während des paradoxen Schlafs ebenfalls, allerdings selektiv, ihre Aktivität und bewirken eine Haltungsatonie durch Hemmung der Motoneuronen des Rückenmarks (genauer: durch prä- und postsynaptische Hemmungen im Tractus reticulo-spinalis, der zum ventro-lateralen Quadranten des Rückenmarks führt). Man kennt den Neurotransmitter, der die hemmende Wirkung der Formatio reticularis auslöst, noch nicht. Das Acetylcholin muß jedoch ausgeschlossen werden, denn eine Haltungsatonie kann durch Einspritzung dieser Substanz in den besagten Hirnbereich nicht hervorgerufen werden. Ebenso unbekannt ist der an der bulbo-retikulären Hemmung beteiligte Neurotransmitter.

Jede zweiseitige symmetrische Läsion des Steuersystems des Pons oder der ponto-bulbären Bahn macht die Haltungsatonie im paradoxen Schlaf rückgängig. Deshalb ist es möglich, verschiedene während des paradoxen Schlafs sich entwickelnde stereotype Verhaltensweisen zu erfassen.

Andere ponto-bulbäre Bereiche sind aller Wahrscheinlichkeit nach nicht an der Steuerung der Haltungsatonie beteiligt. Massive Läsionen anderer Bereiche der Formatio reticularis pontis, die durch Mikroinjektionen beispielsweise eines Nervengifts, das selektiv den Zellkörper, aber nicht die Fasern eines Axons zerstört, erzielt werden, wirken sich auf den paradoxen Schlaf nicht aus. So verändert die beinahe vollständige Zerstörung des riesenzelligen Kerns mit seinen Verbindungen zum Gehirn und zum Rückenmark den paradoxen Schlaf nicht. Das ist um so überraschender, als die einheitliche Tätigkeit dieses Riesenzellenverbandes während des paradoxen Schlafs (und im Wachzustand) erheblich ansteigt, so daß er von einigen Forschern als das eigentliche Steuersystem des paradoxen Schlafs aufgefaßt wurde. Ferner scheint dieser Verband mit dem Steuersystem der Augenbewegungen nichts zu tun zu haben.

Das PGO-System

Das PGO-System ist etwas vielschichtiger als der für die Haltungsatonie zuständige Bereich. Die Analyse des PGO-Systems fällt jedoch deshalb etwas leichter, weil es durch Substanzen und Läsionen, deren gemeinsamer Nenner die Unterdrückung des aus dem rostralen Raphe-System stammenden 5HT ist, gereizt werden kann. Man verabreicht also beispielsweise Reserpin oder zerstört den Raphe-Kern. Diese Eingriffe bewirken eine während des Wachseins ununterbrochene PGO-Aktivität. Sehr schematisch betrachtet, setzt sich dieses System aus symmetrischen zweiseitigen «Generatoren» und aus verschiedenen Bahnen zusammen. Die Neuronengruppe, von der die PGO-Aktivität ausgeht, befindet sich im dorso-lateralen Anteil des Pons (Nucleus parabrachialis lateralis und Nucleus tegmenti dorsolateralis). Die PGO-Information wird direkt von einem Teil des Generators an jeden okulomotorischen Kern geleitet (sie ist folglich für die im paradoxen Schlaf zu beobachtenden Augenbewegungen verantwortlich) und von einer anderen Hirnregion über verschiedene Schaltstellen zum visuellen System (Corpus geniculatum laterale und Sehrinde). So hat man das primäre PGO-System, wo die Information in Gestalt langsamer Wellen mit hoher Amplitude leicht zu erhalten ist, anatomisch erfaßt (diese Wellen sind das Anzeichen des normalen paradoxen Schlafs). Die Tätigkeit der Generatoren eines PGO-Systems beschränkt sich aber nicht auf die Reizung allein des visuellen und okulomotorischen Systems. Mit Hilfe von Mikroelektroden läßt sich der Widerhall der PGO-Tätigkeit in den meisten Nervenzellen der Formatio reticularis, des Thalamus und der Kortexareale, vor allem in den Interneuronen (Golgi-Typ II), erfassen, wie Mircea Steriade von der Universität Laval in Quebec nachgewiesen hat. Auch ein Einfluß der PGO-Aktivität auf pyramidale und extrapyramidale Neurone ist unabweisbar. Der Generator der PGO-Aktivität ist mit einem Schrittmacher oder einem Dirigenten vergleichbar, der unmittelbar oder mittelbar die im Hirnorchester spielenden Neuronen anleitet. Die Musik dieses Orchesters wäre dann nichts anderes als die Traumtätigkeit, so daß man das Traumverhalten mit dem spielenden Orchester auf dem Bildschirm eines Fernsehers, dessen Ton abgestellt ist, vergleichen könnte.

Die Organisation der ausführenden Strukturen des paradoxen Schlafs zeichnet sich durch eine Besonderheit aus: Die Steuersysteme der Haltungsatonie im Pons befinden sich in der Nachbarschaft der Generatoren der PGO-Aktivität. Wollen wir das gestische Verhalten im Traum beobachten, dann müssen wir die Steuersysteme der Haltungsatonie ausschalten. Aber die räumliche Nähe dieser Systeme zu den Generatoren der PGO-Aktivität erschwert den Eingriff. Mein Mitarbeiter Jean-Pierre Sastre hat mehrere Jahre gebraucht, um in unserem Laboratorium das Repertoire des Traumverhaltens durch die Beobachtung von zehn Katzen im Detail zu analysieren. Entweder ist die zweiseitige und symmetrische Läsion der Steuerneuronen zu klein, so daß sich die Haltungsatonie wieder einstellt, das Traumverhalten jedoch verschwindet, oder die Läsion ist zu ausgedehnt, so daß der Dirigent eine Verletzung davonträgt, wodurch das ganze Verhalten verändert wird. Die Erfolgsquote derartiger Eingriffe ist verhältnismäßig bescheiden. Man wird nicht um die Ausarbeitung biochemischer, mit Nervengiften operierender, selektiv wirkender Methoden herumkommen, um gezielt die Aktivität des für die Haltungsatonie verantwortlichen Systems aufzuheben, da die chirurgische Läsionstechnik sich als zu problematisch erwiesen hat.

Das Traumverhalten

Unsere Versuchsanordnung hat uns in die Lage versetzt, die einzelnen Sequenzen des Traumverhaltens mit der elektrischen Aktivität einzelner Hirnregionen in Zusammenhang zu bringen. Ein Versuchstier wird in einen großen Käfig aus Plexiglas gebracht, der viel Bewegungsspielraum läßt. Eine Videokamera und ein Tonbandgerät zeichnen ununterbrochen das Verhalten auf. Gleichzeitig wird die auf einem Polygraphen oder Oszillographen sichtbar gemachte elektrische Hirn- und Muskelaktivität durch eine andere Kamera aufgenommen. An einem Mischpult werden die einzelnen Verhaltenssequenzen und die elektrische Hirnaktivität zu einem Bild gemischt. Ein und dieselbe Sequenz kann mehrmals verlangsamt abgespielt werden, damit sich die Zusammenhänge zwischen bestimmten Aspekten der PGO-Tätigkeit und bestimmten Augen-, Kopf- oder Beinbewegungen genauer analysieren lassen.

Erfolgt die Läsion des Steuersystems der Haltungsatonie im Pons (sei es auf der Ebene der Zellkörper, sei es auf der der ponto-bulbären Bahn) exakt symmetrisch, bewirkt sie keinerlei motorische Störung im Wachzustand. Dagegen geht der paradoxe Schlaf während acht bis zehn Tagen merklich zurück, so daß man erst danach den ganzen Reichtum des Traumverhaltens zu Gesicht bekommt (Abbildung 12).

Nach einer Phase des Slow-wave-Schlafs, in deren Verlauf der Muskeltonus fast vollständig verschwinden kann, beginnt die kortikale Aktivierung des paradoxen Schlafs, die die PGO-Tätigkeit einleitet. Das Versuchstier hebt plötzlich den Kopf, statt ihn im Zustand der Atonie auf dem Boden ruhen zu lassen. Diese Sequenz des Orientierungsverhaltens geht stets einer Reihe von Verhaltensweisen voraus, die man – weil sie stereotyp sind – nach einem Ordnungsschema klassifizieren kann. Das Suchverhalten am Anfang des Traums beginnt mit einer visuellen Exploration. Die Katze scheint mit Kopf und Augen einem imaginären, vor ihr im Raum sich bewegenden Gegenstand zu folgen. Aber das Tier sieht nicht im eigentlichen Sinne. Man kann sich dieser Form von «Blindheit» vergewissern, indem man es auf verschiedene Weise reizt: Keine dieser Reizungen verursacht eine Verfolgungsreaktion. Danach bewegt sich das Tier im Käfig, als wolle es ihn erkunden. Gelegentlich nimmt die Katze eine Angriffshaltung ein; sie verhält sich so,

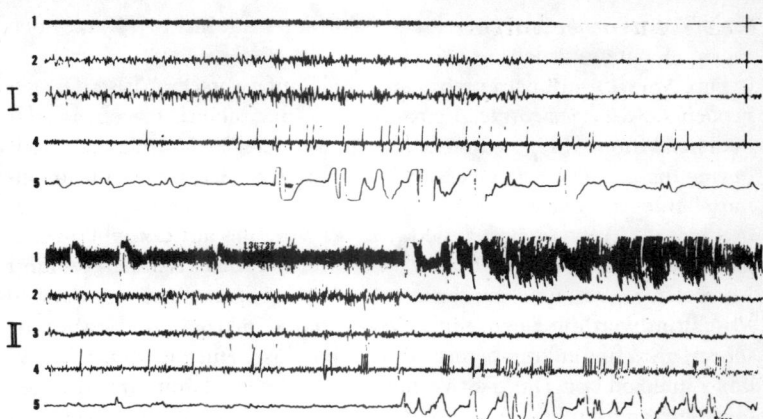

Abbildung 12: An den Aufzeichnungen von einem unversehrten Gehirn (I) lassen sich das Auftreten des paradoxen Schlafs bei vollständiger Muskelatonie (1), die Beschleunigung der Kortexaktivität (2, 3), das Einsetzen der PGO-Tätigkeit (4) und der schnellen Augenbewegungen (5) ablesen.

Nach der Zerstörung des Locus coeruleus alpha, die das für die PGO-Aktivität zuständige System unversehrt läßt, entwickelt ein Tier (II) während mehrerer Monate ein Traumverhalten mit den charakteristischen Merkmalen (2, 3, 4, 5), wobei allerdings die Muskelaktivität eine merkliche Steigerung erfährt (1). Man kann annehmen, daß die Körperbewegungen eine «Übersetzung» des Traums darstellen.

als sei eine Maus oder eine Ratte in der Nähe. Sie bewegt sich geduckt und langsam fort – auf der Jagd nach der imaginären Beute. Und hin und wieder nimmt sie eine Lauerstellung ein: Sie bleibt völlig still und hebt eine der beiden Vorderpfoten leicht an.

Eine andere beobachtete Sequenz des Traumverhaltens betrifft das Putzen. Die Katze leckt die Pfoten oder das Fell auf beiden Körperseiten, machmal auch den Käfigboden. In diesem Fall erinnert das Verhalten an den Durst. Aber das Lecken ist nie zielgerichtet. Klebt man ein Pflaster auf das Fell einer wachen Katze, leckt sie sich unaufhörlich, um sich von dem Pflaster zu befreien. Das Lecken im Traum betrifft dagegen nie eine bestimmte Körperstelle. Das Säubern des Gesichts und der Schnurrhaare mit Hilfe der Vorderpfoten, das mit dem Lecken der Pfoten und der Pölsterchen einhergeht, ist an einer träumenden Katze noch nie beobachtet worden.

Das Angriffsverhalten manifestiert sich auf zweierlei Weise. Die *gegen eine Beute gerichtete Aggression* zeichnet sich durch einen oder mehrere Pfotenschläge gegen ein imaginäres Ziel und durch eine Fangbewegung aus. Die Katze versucht, mit ihren Vorderpfoten eine imaginäre Beute oder ein anderes imaginäres Objekt zu packen. Gelegentlich beißt sie ins Leere. Es kommt jedoch auch vor, daß die Pfotenbewegungen bloß mit geringer Kraft ausgeführt werden; das Verhalten erinnert in diesem Fall an eine Berührung oder an ein Spiel. Beim *aggressiven Angriff* schlägt die Katze mit ihren Pfoten nach vorn, senkt aber die Ohren nach hinten und bereitet sich durch das Öffnen des Mundes auf das Zubeißen vor. Das Tier vermittelt den Eindruck, es kämpfe gegen einen imaginären Feind.

Im Angstverhalten zieht sich das Tier wie auf der Flucht zurück. Diese Verhaltensweise endet mit der charakteristischen Abwehrstellung: Der Hinterlauf wird auf den Boden gedrückt, die Ohren liegen seitlich nach hinten gerichtet an, der Schwanz ist leicht gehoben. Dieses Verhalten kann bruchlos in eine andere, ebenso spektakuläre Verhaltensweise übergehen, beispielsweise in Wut oder Zorn.

Die Wut beschließt das Verhaltensrepertoire. An emotionalen Komponenten dieses Zustands fehlt es nicht. Der Rücken krümmt sich, die Ohren liegen seitlich an, auf dem Rücken oder sogar auf dem Schwanz sind die Fellhaare aufgerichtet, und der Mund öffnet sich, als wolle das Tier zubeißen.

Eine weitere Tatsache ist hervorzuheben: Der Angriff, die Angst oder die Wut werden nie von Schreien begleitet, wie dies bei einem wachen Tier der Fall ist. Die einzigen hörbaren Laute während des Träumens sind ein leises, klagendes Miauen während der visuellen Exploration. Wir haben nie irgendein Schnurren beobachtet.

Schließlich sind uns sexuell getönte Verhaltensweisen weder bei männlichen noch bei weiblichen Versuchstieren aufgefallen, ebensowenig übrigens wie Zittern, Schnauben, Erbrechen oder Niesen im Traum.

Die Verkettung der verschiedenen Verhaltenssequenzen folgt keiner festen Ordnung. Davon weicht der Anfang des Träumens ab, bei dem stets eine visuelle Exploration stattfindet. Jedes Tier scheint jedoch bestimmte Verhaltensweisen aus dem Repertoire aller möglichen Verhaltensweisen zu bevorzugen (wenn man die wöchentlich ermittelten Durchschnittswerte zugrunde legt). Einen Zusammenhang zwischen diesen bevorzugten Verhaltensweisen und dem Verhalten im Wachzustand haben wir noch nicht entdecken können. Merkwürdigerweise zeigten die Tiere, die sich beim Träumen eher aggressiv verhielten, nach dem Erwachen nie Aggressionen gegenüber dem Versuchsleiter.

Traum- und Wachverhalten

Die meisten unter normalen Lebensbedingungen an wachen Tieren beobachteten Verhaltensweisen sind objektbezogen – entsprechend dem klassischen Reiz-Reaktions-Schema des Behaviorismus. In bestimmten Fällen kann bereits ein minimaler Reiz bei ausgeprägter innerer Motivationslage eine Reaktion auslösen. In bestimmten Versuchen läßt sich ein Angriff durch die zentrale Reizung des Hypothalamus, der Amygdala oder des Hirnstamms auslösen. Dieses Verhalten ist nach wie vor zielgerichtet, auch wenn das Objekt, das die Aggression auf sich zieht, ein bloßes Ersatzziel (die Hand des Versuchsleiters, ein totes Tier oder eine Attrappe) ist. Die Beobachtung spielender Kätzchen zeigt, daß das Objekt des Angriffs keine wirkliche Beute zu sein braucht; es kann sich um ein Blatt oder um ein Wollknäuel handeln. Dennoch gilt grundsätzlich, daß jedes Angriffs-, Flucht- oder Putzverhalten auf ein Objekt bezogen ist.

Im Gegensatz dazu ist das Traumverhalten des Tieres nie auf einen Gegenstand gerichtet. Das Tier kann einen äußeren Reiz selbst aus unmittelbarer Nähe gar nicht wahrnehmen. Während des paradoxen Schlafs übt ein zentraler Bereich die Kontrolle über die sensorischen Informationsströme aus. Diese Kontrolle wirkt entweder peripher (über die Vermittlung beispielsweise der Ohrmuskeln) oder auf der Ebene der primären Relaiskerne; sie ist zum Teil für die Anhebung der Weckschwelle verantwortlich und trägt dazu bei, den in den Generatoren des Pons ausgelösten Prozessen der genetischen Programmierung freien Lauf zu lassen. Folglich ist es uns verwehrt, nach üblichem Schema die Vorgänge von der Reizung bis zur Reaktion des Organismus zu verfolgen, um für die verschiedenen Aktivierungen vegetativer und motorischer Strukturen im Traumverhalten eine Erklärung zu finden. Vielmehr müssen wir die Ursache dieses Verhaltens im Innern des Gehirns, insbesondere bei «Dirigenten» und somit im PGO-System, suchen.

Die erste Hypothese, die vorgeschlagen wurde, um das Traumverhalten zu erklären, basiert auf einer Theorie, nach der die im Traum erscheinenden Bilder «abgetastet» werden. Daher auch die Bezeichnung des Traumverhaltens als eines «pseudohalluzinatorischen Verhaltens». Da die PGO-Aktivität das visuelle System überschwemmt, konnte man annehmen, daß sie auch für Halluzinationen verantwortlich ist, die der Bilderwelt des Traums gleichen. Wenn dies zuträfe, würde eine Katze mit ihren Augen die Umgebung abtasten und Angriffslust entwickeln, sobald die PGO-Aktivität das Bild eines Vogels oder einer Maus auf die innere Leinwand zaubert. Diese Hypothese mußte schnell aufgegeben werden. Die Augenbewegungen (die man sehr präzise anhand des Aktionspotentials auf der Ebene der okulomotorischen Kerne registrieren kann) setzen in der Tat 15 bis 20 Millisekunden vor dem Eintreffen der PGO-Information im Corpus geniculatum laterale und 20 bis 25 Millisekunden vor dem Beginn einer durch die PGO-Aktivität ausgelösten Tätigkeit der Hinterhauptlappen ein. Es ist also ausgeschlossen, daß eine Wirkung (exploratorische Augenbewegungen) einer Ursache (visuelle Halluzination) vorangeht. Wenn ferner die Augenbewegungen im Traum irgendeine Beziehung zu den im Traum erscheinenden Bildern aufweisen, stellt sich die Frage, warum diese Bewegungen etwa beim Meerschweinchenfötus *in utero* oder bei einem neugeborenen, also blinden Kätzchen im paradoxen Schlaf zu beobachten sind.

Die Hypothese des pseudohalluzinatorischen Verhaltens war also unbrauchbar. Dennoch ist die dominante Rolle der PGO-Aktivität unbestreitbar, da ihre Unterdrückung (etwa durch Läsion der für sie verantwortlichen Hirnregion) das Auftreten des Traumverhaltens unterdrückt. Kein Wunder, daß eine andere Theorie, die von einer endogenen, auf der PGO-Aktivität beruhenden Programmierung ausgeht, wenigstens zum Teil schon bestätigt wurde. Diese Theorie besagt folgendes: Auf der Ebene der Formatio reticularis pontis befindet sich ein komplexer Neuronenverband mit einer spezifischen, endogenen determinierten Tätigkeit, die durch bestimmte kortikale Regionen (beispielsweise des Stirnhirns) moduliert wird. Die Generatoren dieser

Tätigkeit werden normalerweise, wie schon angedeutet wurde, im Wachzustand gehemmt (noradrenerge Bremse des Locus coeruleus) und zu Beginn des Schlafs durch das dorsale Raphe-System (serotoninerge Bremse) in Schach gehalten. Werden diese beiden Bremsen jedoch losgelassen, ruft die PGO-Aktivität unmittelbar die Kopf- und Augenbewegungen am Anfang der im Traum auftretenden Explorationsphase hervor. Danach löst das Eintreffen von Informationen aus dem PGO-System in bestimmten Bereichen (zum Beispiel in der Amygdala) selektiv stereotype Verhaltensweisen aus: Angriff, Wut usw. Es ist nämlich nicht möglich, daß diese motorischen Sequenzen allein im Pons programmiert werden, da ein Versuchstier, dem das ganze Gehirn oberhalb des Pons entfernt wurde, im paradoxen Schlaf höchstens zu «gehen» oder zu «laufen» vermag. Gleichzeitig mit dem Einschalten dieser «Unterprogramme» findet vermutlich eine Reizung bestimmter sensorischer Systeme durch die PGO-Aktivität statt. Barry Jacobs und Denis McGinty haben festgestellt, daß die Nervenzellen, die auf der Ebene der Amygdala für das Miauen einer wachen Katze zuständig sind, in einzelnen Perioden des paradoxen Schlafs wiederum erregt werden. So müßte eigentlich die motorische Programmierung *eng* mit der Reizung bestimmter, für die Integration sensorischer Informationen zuständiger Bereiche Hand in Hand gehen; zugleich müßte aber festgehalten werden, daß eine motorische Verhaltenssequenz nicht durch eine sensorische Reizung ausgelöst wird, wie man im Rahmen der Pseudohalluzinationshypothese anfänglich angenommen hat (Abbildung 13).

Das Kernproblem der neuen Theorie betrifft die Natur des «Programms». Steht es in Zusammenhang mit Ereignissen, die vor dem Einschlafen stattgefunden haben, oder hängt es von einem genetischen Gedächtnis ab? Die Frage läßt sich derzeit nur schwer beantworten. Es spricht jedoch einiges für die Existenz eines genetischen Gedächtnisses. Denn bereits in der frühen Ontogenese, ja sogar schon *in utero*, macht sich das motorische Programm in den besagten Augenbewegungen, bei einem neugeborenen Tier oder beim menschlichen Säugling auch in Saug- und anderen Mundbewegungen bemerkbar.

Die Mäuse sind die einzigen «träumenden» Tiere, an denen sich genetische Versuche durchführen lassen. Jean-Louis Valatx, Raymond Cespuglio und ihre Mitarbeiter haben entdeckt, daß einzelne blutsver-

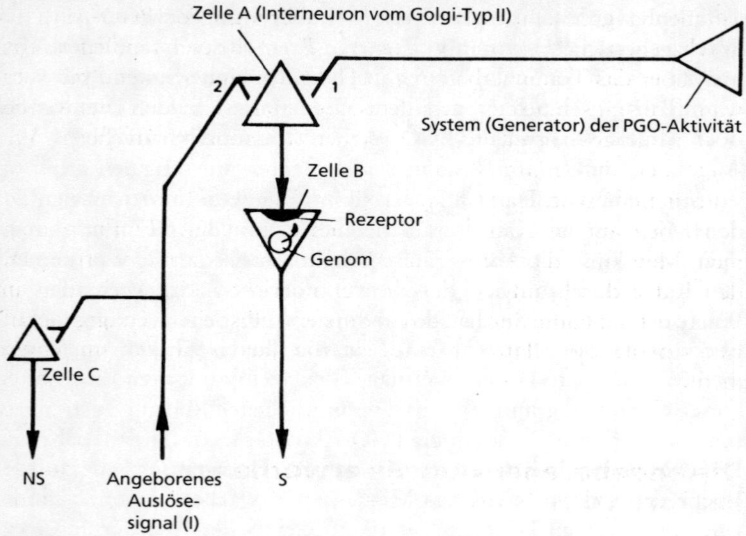

Abbildung 13: Theoretisches Modell der endogenen Programmierung während des paradoxen Schlafs. Die Identifizierung eines angeborenen Auslösereizes (I) erfolgt bei erstmaliger Darbietung über ein Interneuron (vom Golgi-Typ II). Dieses Interneuron (A) wird im paradoxen Schlaf zusätzlich mit Informationen aus dem PGO-System versorgt (fette Linie) und erregt während des Schlafs die Rezeptoren der Zelle B. Diese Rezeptoren hängen von der Proteinsynthese durch das Genom von B ab. Sie müssen periodisch durch das Interneuron stimuliert werden, um aktiv zu bleiben. Erfolgt eine «Bestätigung» durch die periodischen Stimulationen, kann das angeborene Auslösesignal die Kette der spezifischen Reaktionen hervorbringen. Erfolgt keine «Bestätigung», löst es nur nichtspezifische Aufmerksamkeits- und Wachheitsreaktionen aus, und zwar ausgehend von Zelle C, deren «Bestätigung» stets durch verschiedene Umweltreize im Wachzustand erfolgt.

wandte Mäusestämme unter gleichen Umweltbedingungen jeweils eigene Augenbewegungsmuster im paradoxen Schlaf entwickeln (wobei die Augenbewegungen durch die Amplitude der aufgezeichneten Kurven erfaßt werden), wogegen diese Muster bei Hybriden aus zwei Stämmen in Mischformen auftreten (Abbildung 8, S. 50). Da zwischen der PGO-Aktivität und den Augenbewegungen ein unmittelbarer Zusammenhang besteht, scheint die «Kodierung» der PGO-Aktivität durch genetische Faktoren bedingt zu sein. Selbstverständlich müßte man über das Traumverhalten von Hybriden einerseits und blutsverwandten Mäusen aus ein und demselben Stamm andererseits weitere Beobachtungen anstellen; bislang haben sich aber entsprechende Versuche nicht durchführen lassen.

Schließlich scheinen Ereignisse, die vor dem Einschlafen stattgefunden haben, auf das Traumverhalten eines Tieres keinen Einfluß zu nehmen. Man kann die Abfolge der Verhaltenssequenzen einer träumenden Katze durch aufgezwungene Veränderungen des Verhaltens im Wachzustand kaum ändern. So modifiziert selbst ein zweitägiger Nahrungsentzug die relative Häufigkeit von Jagdsequenzen im Traum nicht.

Die angeborenen und die erworbenen Faktoren des Traums

Die Beschreibung des Traumverhaltens – jenes Spiels im Innern des Gehirns, wie Jean Piaget es genannt hat – beantwortet jedoch die Frage nicht, wozu denn der paradoxe Schlaf dient. Die Untersuchung der Ontogenese könnte womöglich eine erste Antwort auf diese Frage liefern. Es besteht nämlich hinsichtlich des paradoxen Schlafs (oder eines sehr ähnlichen Zustands) eine ontogenetische Kontinuität zwischen den Bewegungen des Ratten- oder Meerschweinchenfötus *in utero*, den Bewegungen einer neugeborenen Ratte oder eines wenige Tage alten Kätzchens (bei denen das Hemmsystem der Haltungsatonie noch nicht richtig funktioniert) und dem Traumverhalten des erwachsenen Tieres. Die Bewegungen eines Fötus sind ohne Zweifel die motorische Äußerung der genetisch im Verlauf der Reifung des Nervensystems programmierten Synapsenbildung. Auch wenn man die Wirkung der uterinen Umgebung auf ein neugeborenes Tier nicht leugnen kann, ist es dennoch erwiesen, daß die genetische Programmierung in der Ausprägung stereotyper Annäherungs-, Kriech- und Saugbewegungen im paradoxen Schlaf eine entscheidende Rolle spielt.

Welche Bedeutung kann unter diesen Umständen dem paradoxen Schlaf eines erwachsenen Tieres zugeschrieben werden? Das folgende

Beispiel, das ich von Irenäus Eibl-Eibesfeldt übernehme, erlaubt es uns, das Problem richtig zu stellen. Freilebende Eichhörnchen verstecken Nüsse in Erdlöchern, die sie selbst graben und verschließen. Erhalten Eichhörnchen, die seit der Entwöhnung *in völliger Isolation* gehalten und ausschließlich mit pulverförmiger Nahrung gefüttert worden sind, zum erstenmal Haselnüsse, suchen sie nach einer Stelle, wo sie die Nüsse (von denen sie einige zuvor gefressen haben) verstecken könnten. Sie versuchen, den Käfigboden aufzukratzen, und verhalten sich so, als ob sie ein Loch graben und es mit Erde wieder zuschütten würden... Diese Kette angeborener stereotyper Verhaltensweisen veranschaulicht die Rolle der genetischen Faktoren in der Verhaltensstruktur von Säugetieren. Untersuchungen an eineiigen, gemeinsam oder getrennt aufgewachsenen Zwillingen haben auch im Falle des Menschen zu Ergebnissen geführt, die für die Determinierung bestimmter Charakter- oder Persönlichkeitsmerkmale durch genetische Faktoren zu sprechen scheinen.

Wird nun die Existenz genetischer Faktoren im Aufbau bestimmter Verhaltensweisen nicht rundweg geleugnet, dann stellen sich einem Neurophysiologen folgende Probleme: Sind die Neuronensysteme, die ein verhaltensauslösendes oder -organisierendes Signal erkennen, nach der Reifung des Zentralnervensystems endgültig programmiert? Wenn dem so ist, erhebt sich die Frage, wie die komplexen synaptischen Verbindungen, die für das angeborene Wahrnehmungs- und Bewegungsverhalten oder für erbbedingte Verhaltensunterschiede verantwortlich sind, während der ganzen Lebensgeschichte eines Individuums erhalten bleiben. Und wie verhält es sich mit dieser Programmierung insbesondere bei Individuen, die isoliert aufgewachsen und noch nicht mit den für die Auslösung stereotyper Verhaltenssequenzen verantwortlichen Signalen in Berührung gekommen sind? Im Anschluß an die vorhin erwähnten Beobachtungen an Eichhörnchen (also an Tieren vom Kaspar-Hauser-Typus) stellt sich die Frage, wie bei frei und in Gefangenschaft lebenden Eichhörnchen, die doch geschichtlich (epigenetisch) unterschiedliche Reize wahrgenommen haben, durch den Anblick von Haselnüssen ähnliche Verhaltensweisen ausgelöst werden können. Denn wir wissen, daß die Umgebung die funktionelle oder anatomische Hirnorganisation verändert. So wird die einheitliche Kortexaktivität oder der Aufbau der Dendriten in der Sehrinde eines

Kätzchens etwa durch eine längere Schließung der Augenlider modifiziert, und ein Reizentzug führt bei einer Ratte ebenso zu einer Veränderung der architektonischen oder enzymatischen Kortexstruktur wie die Reizüberflutung. Angesichts solcher Beobachtungen fällt es schwer, sich mit dem Gedanken anzufreunden, daß eine *endgültige* genetische Programmierung, die mit dem Ende der Reifung zum Abschluß kommt, trotz der umweltbedingten plastischen Veränderungen der Synapsen bei der Organisation angeborener Verhaltensweisen zeitlebens wirksam sein soll. Eine endgültige genetische Programmierung von Abermilliarden synaptischen Verbindungen würde zudem viel mehr Gene erfordern, als im Genom vorhanden sind. Aus allen diesen Gründen kann der Idee der iterativen oder periodisch wiederkehrenden genetischen Programmierung eine gewisse Plausibilität nicht abgesprochen werden. Dieser periodische endogene Vorgang müßte also in regelmäßigen Abständen die synaptischen Strukturen aktivieren, die für das Erkennen der angeborenen Auslösesignale oder jener Reize, die angeborene stereotype Verhaltensweisen hervorrufen, verantwortlich sind (Abbildung 14).

Die Mechanismen dieser wiederkehrenden Programmierung, das heißt dessen, was man als «endogenes phylogenetisches Lernen» bezeichnen könnte, sind nach wie vor unbekannt. Sie lassen sich jedoch unter zwei theoretischen Blickwinkeln umschreiben. Unter dem ersten Blickwinkel müßte man davon ausgehen, daß der präsynaptische Einfluß der PGO-Aktivität für die Programmierung verantwortlich ist. Das Eintreffen als Impulse kodierter PGO-Informationen prägt gleichsam die postsynaptischen Rezeptoren (analog dem Mechanismus, durch den die verschiedenen Umweltreize im Wachzustand verarbeitet werden). Doch diese Hypothese ist kaum annehmbar; es ist schwer vorstellbar, wie ein Protein, das aus dem Genom der hypothetischen Kommandozellen des PGO-Systems stammt, die für die Programmierung erforderliche Anzahl von Informationen kodieren könnte.

Deshalb ist die Hypothese einer postsynaptischen Kodierung eher plausibel. In diesem Falle müßten postsynaptische, an der Erkennung phylogenetisch wichtiger Reize (angeborener Auslösesignale) beteiligte Zellen unaufhörlich Proteine herstellen, die wie im Verlauf der Reifung das Substrat genetisch programmierter Rezeptoren bilden. Diese Rezeptoren müßten durch die PGO-Information erregt werden, damit sie

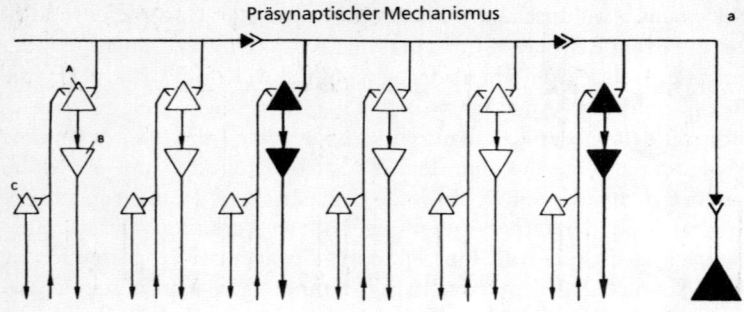

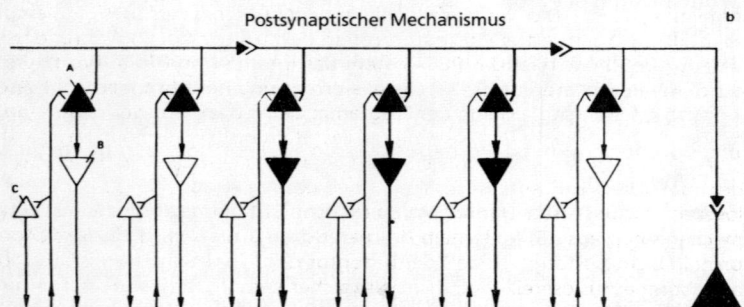

Abbildung 14: Hypothetische Programmierungsmechanismen. Bei den präsynaptischen Programmierungsmechanismen (a) werden die Muster der PGO-Tätigkeit bestimmten Codes zugeordnet. Diese aus dem PGO-Generator stammenden Informationen gelangen auf polysynaptischem Wege zu verschiedenen Interneuronen. Einige Interneuronen erkennen die Botschaft und sprechen selektiv darauf an. Man muß annehmen, daß Proteine auf der Ebene des Generators für die raumzeitliche Kodierung verantwortlich sind, wobei die derart kodierte Botschaft die verschiedenen Interneuronen der Reihe nach instruiert.

Bei den postsynaptischen Programmierungsmechanismen (b) ist die genetisch bereits weniger determinierte PGO-Aktivität nicht in gleichem Maße mit dem Instruieren von Interneuronen betraut. Vielmehr aktiviert sie alle Interneuronen vom Golgi-Typ II. Es findet dann die Auswahl der postsynaptischen Ziele entsprechend dem Zyklus der Biosynthese postsynaptischer Rezeptoren statt. Dieser letzte Mechanismus erscheint als sehr plausibel; er erlaubt es nämlich, die selektive Reizung der Interneuronen vom Golgi-Typ II im Zusammenhang der PGO-Tätigkeit während des paradoxen Schlafs verstehbar zu machen, wie Mircea Steriade gezeigt hat.

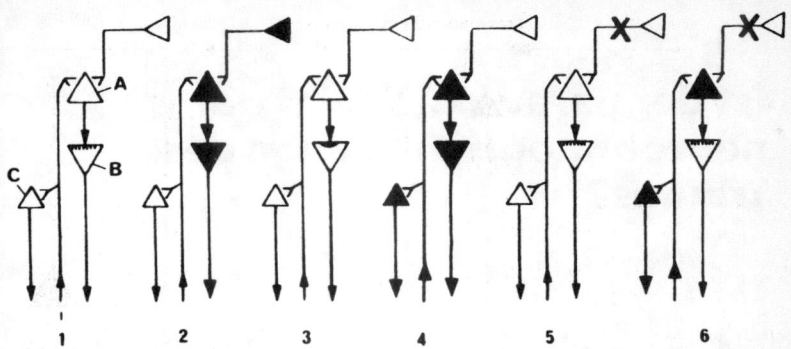

Abbildung 15: (1) Die Nervenzelle, die ein angeborenes Auslösesignal empfängt (B), synthetisiert ein Rezeptorprotein (Schraffierung). (2) Während des
paradoxen Schlafs reizt das PGO-System das Interneuron (Golgi-Typ II), wodurch die Rezeptoren der Rezeptorzelle erregt und bestätigt werden. Diese
Reizung erfolgt zeitgleich mit der Programmierung des Traumverhaltens (das
normalerweise durch die Hemmung des Haltungstonus blockiert wird).
(3) Nach dem Ende des paradoxen Schlafs verrichten die Rezeptoren (schwarz)
des angeborenen Auslösereizes ihre Arbeit eine Zeitlang weiter. (4) Der Auslösereiz löst bei erster Darbietung spezifische und unspezifische Reaktions-
mechanismen aus. (5) Außerhalb des paradoxen Schlafs wird das Rezeptorprotein nicht bestätigt, so daß der Rezeptor nicht funktionsfähig ist. (6) Der
angeborene Auslösereiz wird nicht als solcher erkannt. Er löst dann nur unspezifische Verhaltensreaktionen aus.

funktionsbereit sind, wenn Auslösesignale «epigenetisch» eintreffen
(Abbildung 15). Das Auftreten des stereotypen Traumverhaltens und
die dabei stattfindende Stimulierung und Validierung der besagten Rezeptoren ließe sich so mit einem endogenen phylogenetischen Lernprozeß vergleichen. Ferner würde dieser Mechanismus viele Fälle eines
«vorbereiteten oder prädisponierten Lernens» verstehbar machen, bei
denen ein Tier sofort ein komplexes Verhalten zu verwirklichen lernt,
sofern das Auslösesignal phylogenetisch bedeutsam ist.

Zuerst erschienen in Pour la Science 25, *November 1979, S. 136–152.*

5
Ist der paradoxe Schlaf der neurobiologische Zeuge des Traums?

Die Gleichsetzung des *emerging stage one* (verstanden als ein *Stadium* des leichten Schlafs) mit dem paradoxen Schlaf (verstanden als ein Zustand *sui generis*, der «tiefer» ist als der Tiefschlaf) ist nicht ohne Probleme vonstatten gegangen. Und als der Begriff des Zustands nicht mehr abgelehnt wurde, vergingen noch viele Jahre, bis auch der letzte Skeptiker davon überzeugt wurde, daß es sich beim Träumen nicht um einen kontinuierlichen, mit dem Schlaf einhergehenden Prozeß handelt, sondern um etwas, das eng mit der periodischen Wiederkehr des paradoxen Schlafs zusammenhängt (vgl. Debru 1990).

Neurophysiologische Versuche an Tieren erbrachten 1959 den Nachweis, daß sich der Zustand des paradoxen Schlafs vom Zustand des Slow-wave-Schlafs unterscheidet. Wenn man ihn überhaupt als Schlaf auffassen wollte, mußte es sich um einen tiefen Schlaf handeln, und zwar wegen der merklichen Anhebung der Weckschwelle. Für die amerikanische Schule waren aber die 1957 beim Menschen entdeckten Augenbewegungsphasen (man gab ihnen den Namen *emerging stage*

Abbildung 16: Darstellung eines normalen Nachtschlafs (Hypnogramm) nach verschiedenen Traumtheorien.
Oben: Der Traum (D) wird mit dem Stadium 1 des leichten Schlafs gleichgesetzt. W = Wachzustand; S = Schlaf.
Mitte: Der paradoxe Schlaf entspricht den schwarzen Flächen (er ist tiefer als der Tiefschlaf/Stadium 4).
Unten: Entsprechend einer Konvention befindet sich der paradoxe Schlaf zwischen dem Wachzustand und dem Stadium 1 (leichter Schlaf); diese Darstellungsweise nimmt aber keine Aussage über die Tiefe des paradoxen Schlafs vorweg.

Augenbewegungen

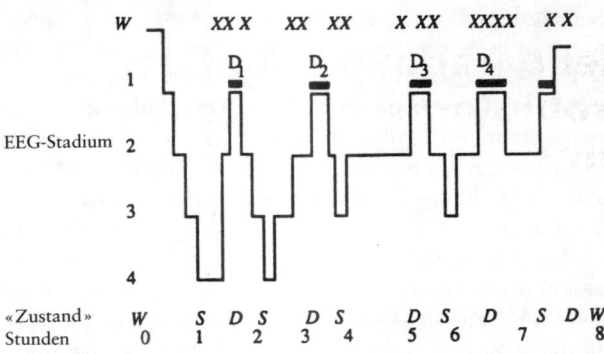

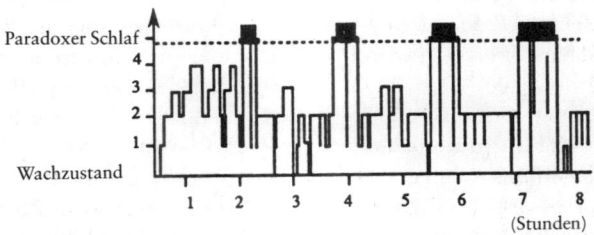

(Stunden)

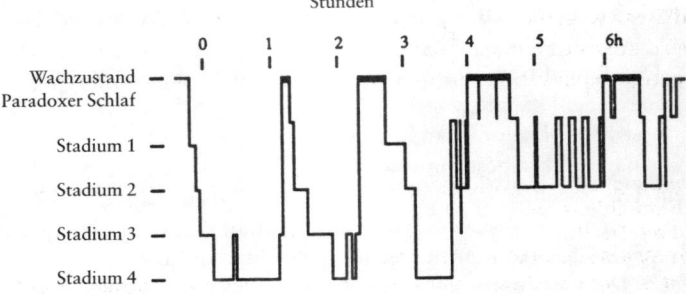

one) Ausdruck des leichten Schlafs, also die Entsprechung des *descending stage one*, das beim Einschlafen erreicht wird (Abbildung 16). Es fiel der amerikanischen Schule, die unter dem Einfluß Maurys (der Traum ist ein Halbschlaf) und Freuds (der Traum ist der Hüter des Schlafs) stand, folglich schwer, sich mit der Vorstellung anzufreunden, daß das *emerging stage one* mit einem Stadium des tiefen Schlafs gleichzusetzen, ja sogar als ein gesonderter Zustand zu betrachten sei. Wie könnte denn ein Stadium oder ein Zustand des tiefen Schlafs den Schlaf «hüten», wo doch ein Wächter wachsam sein muß? Inzwischen stößt der Begriff des Traums als eines *dritten* Stadiums fast nirgendwo mehr auf Widerstand. Und wenn auch die Ausdrücke *emerging stage one* und *stage 1 REM* langsam weichen, so wird der paradoxe Schlaf doch in jedem zweiten Schlaflabor in den USA unter der Bezeichnung *REM sleep* auf den Hypnogrammen weiterhin unter der Rubrik des leichten Schlafs aufgezeichnet (siehe Abbildung 16 und die lexikographische Zwischenbetrachtung auf S. 102).

Zwischen 1957 und 1986 wurden Schritt um Schritt die Zusammenhänge zwischen dem paradoxen Schlaf und dem Träumen beim Menschen präzisiert. Voraussetzung dafür war jedoch eine genaue Definition der Traumtätigkeit:

1. Die Feinanalyse der Beschreibungen von Probanden nach dem von außen erzwungenen Aufwachen aus dem Slow-wave- beziehungsweise aus dem paradoxen Schlaf läßt eindeutige Rückschlüsse auf die Traumaktivität zu. Das Träumen findet nur während des paradoxen Schlafs statt.

2. Das Bewußtsein des Träumens entsteht höchstens während des paradoxen Schlafs, nie während des Slow-wave-Schlafs.

3. Bestimmte Läsionen an Katzen erlauben es, Traumverhalten sichtbar zu machen. Ein bestimmtes Traumverhalten läßt sich jeweils nur an einem Tier, das die Phase des paradoxen Schlafs durchläuft, beobachten (was beim Slow-wave-Schlaf *nie* der Fall ist).

4. Schließlich belegen Beobachtungen jüngeren Datums, daß auch unter bestimmten pathologischen Bedingungen ein bestimmtes Traumverhalten beim Menschen ausgelöst wird. Eine Verhaltenssequenz manifestiert sich stets während des paradoxen Schlafs; sie geht immer mit einem Traum einher. Während des Slow-wave-Schlafs wird nie irgendein Traumverhalten ausgelöst.

Die Traumforschungsgeschichte der vergangenen dreißig Jahre läßt sich schematisch so darstellen:

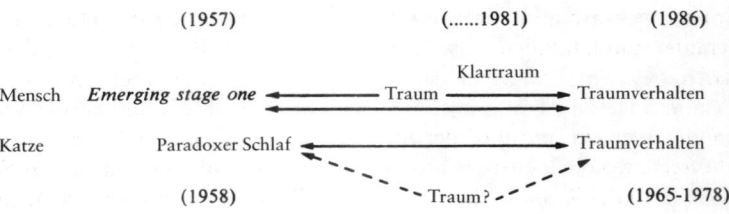

Der paradoxe Schlaf, das Träumen und die Stadien des Slow-wave-Schlafs

Die ersten Studien über den paradoxen Schlaf wurden zumeist durch ein starkes Interesse an der Natur des Traums angeregt. Träumt man denn wirklich während des paradoxen Schlafs, und begünstigt letzterer das Träumen tatsächlich?

Zur Beantwortung dieser Doppelfrage hat Dement (1981) acht Untersuchungen über Erinnerungen an Träume unmittelbar nach dem Aufwachen aus dem paradoxen beziehungsweise Slow-wave-Schlaf zusammengefaßt: «Es wurden insgesamt 214 männliche und weibliche Probanden während 885 Nächten untersucht. 2240mal wurde der Schlaf während der paradoxen Phase unterbrochen; in 1864 Fällen wurden Träume sehr deutlich erinnert (83,3 Prozent). Vergleicht man dieses Ergebnis mit dem für den Slow-wave-Schlaf erzielten Ergebnis (14 Prozent), dann kann die Phase des paradoxen Schlafs ohne Zweifel als Zustand aufgefaßt werden, bei dem die Wahrscheinlichkeit deutlicher Erinnerungen an Träume am höchsten ist.»

Den Forschern fiel allerdings später auf, daß sie zwischen Berichten über Träume und anderen Berichten nicht klar genug unterschieden hatten. Anders gesagt: Was ist denn ein Traum?

Es war David Foulkes, der die Notwendigkeit einer genauen Traumdefinition im Anschluß an eine Untersuchung über Erinnerungen an Träume nach dem Aufwachen unterstrich. «Als Erinnerung an einen Traum ließ er [Foulkes] *alle* Berichte gelten, in denen es um eine mentale Tätigkeit ging, also auch solche, die man als Berichte über ‹Gedanken› bezeichnen könnte. Den Probanden stellte er eher die Frage ‹Haben Sie an etwas gedacht?› als ‹Haben Sie etwas geträumt?›. Es ist so gut wie sicher, daß die von Foulkes gestellte Frage den Bericht mit Materialien bereicherte, die die Probanden selbst nicht als Traum angesehen hätten. Foulkes' Untersuchung ergab einen viel höheren Anteil von Erinnerungen an Träume während des Slow-wave-Schlafs als die früheren Untersuchungen» (Dement 1981).

Wie unterscheidet man aber Berichte über Träume von Berichten über Gedanken oder Einfälle? Gene Orlinsky, ein Schüler von Allan Rechtschaffen, entwickelte eine Acht-Punkte-Skala zur Klassifizierung der Traumberichte:

0: Kein Traum wird erinnert; nach dem Aufwachen wird kein Traum erzählt.

1: Der Proband erinnert sich (oder glaubt), geträumt zu haben, kann darüber jedoch nichts berichten.

2: Der Proband erinnert sich an ein bestimmtes, aber isoliertes Thema (Fragment einer Handlung oder einer Szene, Gegenstand, Wort, Einfall).

3: Der Proband erinnert sich an mehrere unzusammenhängende Gedanken, Szenen oder Handlungen.

4: Der Proband erinnert sich an einen kurzen, in sich geschlossenen Traum, dessen Episoden einen gewissen Zusammenhang bilden. So wird beispielsweise ein Gespräch statt eines einzelnen Wortes, ein Problem statt eines bloßen Gedankens oder eine nicht isolierte, zielgerichtete Handlung erinnert.

5: Der Proband erinnert sich genau an eine Traumsequenz, bei der eine bestimmte Handlung etwas Bestimmtes bewirkt; oder er erinnert sich an eine Szene oder an eine Person, die in einer späteren Traumphase durch eine andere Szene beziehungsweise durch eine andere Person abgelöst wird (5 unterscheidet sich von 3 entweder dadurch, daß ein höheres Maß an Kohärenz erreicht wird, oder dadurch, daß das erinnerte Traumgeschehen bestimmten Veränderungen unterworfen ist).

6: Der Proband erinnert sich an drei oder vier verschiedene, deutlich unterscheidbare, miteinander verkettete Traumepisoden.

7: Der Proband erinnert sich genau an einen langen Traum mit fünf oder mehr Episoden, oder er erinnert sich an mehrere Träume (von denen mindestens einer als 5 eingestuft werden muß).

Orlinsky mußte nun feststellen, daß von vierhundert Traumberichten nach einer Phase des Slow-wave-Schlafs 57 Prozent den Kategorien 1 bis 7 zuzuordnen waren. Die den Kategorien 2 bis 7 entsprechenden Schilderungen machten allerdings bereits nur noch 47 Prozent aller Berichte aus. Je «strenger» die angelegten Maßstäbe, desto kleiner die entsprechenden Werte, so daß sich für die Kategorien 6 und 7 ein Anteil von nur 7 Prozent ergab. Diese Untersuchung machte deutlich, daß die Erfassung von Träumen im Slow-wave-Schlaf vor allem von der Definition der Erinnerung an einen Traum abhing. Und das ist eine Erklärung dafür, warum die in verschiedenen Studien erzielten Ergebnisse über Träume im Slow-wave-Schlaf erheblich variieren.

In späteren Untersuchungen wurden typische Erinnerungen an Träume im Slow-wave- mit solchen an Träume im paradoxen Schlaf verglichen. Die folgenden Beispiele sind einem Aufsatz Rechtschaffens (1967) entnommen:

Erinnerung an einen Traum während des Slow-wave-Schlafs: «Ich habe von einer Prüfung geträumt. Es war ein sehr kurzer Traum. Nur das geschah im Traum. Ich glaube nicht, daß ich wegen der Prüfung unruhig war.»

Erinnerung an einen Traum während des paradoxen Schlafs durch den gleichen Probanden, der in derselben Nacht erneut geweckt wurde: «Ich träumte von Prüfungen. Am Anfang des Traums hatte ich soeben eine Prüfung bestanden – es war ein sonniger Tag. Ich ging mit einem Kommilitonen spazieren, der mit mir einige Lehrveranstaltungen besucht. Dann gab es eine Art von... ja, einen Einschnitt, jemand erwähnte eine Abschlußprüfung in Soziologie, und ich fragte ihn, ob die Benotungen bereits mitgeteilt wurden. Er bejahte die Frage. Ich kannte meine Prüfungsnoten noch nicht, weil ich einige Tage verreist war.»

Trotz der thematischen Kontinuität zeichnet sich der zweite Bericht gegenüber dem ersten durch eine klare perzeptive Gliederung aus, wie man sie üblicherweise mit Träumen in Verbindung bringt. Im Vergleich zu den Erinnerungen an Träume im paradoxen Schlaf scheinen

Träume im Slow-wave-Schlaf weniger lebhaft, visuell gleichsam verdünnt erinnert zu werden. Es geht weniger um Träume als um Gedanken, die vom Willen gesteuert werden und eher mit dem Alltagsleben zu tun haben, denn die geträumten mentalen Handlungen finden im leichten, von Gefühlen weniger beherrschten, angenehmeren Schlaf statt.

Aufgrund dieser Studien ist anzunehmen, daß sich der Traum erst in der Phase des paradoxen Schlafs voll entfaltet. Die Hypothese lautet also, daß die Phase des Slow-wave-Schlafs für den Entwurf eines Trauminhalts zuständig ist. Der Traum baut dann zunächst auf Gedanken und Reflexionen auf – unter Absehung der sensorischen und motorischen Anteile. Und erst in der Phase des paradoxen Schlafs kommt der Traum in seiner ganzen sensorischen (visuellen, akustischen, olfaktorischen, gustativen usw.), gefühlsbesetzten und vor allem *motorischen* Textur zur Erscheinung.

Der paradoxe Schlaf und der Klartraum

Ein Traum wird dann als «Klartraum» bezeichnet, wenn der Träumende sich der Tatsache bewußt ist, daß er träumt. Dieser besondere Zustand verleiht dem Träumenden eine gewisse Macht über den Ablauf des Traums sowie ein gewisses Gefühl der Freiheit, da er die Möglichkeit hat, nach Belieben die Traumwelt zu explorieren.

Die Tatsache, daß bestimmte Personen träumen und sich dessen bewußt sind, ist erstmals von Aristoteles festgehalten worden. Die Erfahrung des Klarträumens ist von Marquis d'Hervey de Saint-Denis ausführlich beschrieben worden. 1867 veröffentlichte er unter dem Titel ‹*Les rêves et les moyens de les diriger*› (Die Träume und die Mittel, sie zu lenken) ein bemerkenswertes Buch, dem die Untersuchung seiner eigenen Träume zugrunde lag.

Zur Veranschaulichung seien zwei Berichte über einen Klartraum mitgeteilt. Der erste Traumbericht stammt vom Marquis d'Hervey de Saint-Denis, der zweite von Frederick van Eeden, einem niederländischen, Anfang des 20. Jahrhunderts tätigen Psychotherapeuten.

1. «In einem anderen Traum – ich habe den Eindruck, an einem schönen Tag auszureiten – werde ich mir meiner wirklichen Lage bewußt. Ich erinnere mich auch an die Frage, ob ich die Freiheit der Willensentscheidung über meine imaginären Handlungen im Traum besitze oder nicht. Dieses Pferd, sage ich mir, ist nichts als eine Illusion; die Landschaft, durch die ich reite, ist nichts als ein Bühnenbild. Obgleich mein Wille diese Bilder nicht hervorgebracht hat, glaube ich doch, eine gewisse Macht über sie zu besitzen. Will ich galoppieren, so galoppiere ich; will ich innehalten, so halte ich inne. Nun tun sich mir zwei Wege auf. Der Weg rechts führt zu einem dichten Wald, der Weg links zu einer Art Schloßruine. Ich fühle die Freiheit, den rechten oder den linken Weg einzuschlagen. Ich kann also entscheiden, ob ich Assoziationen von Gedanken und Bildern zum Thema der Schloßruine oder solche zum Thema des Waldes wecke. Ich wähle zuerst den Weg rechts, dann fällt mir jedoch ein, daß es für meine Beobachtungen günstiger wäre, einen derart klaren Traum auf die Schloßruine zu lenken. Denn durch das genaue Einprägen der baulichen Hauptmerkmale könnte ich vielleicht nach dem Aufwachen den Ursprung dieser Erinnerungsspuren wiedererkennen. Also reite ich auf dem Weg links weiter, steige an der Schwelle zu einer malerischen Fallbrücke vom Pferd und betrachte die wenigen Augenblicke, die der Traum mir läßt, aufmerksam eine Unmenge großer und kleiner Einzelheiten: Spitzbogen, Skulpturen, rostige Baubeschläge, Risse und andere Veränderungen im Mauerwerk. Ich bin erstaunt, mit welcher Genauigkeit sich all das meinem geistigen Auge einprägt. Plötzlich aber – ich betrachtete gerade ein übergroßes Schloß eines morsch gewordenen Holztores – lösen sich die Farben und die Umrisse der Gegenstände auf; es geht zu wie im Diorama, wenn sich der Brennpunkt fortbewegt. Ich spüre, wie ich aufwache. Ich öffne die Augen auf die wirkliche Welt; Klarheit über mich erhalte ich nur von der Nachtlampe. Es ist drei Uhr nachts.»

2. «Am 9. September 1904 träumte ich, daß ich in der Nähe eines Fensters vor einem Tisch stand. Auf dem Tisch lagen verschiedene Gegenstände. Ich war mir der Tatsache, daß ich träumte, bewußt und sinnierte über die Beobachtungen, die ich anstellen könnte. Als erstes wollte ich Glas durch Hiebe mit einem Stein zerschlagen. Ich legte eine kleine Glasscheibe auf zwei Steine und schlug mit einem dritten Stein

darauf ein – allerdings ohne Erfolg. Ich ergriff ein zartes Kristallglas, das auf dem Tisch stand, umfaßte es mit einer Hand und drückte mit aller Kraft darauf; dabei dachte ich, wie gefährlich diese Handlung wäre, wenn ich sie im Wachsein ausführte. Das Glas brach nicht. Aber kurz darauf warf ich einen Blick auf das Glas – nur Scherben lagen da! Es war zerbrochen, jedoch etwas zu spät, wie ein Schauspieler, der seinen Einsatz verpaßt. Ich hatte dann den merkwürdigen Eindruck, mich in einer perfekt nachgeahmten, nur hier und da ein wenig fehlerhaften Trugwelt zu befinden. Ich warf die Scherben aus dem Fenster, um in Erfahrung zu bringen, ob ich den Schlag auf dem Boden hören würde. Ich vernahm das Geräusch und sah sogar zwei Hunde, die sich davonmachten. Mir kam der Gedanke: Was ist diese Welt des Schauspiels doch für eine gute Nachahmung! Auf dem Tisch erblickte ich eine mit Bordeaux-Wein gefüllte Karaffe, goß davon etwas in ein Glas und bemerkte mit aller Deutlichkeit: ‹Aha, man kann in dieser Traumwelt auch willkürlich etwas schmecken; dieser Wein schmeckt vorzüglich!›»

Erst kürzlich wurde nachgewiesen, daß Klarträume nur während des paradoxen Schlafs stattfinden. Stephen Laberge, der Klarträume aus eigener Erfahrung kennt, wollte das Phänomen mit objektiven Methoden untersuchen. «Es ergab sich folgende Schwierigkeit: Da der Körper eines Träumenden während des paradoxen Schlafs fast völlig gelähmt ist, weiß man nicht, wie er der Außenwelt mitteilen könnte, daß er träumt. Was kann also eine Person während des Träumens tun, damit Forscher etwas Beobachtbares oder Meßbares zu Gesicht bekommen? Da fiel mir ein, daß die Muskellähmung eine Ausnahme zuläßt: Die Augenbewegungen werden im REM-Schlaf eben nicht gehemmt. Die schnellen Augenbewegungen waren nachgerade der Grund dafür gewesen, daß man diesen Schlafzustand mit diesem Namen *[REM sleep]* belegt hatte... Wenn ich also meine Augen ‹im Traum› bewegte, könnte ich doch dadurch der Außenwelt mitteilen, daß ich einen Klartraum habe.»

1983 führten Laberge und seine Mitarbeiter eine Studie an sieben Versuchspersonen (fünf Männer und zwei Frauen), die zu Klarträumen fähig waren, über einen Zeitraum von 552 Nächten durch. Diese speziell geschulten Probanden hatten die Aufgabe, durch besondere Kombinationen von Augen-, Finger- und/oder Faustbewegungen (diese wurden mit Hilfe eines Elektromyogramms in die polygraphischen Schlafaufzeichnungen integriert) die Momente anzuzeigen, in denen sie sich des Träumens bewußt wurden.

Fünfzig Klarträume wurden auf diese Weise signalisiert. «Alle mit der Bewußtwerdung des Traums zusammenhängenden Signale», schreibt Laberge (1985), «ließen sich eindeutig den Phasen des paradoxen Schlafs zuordnen... Die beiden Hauptergebnisse dieser Studien besagen, daß einerseits Klarträume während des paradoxen Schlafs entstehen und daß andererseits träumende Personen einen Klartraum signalisieren können, ohne daß dabei der Traum abgebrochen wird. Das ist ein Beleg dafür, daß die Wahrnehmung des Träumens unter bestimmten Bedingungen mit einem viel höheren Bewußtseinsgrad einhergeht, als man mitunter behauptet hat. Dadurch eröffnen sich der Traumforschung neue Horizonte. Klarträume könnten Gegenstand von Versuchen sein, in denen man die Dauer bestimmter Traumereignisse genau mißt, zwischen wohldefinierten physiologischen Korrelaten Zusammenhänge herstellt sowie Hypothesen methodisch überprüft.»

Das Traumverhalten bei Katzen

Das 1956 in Lyon erstmals beschriebene Traumverhalten von Katzen wurde seitdem vor allem in unserem Labor sowie in dem von R. Morrison in Philadelphia untersucht. Die von Jean-Pierre Sastre in meinem Labor erreichte Genauigkeit der ethologischen Beschreibung ist bis heute unübertroffen (siehe hierzu Kapitel 4).

Das Traumverhalten beim Menschen

Ein Syndrom, das dem an Katzen beobachteten Traumverhalten ähnelt, wurde 1986 von Carlos H. Schenck und seinen Mitarbeitern an der University of Minnesota beschrieben. Dieses Syndrom zeichnet sich durch folgende Merkmale aus:

- unterschiedlich ausgeprägter Rückgang der Muskelatonie;

- außergewöhnliche Zunahme der Gliedermotorik (Schütteln, Kontraktionen);
- Intensivierung der schnellen Augenbewegungen.

Die polygraphischen Aufzeichnungen bestätigen, daß sich diese Störungen selektiv während des paradoxen Schlafs bemerkbar machen.

Dieses Syndrom wurde an vier siebenundsechzig- bis zweiundsiebzigjährigen Männern und an einer sechzigjährigen Frau nachgewiesen. Letztere litt unter häufigen Schlafunterbrechungen; ihr Traumverhalten entlud sich nicht in gewalttätigen Handlungen. Der Schlaf der Männer wurde dagegen nicht unterbrochen, aber sie entwickelten bei Beginn eines Traums ein aggressives Verhalten, bei dem sie entweder ihre Frauen oder sich selbst verletzten – und dies in einem Zeitraum, der je nach untersuchtem Patienten zwischen vier Monaten und sechs Jahren lag.

Einige auffällige Verhaltensweisen im paradoxen Schlaf wurden auf Videoband aufgenommen. Zu erkennen sind stereotype Handbewegungen, Greifbewegungen, Faustschläge, Fußtritte und stimmliche Äußerungen, die, wie es scheint, mit Trauminhalten eng verknüpft sind. «Zusammenhänge zwischen dem Traumverhalten und dem Trauminhalt wurden durch Berichte von drei Patienten bestätigt oder aus Angaben der Ehefrauen der Männer erschlossen. Im Verlauf dieser Träume zeigten sich als charakteristische Merkmale: hohe oder übertriebene Wachsamkeit, äußerst lebhafte Wahrnehmungen speziell im visuellen Bereich, motorische Hyperaktivität der im Traum erscheinenden Personen – einschließlich des Träumenden selbst –, emotionsgeladene Erfahrungen und Verkettungen gelegentlich bizarrer und komplexer Ereignisse, die die vier Männer zu aggressiven Handlungen verleiteten.»

So berichtete beispielsweise ein Patient während einer polygraphischen Aufzeichnung im Labor über einen Traum:

«In einer Phase des paradoxen Schlafs bewegt sich der Arm des Patienten; er schwenkt kampfbereit den Arm; danach tritt eine Pause ein, die plötzlich durch Schlagbewegungen des rechten Arms beendet wird; der Patient beugt den Arm, während er sich nach links dreht und verzweifelt versucht, sich im Bett aufzusetzen. Als zwanzig Sekunden später ein Mitarbeiter herbeieilt, berichtet der Patient über einen Traum, in dem er mit der rechten Hand einen Hund oder eine Katze am

Wegrennen hindern wollte – und als das Tier doch entkam, machte er eine Drehbewegung nach links, um es zu fangen.»

In anderen Träumen kämpften die Patienten gegen ein gefährliches Tier; sie wachten auf, als sie in der «Traumflucht» verletzt wurden oder als sie ihre Frau zu erwürgen versuchten. Das erste «Hausmittel», zu dem die Patienten griffen, war ein eigenes Schlafzimmer. Mehr Erfolg scheint ein etwas gewiefteres, von den an der Untersuchung beteiligten Forschern vorgeschlagenes Mittel gewesen zu sein: Sie verabreichten Clonazepam oder Desipramin; das Absetzen dieser Medikamente verursachte einen sofortigen Rückfall.

Bei keinem der fünf Patienten fiel der Slow-wave-Schlaf durch irgendwelche Aggressionsäußerungen auf, obwohl bei dreien myoklonische Anfälle regelmäßig auftraten.

Weder bei den Patienten noch bei deren Vorfahren sind je psychiatrisch relevante Symptome aufgetreten. Allerdings wurde bei vieren ein enger Zusammenhang zwischen der Entstehung dieses Traumverhaltens und dem Ausbruch einer neurologischen Störung entdeckt; bei letzterer handelte es sich um eine olivo-ponto-zerebellare Degeneration, um das Guillain-Barré-Syndrom, um eine Blutung aus meningealen Gefäßen beziehungsweise um eine atypische Degeneration.

Lexikographische Zwischenbetrachtung

Es besteht die Gefahr, daß die Leserinnen und Leser angesichts der Vielfalt der Ausdrücke, die von verschiedenen physiologischen Schulen zur Bezeichnung ein und desselben Phänomens verwendet werden, hier und da die Übersicht verlieren könnten.

Diese sprühende Begriffsvielfalt ist ein Beweis dafür, daß wir die Schlaf- und Traummechanismen noch nicht wirklich erkannt haben. Einige Ausdrücke und Begriffe sind neutral, während andere sich auf einen einzigen Aspekt des Träumens beziehen, aber den Traum insgesamt meinen. Der verfänglichste Ausdruck ist *rapid eye movements sleep* (REM-Schlaf). Wie sollte man diesen Ausdruck zum Beispiel auf den Maulwurf (der keine Augen hat) oder auf die Nachteule (deren Augen unbeweglich sind) anwenden?

Hier ein Verzeichnis gleichwertiger Ausdrücke und Begriffe zur Bezeichnung des Schlafs beziehungsweise des Traums:

● Schlaf (bis 1960)
  Schlaf mit langsamer Wellentätigkeit, Slow-wave-Schlaf (2 Phasen/Stadien
    bei der Katze, 4 Phasen/Stadien beim Menschen: 1 und 2 = leichter
    Schlaf, 3 und 4 = tiefer Schlaf)
  Synchronisierter Schlaf
  Orthodoxer Schlaf
  Telenzephalischer Schlaf
  NonREM-Schlaf (oder: NREM-Schlaf)
  Quiet sleep = ruhiger Schlaf (während der Ontogenese)

● Traum (bis 1960)
  Emerging stage one
  Activated sleep (aktivierter Schlaf)
  Desynchronisierter Schlaf
  Schneller Schlaf
  Paradoxe Schlafphase
  Paradoxer Schlaf
  Seismischer Schlaf (während der Ontogenese)
  Rhombenzephalische Schlafphase (RSP)
  Stage 1 REM sleep
  REM-Schlaf
  Dreaming state oder *D state* (Traumphase oder Traumzustand).

6
Der Schlaf als Kehrseite des Geistes

Schlaf – Geist! Sie scheinen einander auszuschließen. Auf der einen Seite steht der Schlaf, der dem Tod gleicht (in der griechischen Mythologie sind Hypnos und Thanatos Zwillingsbrüder), und auf der anderen Seite steht der Geist, der von der höchsten Nerventätigkeit im Wachzustand Zeugnis ablegt.

Vermutlich liegt dieser Gegensatz der Entwicklung des Begriffs «Geist» zugrunde. Stellen wir uns die frühen Vorfahren des heutigen Menschen in einer Höhle in Ostafrika vor. Sie besitzen bereits eine rudimentäre Sprache und ein gewisses Denkvermögen. Aber sie denken noch nicht, *daß* sie denken... Einer dieser Menschen träumt, wacht auf und erzählt, er habe, als er schlief, die Höhle verlassen und sei wie ein Vogel umhergeflogen. Seine Höhlengenossen blicken ihn erstaunt und ungläubig an. Doch das gleiche Phänomen wiederholt sich immer wieder.

Das menschliche Denken hat wohl zwischen den beiden Aspekten des Traums geschwankt – zwischen der Seele, die sich aus ihrem Körper befreit und nachts auf Wanderschaft geht, und den Dämonen und Göttern, die nachts den Menschen besuchen, um sich ihm zu offenbaren (vgl. hierzu Kapitel 2 sowie Caillois & Grunebaum 1967).

Es ist gewiß nicht die Aufgabe des Neurobiologen, die Geschichte der Vorstellungen vom Traum zu rekonstruieren, diesem ersten Aspekt des Unbewußten, der lange vor dem Begriff des sowohl kognitiven als auch affektiven Bewußtseins und seines Gegenstücks, des kognitiven und affektiven Unbewußten, entdeckt wurde. Vielmehr ist es die noch kaum lösbare Aufgabe des Neurobiologen, mit Hilfe der derzeit akzeptierten Erkenntnisse die nächtlichen Machinationen des Geistes zu erklären.

Zuerst müssen wir uns in dem Wirrwarr der unterschiedlichsten

Lehrmeinungen, die von verschiedenen «Schulen» verkündet werden, zurechtfinden. Denn diese Situation ist für unser heutiges Verständnis des Geistes verantwortlich.

Weder der Behaviorismus (der das Problem des Geistes oder des Bewußtseins schlicht leugnet) noch der Funktionalismus, der sich nur für kognitive Leistungen interessiert und Denkvermögen ohne weiteres einem Großrechner zuzuschreiben bereit ist, noch schließlich der Panpsychismus helfen uns weiter. Da wir keinerlei Beweis dafür haben, daß irgendeine nichtmaterielle Kraft von außen unter Verletzung der thermodynamischen Gesetzmäßigkeiten auf unser Gehirn einwirkt, schließen wir uns vorderhand der Lehre der «psychoneuralen Identität» an und geraten damit in Widerspruch zum cartesischen Dualismus, sei es in seiner ursprünglichen, sei es in einer der späteren Lesarten.

Unter «Geist» verstehe ich die Funktionen der höheren Nerventätigkeit: die Wahrnehmung oder Apperzeption der Umwelt, die Repräsentation (Vorstellung) nicht anwesender Gegebenheiten (mentales Bild), die bestimmte komplexe Verhaltensweisen vorwegzunehmen erlaubt, und die Verständigung mit Artgenossen. Beim Menschen also: das reflexive Bewußtsein («Ich denke, daß ich denke»), das Bewußtsein («Ich denke»), das Unbewußte («Ich habe diese Handlung ausgeführt, ohne an sie zu denken»). Bestimmte Aspekte des Bewußtseins, so nehmen wir an, können bei allen homöothermen Lebewesen existieren – der graue Gabun-Papagei behält bis zu 1200 Wörter, mehr als ein fünfjähriges Kind (vgl. Griffin 1982). Das Selbst-Bewußtsein (Erkennen des eigenen Gesichts in einem Spiegel) ist beim Schimpansen, nicht aber beim Gorilla nachgewiesen worden, während das reflexive Bewußtsein («Mir ist bewußt, daß ich bewußt bin») wohl nur dem Menschen im Wachzustand und im Traum vorbehalten ist. Im Traum ist das reflexive Bewußtsein allerdings, wie wir noch sehen werden, allen möglichen fremdartigen Verfälschungen unterworfen.

Die verschiedenen, synchron existierenden Operationsweisen des Bewußtseins werden diachron durch Gedächtnisfunktionen verlängert. So können wir uns im allgemeinen leicht an unsere Gedanken oder Handlungen erinnern, während Assoziationen von Einfällen uns bei der Suche nach den Ursprüngen bestimmter unbewußter Handlungen behilflich sein mögen.

Die Neurobiologie des wachen Geistes

Bevor ich mich der Frage zuwende, wie sich der Geist im Schlaf verhält, will ich einen kurzen Überblick über die uns bekannten Korrelate (oder über das Zusammenwirken der Bedingungen) der im Wachzustand ausgeführten Operationen einer Katze oder eines Menschen geben (beispielsweise die Aufmerksamkeitsleistungen). Die Ausdrücke «Korrelate» und «Bedingungen» sind mit Bedacht gewählt, denn niemand ist derzeit imstande, die notwendigen und hinreichenden Ursachen der Bewußtwerdung zu benennen.

Drei Hauptbedingungen scheinen erfüllt werden zu müssen, damit von aufmerksamem Bewußtsein die Rede sein kann:

1. Das Bewußtwerden setzt die Unversehrtheit bestimmter Kortexregionen (insbesondere des Parietalhirns) voraus. Es gibt in der Tat keinen Hinweis auf das Vorhandensein bewußter Selbstaufmerksamkeit bei Menschen mit diffusen kortikalen Läsionen.

2. Die Unversehrtheit des Kortex ist allerdings keine hinreichende Bedingung. Mehrere für die kortikale Basistätigkeit zuständige Module müssen einen gewissen Aktivierungsgrad erreichen. Dieser Aktivierungsgrad kommt in einer spezifischen elektrischen Hirnaktivität zum Ausdruck (Wachheitsreaktion), die man beim Menschen auf der Kopfhaut oder bei Versuchstieren mit Hilfe von Elektroden, die in den Kortex implantiert werden, messen kann. Unabhängig davon, ob die kortikale Aufmerksamkeit durch ein aus der Umwelt stammendes Signal oder durch kortexeigene Signale (mentale Bilder) aktiviert wird, handelt es sich dabei jedenfalls nicht um ein ausschließlich auf den Kortex begrenztes Phänomen. Vielmehr setzt die Aufmerksamkeit die Beteiligung verschiedener subkortikaler Systeme voraus. Diese Systeme, die auf die verschiedenen Stufen zwischen dem Bulbus und dem Hypothalamus verteilt sind, setzten Neurotransmitter (Katecholamine, Indolamine, Histamin, Acetylcholin, Neuropeptide) frei, die die kortikalen Module je nach hierarchischer Beanspruchung und komplexer Anforderung aktivieren (vgl. Buser & Rougel-Buser 1978).

3. Die bewußt gesteuerte Aufmerksamkeit geht ausschließlich mit spezifischen energetischen Phänomenen einher, die mit Hilfe der Positronenemissionstomographie sichtbar gemacht werden können. Die kortikalen Module verbrauchen, wenn sie aktiv sind, mehr Glukose.

Der Glukoseverbrauch kann sich jedoch vom Sauerstoffverbrauch «abspalten», so daß bestimmte Kortexregionen bei Aufmerksamkeitsleistungen den anaeroben Weg (Herstellung von Milchsäure) einschlagen (vgl. Fox *et al.* 1988).

Resümee: Im Wachzustand setzt das aufmerksame Bewußtsein die relative Unversehrtheit des zerebralen Kortex sowie die damit einhergehende erregende Aktivität bestimmter Bereiche des Hirnstamms voraus. Dieses Geschehen erhöht den Energiebedarf, wobei der Energieträger (Glukose) auf anaerobem Wege umgesetzt werden kann.

Die Schlafzustände und der Geist

Bei fast allen homöothermen Lebewesen (Vögel und Säugetiere) werden traditionell zwei Schlaf*zustände* unterschieden, von denen ein jeder durch besondere elektrophysiologische, energetische und Verhaltensmerkmale gekennzeichnet ist. Zum einen ist der Slow-wave-Schlaf zu erwähnen, zum anderen der Schlaf auf der Basis schneller kortikaler Aktivität, paradoxer oder REM-Schlaf genannt. Die Zusammenhänge, die zwischen diesen Zuständen und dem Geist bestehen, müssen folglich der Reihe nach untersucht werden.

Der Slow-wave-Schlaf

Der Slow-wave-Schlaf ist dadurch charakterisiert, daß zwei für das Wachbewußtsein notwendige Bedingungen entfallen.

1. Die Kortexaktivität verlangsamt sich; sie wird von einer automatischen Spindelaktivität überlagert, die ihren Ursprung im Thalamus hat. Man nimmt an, daß thalamokortikale Verbindungen dann jede mögliche bewußte Integration unterbinden. Mit zunehmender Schlaftiefe zeichnen sich im EEG immer langsamer werdende Wellen mit hoher Amplitude ab, die durch unbekannte Mechanismen im Kortex ausgelöst werden.

2. Der Glukose- und Sauerstoffverbrauch des Kortex verringert sich (Franck *et al.* 1987); in dieser Schlafphase werden jedoch Glykogen-Energiereserven in Gliazellen angelegt (Giuditta 1984).

Der Geist im Slow-wave-Schlaf

Der Theologe Ralph Cudworth aus Cambridge hat schon 1678 in einem Kommentar zu einem von René Descartes geäußerten Gedanken hervorgehoben, es könne durchaus eine Lebenskraft ohne klares Bewußtsein, gezielte Aufmerksamkeit und Selbstwahrnehmung existieren. «Zuerst haben die Philosophen, als sie das Wesen der Seele auf die Selbstbesinnung und das Wesen der Selbstbesinnung auf das klare und seiner selbst gewisse Bewußtsein zurückführten, niemanden davon überzeugen können, daß die menschliche Seele in tiefem Schlaf, in der Lethargie oder in der Ohnmacht... auch nur einen Augenblick ihrer selbst nicht bewußt ist. Wäre dies nicht so, müßte die Seele nach den Prinzipien dieser Lehre *ipso facto* ihrer Existenz entsagen... Gewiß ist unsere Seele sich nicht ständig dessen bewußt, was in ihr vorgeht. Aber auch der schlafende Geometer hört nicht auf, alle Theoreme der Geometrie auf gewisse Weise in sich zu bewahren, wie ja auch der schlafende Musiker seine ganze musikalische Gabe und seine Melodien in sich trägt» (Cudworth 1678, Band II, S. 346).

Wir wissen längst, daß das Gedächtnis dem tiefen Schlaf zu widerstehen vermag (und daß es sogar bei einem Tier in Hypothermie, das heißt im Zustand der Unterkühlung, ohne irgendeine elektrische Hirnaktivität erhalten bleibt).

Wie steht es aber mit der Wahrnehmung, der Perzeption und Apperzeption der Außenwelt, dem Bewußtsein von ihr? Es ist nachgewiesen, daß während des Schlafs keine Lernprozesse stattfinden. Die «Hypnopädie», das Lernen im Schlaf, beruht folglich auf einer Täuschung, woraus allerdings nicht folgt, daß der Schlaf *nach* einem Lernprozeß keine wohltuende Wirkung entfaltet. Die Daten über den Bewußtseinsstrom während des Schlafs wurden vorwiegend in Untersuchungen an Menschen gewonnen, die aus einem mit dem Elektroenzephalogramm aufgezeichneten Schlaf geweckt wurden. Derartige Untersuchungen werden seit dreißig Jahren in vielen Laboratorien durchgeführt. Alles deutet darauf hin, daß ein Mensch, der vor dem Beginn des ersten Traums aus dem Schlaf gerissen wird, sich kaum an irgendeinen Gedanken erinnert und oft nicht einmal angeben kann, wie lange er geschlafen hat – was auf die Aufhebung jeder bewußten Tätigkeit, ja sogar des Schlafbewußtseins schließen läßt (eine schnarchende Person ist sich der Tatsache, daß sie schnarcht, nicht bewußt). In 30 Prozent aller Fälle wird aber eine Erinnerung an einen abstrakten Gedanken mitgeteilt, der nichts mit einem Traumbild gemein hat; die Versuchsperson glaubt, geträumt zu haben, ohne aber den Traum selbst beschreiben zu können (Debru 1990).

Das Problem des Schlafwandelns

Das Schlafwandeln, das für ein seltenes, nicht aber für ein pathologisches Phänomen gehalten wird (immerhin wird es bei jedem zehnten Kind oder Jugendlichen unter fünfzehn Jahren beobachtet), findet im Slow-wave-Schlaf statt, wie aus telemetrisch gewonnenen EEG-Aufzeichnungen hervorgeht (Gastaut & Broughton 1965). Ein schlafwandelndes Kind kann aufstehen, eine Tür öffnen und irgend etwas Eßbares holen gehen. Wird es plötzlich aus dem Schlaf gerissen, versteht es nicht, warum es umhergeht; zudem hat es keine Erinnerung an die vorangehenden Episoden.

Das Schlafwandeln (Somnambulismus) ist ein vielsagendes Beispiel für eine unterbrochene psychoneurale Korrelation, das den Neurobiologen zur Bescheidenheit motivieren müßte. Trotz des Auftretens langsamer Kortexwellen (und das bedeutet auch: trotz des Fehlens einer kortikalen Aktivierung, einer der Bedingungen aufmerksamen Bewußtseins) haben wir es mit einem komplexen zielgerichteten Verhalten zu tun. Aus der Sicht des Behavioristen müßte es einen Bewußtseinszustand zum Ausdruck bringen, der uns vom Wachverhalten her vertraut ist. Eine genauere Analyse zeigt jedoch, daß sich das somnambule Verhalten dem Gedächtnis nicht eingeprägt.

In Anbetracht dieser Forschungsergebnisse muß sich die Neurobiologie (und vor allem die klinische Neurophysiologie) wohl zu der Erkenntnis bequemen, daß die Zusammenhänge zwischen Schlaf und Bewußtsein mehrdeutig sind. Die folgenden *vorläufigen* Folgerungen besitzen eine gewisse Plausibilität:

● Im Slow-wave-Schlaf (der der ersten Traumphase vorangeht) ist keine Spur eines Beweises für die Existenz des reflexiven Bewußtseins (oder des Bewußtseins, daß man gerade schläft) zu finden. Niemand kann sagen: «Ich denke, daß ich schlafe», und noch viel weniger kann jemand sagen: «Ich denke, daß ich denke, daß ich schlafe». Ich verweise hier auf Jean-Paul Sartres (1980) Analyse des einschlafenden Bewußtseins.

● Es ist nicht ausgeschlossen, daß eine kurze Unterbrechung des Schlafs (die mit einer Aktivierung des Kortex einhergeht) bereits genügt, um den Zugang zum nichtreflexiven Bewußtsein («Ich glaube, daß ich an etwas gedacht habe») wieder zu öffnen.

● Die Wahrnehmungsleistung eines Schlafwandelnden, der eine Tür öffnen und schließen kann, veranschaulicht das Vermögen der unbewußten Wahrnehmung. Die Schlafwandler, auch die Erwachsenen, sagen nie: «Ich denke, daß ich schlafwandle», und wenn man sie weckt, haben sie vergessen, was sie gerade getan haben.

So müssen wir annehmen, daß eine unbewußte Wahrnehmung ohne mnestische Verarbeitung gelegentlich ohne Aktivierung des Kortex während des Schlafs möglich ist.

Der paradoxe Schlaf und das Traumbewußtsein

Der paradoxe Schlaf (REM-Schlaf)

Beim Menschen ist der paradoxe Schlaf ein periodisch wiederkehrendes Phänomen, das etwa neunzig Minuten nach dem Einschlafen, also nach dem ungefähr achtzig Minuten dauernden Stadium des Slow-wave-Schlafs einsetzt. Der paradoxe Schlaf zeichnet sich durch eine Beschleunigung des EEGs aus, dessen Wellenverlauf sich dem des Wachzustands – oder der ersten Phase des Einschlafstadiums *(descending stage one)* – angleicht. Begleitet wird er von raschen Augenbewegungen und einer Erektion. Eine paradoxe Schlafphase dauert etwa zwanzig Minuten. Die Phasen folgen einander in einem Intervall von neunzig Minuten; während der Intervalle dominiert der Slow-wave-Schlaf. Das ergibt pro Nacht vier oder fünf paradoxe Schlafphasen (ungefähr hundert Minuten, also etwa 20 Prozent der gesamten Schlafdauer). Anfänglich wurde der paradoxe Schlaf mit einer Phase des leichten Schlafs – analog dem Einschlafstadium – gleichgesetzt (Jouvet 1965).

Der Mensch träumt während des paradoxen Schlafs

Der Mensch weiß seit frühester Urzeit, daß er träumt. Aber erst seit 1957 hat man nach und nach die Phasen des paradoxen Schlafs als neurophysiologische Korrelate des Traums identifiziert (Dement & Kleitmann 1957).

Wenn Personen aus dem paradoxen Schlaf geweckt werden, berichten sie ausführlich über farbige Traumbilder, gelegentlich über akustische oder Geruchswahrnehmungen, manchmal auch über Flugempfindungen. Zwischen der emotionalen Tönung der wahrgenommenen Traumszenen und Veränderungen von Herz- und Atemfrequenzen bestehen signifikante Zusammenhänge. Werden Probanden aus dem paradoxen Schlaf geweckt, sind die Erinnerungen an die Träume mit großer Regelmäßigkeit sehr genau; werden sie dagegen erst nach dem Ende des paradoxen Schlafstadiums geweckt, sind die Traumerinnerungen fragmentarisch und blaß. Diese Gedächtnisspuren sind vermutlich für bestimmte Bewußtseinsmanifestationen während des Slow-wave-Schlafs verantwortlich (siehe oben).

Die Traumbewußtseinszustände

(A) «Ich träumte, daß ich fliege. *Ich war mir sicher, daß ich nicht träumte. Es war mir klar, daß ich wach war,* und ich wunderte mich, warum ich nicht früher zu fliegen versucht habe, es ist so einfach...»

(B) «Ich träumte, daß ich fliege. Sofort *war mir klar, daß ich träumte,* aber ich habe mich nicht bewegt. Entzückt nahm ich an meinen Bewegungen im Flug teil, ohne vorherzusehen, was geschehen würde. Das ist ein außergewöhnliches Gefühl.»

Das sind zwei Bewußtseinszustände, über die Versuchspersonen berichten können, wenn sie aus einem Traum gerissen werden. (Der Traum vom Fliegen wird verhältnismäßig oft geträumt; seine Fremdartigkeit erleichtert die Untersuchung des Traumbewußtseins.)

Alle Menschen, oder doch jene, die sich an ihre Träume erinnern, haben irgendeine Erinnerung an Träume des Typus A. Das berühmteste Beispiel eines derartigen Traums stammt von Tschuang-tse: Dieser träumte von einem Schmetterling, der im Traum glaubte,

Tschuang-tse zu sein. Den Realitätsgehalt des Traumbewußtseins bringt Havelock Ellis (1992) gut zum Ausdruck: «Träume sind wirklich, solange sie andauern. Können wir vom Leben etwas anderes behaupten?» Unser Traumbewußtsein handelt so, als wäre es wach. Wir glauben, daß wir nicht träumen. Es handelt sich also um ein *reflexives Bewußtsein*, da wir uns die Frage stellen können, ob wir träumen. So gleicht das Traumbewußtsein dem Bewußtsein einer im Wachzustand halluzinierenden Person. Die Traumbilder oder die Halluzinationen, hervorgerufen durch ein endogenes System im Hirnstamm, werden als Wirklichkeit wahrgenommen, obgleich sie unwirklich sind. Nur fehlt dem reflexiven Bewußtsein die Vernunft des wachen Bewußtseins. Viele Philosophen haben sich über die Vortäuschung von Realität im Traum den Kopf zerbrochen (Ey 1963). Wir werden später einige psychophysiologische Aspekte dieses Phänomens genauer zu bestimmen versuchen.

Träume des Typus B sind dagegen selten (1 bis 2 Prozent aller Erinnerungen an Träume). Man bezeichnet sie zu Recht als Klarträume. Der dritte jener Träume, die Descartes in der berühmten Nacht des 10. November 1619 hatte, war ein Klartraum. «Eine Merkwürdigkeit war, daß er im Zweifel darüber, ob das Gesehene geträumt oder Wirklichkeit war, im Schlaf nicht nur zu der Erkenntnis gelangte, daß es sich um einen Traum handelte, sondern ihn auch deutete, bevor der Schlaf ihn verließ», schreibt Descartes in der dritten Person über sich selbst (Descartes 1963). Dieser Traum war der Ursprung der von Descartes eingeführten Unterscheidung zwischen der *res immateria* (immaterielle Substanz) und der *res materia* (materielle Substanz), die ihrerseits der Formel «Ich denke, also bin ich» zugrunde liegt – eine Formel, die die Erforschung des Unbewußten in Frankreich behindert hat (Whyte 1960).

Der Klartraum ist sicherlich ein echter Traum. Man hat nächtelang von Personen, die klarträumen, mittels Elektroden auf der Kopfhaut, den Augenhöhlen und bestimmten Muskeln Aufzeichnungen angefertigt. So ließen sich die Hauptmerkmale des paradoxen Schlafs unzweifelhaft erfassen – man kann diese Symptome übrigens nicht simulieren. Die Versuchspersonen wurden vor dem Einschlafen aufgefordert, das Träumen nach einem vorab festgelegten Code durch eine Fingerbewegung anzuzeigen (beispielsweise eine oder zwei oder drei Fingerbewegungen). Dieses Signal wurde auf einem Polygraphen registriert. Dank der Arbeiten Laberges (vgl. S. 98 f) besitzen wir nun einige Aufzeichnungen von Klartraumphasen, auf denen das kodierte Signal zu sehen ist (Gackenbach & Laberge 1988).

Ich muß gestehen, lange Zeit habe ich nicht an die Existenz von Klarträumen geglaubt. Inzwischen habe ich innerhalb von drei Jahren viermal die außergewöhnliche Erfahrung gemacht, das Traumgeschehen bei vollem Bewußtsein, daß es sich nur um einen Traum handelt, subjektiv beeinflussen zu können. Ein seiner selbst und seines «wachen» Zustands bewußtes Ich (reflexives Bewußtsein) wird vom Unbewußten, auf welches das Ich keinen Einfluß nehmen, das es aber bei der kleinsten Bewegung unterbrechen kann, «geträumt». Wie dieses Phänomen neurobiologisch interpretiert werden soll, wissen wir nicht. In den vergangenen drei Jahrzehnten sind aber bestimmte Mechanismen des paradoxen Schlafs an Tieren erforscht worden. So stellt sich die Frage, ob diese Forschungsergebnisse unser Verständnis von den Traummechanismen beim Menschen befördern können.

Ist die Neurobiologie des paradoxen Schlafs eine Neurobiologie des Traums bei Tieren?

Wir können sicher sein, daß ein Mensch während des paradoxen Schlafs träumt, da er uns danach von seinen Träumen berichtet. Aber was würde man von einer Katze erfahren, wenn man sie aus diesem Schlafzustand risse? Die Entdeckung und die Analyse des *Traumverhaltens* lassen die Annahme zu, daß auch eine Katze träumt (Sastre & Jouvet 1979). Die für die Muskelatonie während des paradoxen Schlafs verantwortlichen Neuronen sind nämlich identifiziert worden. Kurz gesagt: Diese auf Acetylcholin ansprechende Neuronengruppe ist beidseitig und symmetrisch in der Formatio reticularis pontis lokalisiert. Sie sendet Signale, die über Relaiskerne im Bulbus zu einem absteigenden, vermutlich glycinergen System gelangen, und dieses hemmt die Erregung der Motoneuronen auf der postsynaptischen Ebene des Bulbus und des Rückenmarks.

Die selektive Zerstörung der die Muskelatonie steuernden Systeme führt dazu, daß das Traumverhalten als Äußerung der kortikalen und subkortikalen Systeme, die ein im Hirnstamm befindlicher «Generator» in Gang setzt, sichtbar wird. Eine Katze, die sich im Wachzustand und im Schlaf nach wie vor normal verhält, entwickelt nunmehr während des paradoxen Schlafs charakteristische Verhaltensweisen: Sie blickt sich um, lauert einem Gegenstand auf, greift an, verfolgt eine imaginäre Beute, hat Angst, wird aggressiv usw. Während dieser Episoden reagiert das Tier auf keinen äußeren Reiz. Es steht außer Zweifel, daß sich das Tier im paradoxen Schlaf befindet, daß aber der Muskeltonus erhalten bleibt, wie viele Labormessungen der spezifischen elektrischen Anzeichen dieses Zustands belegen. Die Elektrophysiologie erlaubt es uns, mehrere Aspekte zu präzisieren:

Die Hirnrinde entwickelt eine schnelle elektrische Aktivität, wie sie auch für den Wachzustand charakteristisch ist; die Sehrinde empfängt endogene, vom Hirnstamm ausgehende Signale, die mit «Bildern vor den Augen» zusammenhängen können (die sogenannte ponto-geniculo-okzipitale Tätigkeit, auch PGO-Aktivität genannt).

Die Untersuchung der Latenzzeit zwischen den Augenbewegungen und dem Eintreffen dieser Signale in der Sehrinde weist allerdings auf ein Paradox hin. Beim wachen und aufmerksamen Tier erreicht ein aus der Netzhaut stammendes, die Aufmerksamkeit erregendes Signal die Sehzentren vor Auslösung der entsprechenden Augenbewegungen (die Ursache tritt vor der Wirkung auf). Dagegen beginnen die Augenbewegungen beim träumenden Tier *vor oder gleichzeitig mit* dem Eintreffen des nicht aus der Netzhaut stammenden endogenen Signals (PGO-Aktivität) in der Sehrinde. Man müßte in diesem Fall annehmen, die Wirkung gehe der Ursache voraus – was offensichtlich unmöglich ist. Deshalb bietet sich die Hypothese an, daß ein Hirnsystem *gleichzeitig* das Traumbild und die okulomotorische Aufmerksamkeitsreaktion *programmiert* (oder auswählt). Die synaptischen Verzögerungen können in der Tat eine Erklärung für die Latenzzeit zwischen der Tätigkeit des ponto-bulbären Generators und dem Eintreffen der Signale bei den okulomotorischen Kernen und der Sehrinde sein.

Alle diese Daten liegen den folgenden Hypothesen zugrunde:

● Entweder ist das Traumverhalten nichts anderes als eine Verkettung komplex organisierter, jedoch automatischer Verhaltensweisen ohne einhergehendes «Traumsehen» (eine Katze würde in diesem Fall wie ein Automat oder wie die Tiermaschine Descartes' handeln);

● oder es kommt bei einer Katze simultan zur Erregung sensorischer (vornehmlich visueller) Systeme und zur Auslösung bestimmter, diesen Halluzinationen angepaßter Verhaltensweisen (Angriff, Flucht, Verfolgung). Diese Hypothese zwingt uns, einen grundlegenden Unterschied zwischen der sensumotorischen Organisation der Traumwahrnehmung und der der visuellen Aufmerksamkeit im Wachzustand anzuerkennen.

So ist die Hypothese der Traumhandlung während des paradoxen Schlafs von Katzen plausibel, wenngleich schwer widerlegbar. Einige an Katzen untersuchte Mechanismen des paradoxen Schlafs können mit aller Vorsicht auf den Menschen übertragen werden, und dies um so mehr, als man inzwischen auch beim Menschen bestimmte Traumverhaltensformen beobachtet hat.

Das Traumverhalten beim Menschen

Vor kurzem ist das Traumverhalten von Männern mit Hirnstammläsionen, welche die für die Hemmung des Muskeltonus verantwortlichen Systeme im Mitleidenschaft gezogen hatten, detailliert beschrieben worden. Charakteristisch sind gewalttätige Angriffshandlungen, die sowohl bei den Träumenden als auch bei den Lebensgefährtinnen zu Verletzungen führen können. Die polygraphischen Aufzeichnungen haben bei allen Patienten gezeigt, daß sich derartige Episoden nur während des paradoxen Schlafs unter Beibehaltung des Muskeltonus und unter dem Eindruck eines Traums (beispielsweise vom Angriff eines Tieres) ereignen können (Schenck *et al.* 1987).

Folgende Zusammenhänge zwischen einem objektiven neurobiologischen Zustand (paradoxer Schlaf) und den damit einhergehenden geistig-psychischen Phänomenen lassen sich also feststellen:

● Beim Menschen:
   paradoxer Schlaf⇔Traum⇔Traumverhalten

● bei der Katze:
   paradoxer Schlaf⇔Traumverhalten⇔Traum

Diese Zusammenhänge erlauben es uns, die Ähnlichkeiten (=) und die Verschiedenheiten (≠) zwischen bestimmten neurophysiologischen Ereignissen im Zustand der visuellen Aufmerksamkeit, im Schlafzustand und im «Traum» einer Katze in einer Tabelle (S. 116) zusammenzufassen.

Bestimmte allgemeine Bedingungen gelten sowohl für die Aufmerksamkeit als auch für den Traum (nicht dagegen für den Schlaf). Es ist allerdings erwiesen, daß sich die Funktionsweise des Gehirns bei wachem Bewußtsein von der im Traumbewußtsein unterscheidet, da ja während des Wachzustands mehrere Systeme des Hirnstamms aktiviert sind, wogegen sie während des Träumens nicht aktiv sind oder gehemmt werden (und umgekehrt).

Die Periodizität des Traums

Ein Kardinalproblem, das zu lösen die Neurophysiologie sich vorgenommen hat, betrifft die Bedeutung der Traumperiodizität. Warum läuft die «Traummaschine» nicht ständig, sondern nur von Zeit zu Zeit?

Der Mittelwert der Traumperiodizität während des Schlafs (die man mit dem konventionellen Symbol τ' bezeichnet) ist ein artspezifisches Merkmal (Orem & Barnes 1980). Sie steht in engem Zusammenhang mit dem Logarithmus des Körpergewichts, also mit dem Metabolismus. Bei der Ratte entspricht τ' einer Dauer von 10 Minuten, bei der Katze einer Dauer von 25 Minuten, beim Menschen einer Dauer von 90 und beim Elefanten einer Dauer von 180 Minuten. Ferner ist der Mittelwert der Dauer einer Traumphase ebenfalls ein artspezifisches Merkmal. Bei der Ratte erreicht dieser Wert 2 Minuten, bei der Katze 6 und beim Menschen 20 Minuten (Mayes 1983).

So gehorcht der periodisch tätige Traumgenerator während des Schlafs einem verhältnismäßig einfachen Gesetz. Bei den meisten Arten beansprucht das Träumen ungefähr ein Viertel der mittleren Periodendauer (6 von 24 Minuten bei der Katze, 20 von 90 Minuten beim Menschen). Einige kürzlich in unserem Labor durchgeführte Experimente zeigen, daß man entweder die Dauer des Träumens oder τ' bei Versuchstieren verändern kann, und zwar dadurch, daß man die Körpertemperatur (Energiebedarf) oder die Energieverbrennung (Energiean-

	Visuelle Aufmerksamkeit (Wachzustand)	Slow-wave-Schlaf	Paradoxer Schlaf (Traum)
Elektrische Kortexaktivität	schnell	langsam	= schnell
Glukoseverbrauch der Sehrinde	zunehmend	abnehmend	= zunehmend
Sauerstoffverbrauch der Sehrinde	nicht zunehmend	abnehmend	? müßte zunehmen (noch nicht bestätigt)
Hirntemperatur	zunehmend	abnehmend	abnehmend, dann zunehmend
Augenbewegungen	folgen dem Gegenstand der Aufmerksamkeit, setzen nach dem Eintreffen des Netzhautsignals in der Sehrinde ein	nicht vorhanden	≠ werden vom endogenen PGO-System ausgelöst; setzen vor oder gleichzeitig mit dem Eintreffen des PGO-Signals in der Sehrinde ein
Haltungstonus	zunehmend	abnehmend	≠ unterdrückt
Tätigkeit subkortikaler Systeme, die den Kortex aktivieren (Katecholamine, Indolamine; Histamine)	zunehmend	abnehmend	≠ unterdrückt
Aktivität des pyramidalen Systems	zunehmend	abnehmend	= zunehmend
Aktivität des PGO-Generators	unterdrückt	unterdrückt	≠ stark zunehmend

Schematische Tabelle: Die neurobiologischen Hauptvariablen des Wachzustands, des Schlafs und des Traums bei Katzen. Das Symbol = bezeichnet eine Ähnlichkeit zwischen dem Wachzustand und dem Traum, ≠ dagegen einen Unterschied zwischen dem Wachzustand und dem Schlaf (vgl. die Angaben in Orem & Barnes 1980).

gebot) beeinflußt. Die Traumperiodizität scheint folglich durch zentrale *energetische* Mechanismen (Verhältnis von Angebot und Nachfrage) gesteuert zu sein. Dieses Verhältnis läßt sich anhand eines Vergleichs durchsichtig machen: Der Traum scheint auf einer großen energetischen Verausgabung zu beruhen (Zunahme des Glukose- und möglicherweise gleichläufige Zunahme des Sauerstoffverbrauchs), während die wache Aufmerksamkeit einen Mehrbedarf an Energie *ohne* entsprechende Zunahme des Sauerstoffverbrauchs voraussetzt.

Eine Funktion des Slow-wave-Schlafs müßte unter diesen Voraussetzungen darin bestehen, den Traum vorzubereiten, und zwar dadurch, daß die zentrale Temperatur (der Energiebedarf) und der Sauerstoffverbrauch gesenkt und Energiereserven in Gestalt von Glykogen in den «nutritiven» Zellen, das heißt in den Gliazellen, aufgestockt werden. Der Traum beginnt *dann und nur dann*, wenn die Energiereserven ein bestimmtes Niveau erreicht haben. Er verbraucht diese Reserven vermutlich in Stoffwechselprozessen, die sich von denen des Wachzustandes unterscheiden.

Das Traumbewußtsein scheint somit mehr Energie zu verbrauchen als das Wachbewußtsein. Deshalb bewirken alle Interventionen, die entweder den zerebralen Energiebedarf steigern (Hyperthermie, Fieber) oder die Sauerstoffzufuhr senken (Hypoxie = Herabsetzung der Sauerstoffversorgung, Ischämie = Blutleere oder Minderdurchblutung), die Unterdrückung der Träume; diese Interventionen können dagegen den Wachzustand oder den Slow-wave-Schlaf intensivieren.

Die Notwendigkeit des Energieschöpfens während des Slow-wave-Schlafs erklärt zumindest teilweise, warum die für die Traumtätigkeit zuständigen Mechanismen nicht pausenlos, sondern nur periodisch arbeiten können

Phylogenese und Ontogenese des paradoxen Schlafs

Da wir die Hypothese, daß Katzen träumen, nicht als ein Hirngespinst abgetan haben, können wir ebensogut die Entwicklung des paradoxen Schlafs in der Phylogenese und der Ontogenese nachzuzeichnen versuchen. Unter welchen Bedingungen ist der paradoxe Schlaf entstanden?

Die Bilanz der phylogenetischen Entwicklung ergibt folgendes Bild: Fischen, Amphibien und Reptilien ist das Wechselspiel von Aktivität und Ruhe (der Wach-Schlaf-Rhythmus) nicht fremd – und dennoch ist es bis heute nicht gelungen, an ihnen einen Zustand zu entdecken, der mit dem paradoxen Schlaf identisch oder verwandt ist. Dagegen ist der paradoxe Schlafzustand bei Vögeln und Säugetieren leicht zu erkennen. So muß man wohl davon ausgehen, daß der paradoxe Schlaf in der Evolution zur gleichen Zeit wie die Homöothermie entstanden ist.

Der Übergang von den Poikilothermen, den wechselwarmen Kaltblütern, zu den Homöothermen, den eigenwarmen Tieren oder Warmblütern, ging mit Veränderungen im Gehirnaufbau (Entstehung quasikortikaler Strukturen, Archistriatum bei Vogelarten, Neokortex bei Säugetierarten) nicht weniger als im Gesamtorganismus Hand in Hand. So ist eine größere Anzahl energetischer Mechanismen zu beobachten, die den Übergang von einem langsamen zu einem beschleunigten Stoffwechsel herbeigeführt haben. Ein grundlegendes Phänomen macht sich ferner im Gehirn bemerkbar: Während die Neurogenese im Leben eines poikilothermen Lebewesens nie zum Stillstand kommt, bricht sie bei homöothermen Lebewesen nach einer Weile ab (Windle 1955). Spuren einer fortlaufenden Neurogenese hat man zwar bei bestimmten Vogelarten gefunden – sie könnte für die genetische Übertragung des Gesangsrepertoires der Nachtigall verantwortlich sein (Paton & Nottebohm 1984) –, aber bei Säugetieren hört sie mit dem Ende der zerebralen Reifung auf, das heißt in den ersten Lebenswochen oder -monaten bei Ratten, bei Katzen und auch beim Menschen.

Die Untersuchung der ontogenetischen Entwicklung des paradoxen Schlafs zeigt, daß zwischen den letzten Tagen der Neurogenese und dem Auftreten des paradoxen Schlafs ein unscharfer Übergang besteht. Die ersten Tage im Leben einer neugeborenen Ratte oder eines Kätzchens werden durch das Wechselspiel zweier Zustände bestimmt: Auf der einen Seite beobachten wir ein Verhalten im Wachzustand, bei dem das (noch poikilotherme) Tier instinktiv nach Wärme (Fell der Mutter) und nach Nahrung (Zitzen) sucht. Dieser Zustand wird durch einen anderen quasikontinuierlichen und ohne merkliche Periodizität auftretenden Zustand unterbrochen, den man als seismischen Schlaf bezeichnet (Jouvet-Mounier *et al.* 1970). Augen, Ohren, Beine und der

Schwanz beginnen zu beben. Zudem werden die Motoneuronen ständig erregt. Dieses Beben scheint nicht auf eine zentrale Erregung zurückzuführen zu sein, denn die Bewegungen der Hinterläufe halten auch nach der Durchtrennung der Rückenmarksbahnen an. Dagegen existiert kein spezifisches elektrophysiologisches Anzeichen für den paradoxen Schlaf (beispielsweise die PGO-Aktivität). Schließlich hemmen die meisten Substanzen und Läsionen, die bei erwachsenen Tieren den paradoxen Schlaf unterbinden, bei neugeborenen Artgenossen den seismischen Schlaf nicht (Adrien 1976). Höchstwahrscheinlich ist der seismische Schlaf Ausdruck der spontanen Bewegungen, die die Neurogenese am Ende der Embryonalzeit begleiten (Corner 1977).

Nach und nach macht sich der paradoxe Schlaf mit der sich vervollständigenden genetischen Organisation des Nervensystems bemerkbar, wodurch der seismische Schlaf verdrängt wird. Der paradoxe Schlaf gleicht sich Schritt um Schritt dem eines erwachsenen Organismus an. Nach dem einundzwanzigsten Lebenstag sind alle charakteristischen Anzeichen des paradoxen Schlafs zu beobachten: Die Periodizität ist vollkommen, das Muskelbeben verschwindet zugunsten der schnellen Augenbewegungen, die dann allerdings durch den Generator im Hirnstamm gesteuert werden. Die Aktivierung des Kortex tritt gleichzeitig mit den aus dem PGO-System stammenden, die Sehrinde überflutenden Signalen auf. Schließlich – und das ist eigens zu betonen – ist es möglich, den paradoxen Schlaf mit den gleichen Substanzen zu unterbinden, die bei erwachsenen Tieren wirksam sind.

Kurzum, es scheint zwischen der Neurogenese und der Entstehung des paradoxen Schlafs im Verlauf von Phylogenese wie Ontogenese ein gegenläufiges Verhältnis zu bestehen:

1. Bei poikilothermen Lebewesen gibt es keinen paradoxen Schlaf; die Neurogenese kann die genetische Programmierung des Gehirns zeitlebens aufgrund der klassischen Mechanismen der DNS (Teilung der Neuroblasten) gewährleisten.

2. Die paradoxen Schlafphasen dauern bei Vogelarten sehr kurz (einige Dutzend Sekunden); es kann aber auch bei erwachsenen Artgenossen eine Neurogenese stattfinden.

3. Der paradoxe Schlaf tritt bei Säugetieren im Verlauf der nachgeburtlichen Entwicklung (Abbruch der Neurogenese) nach und nach an die Stelle des seismischen Schlafs.

So kommen wir zur letzten Frage: Dient der paradoxe Schlaf bei Lebewesen, deren Neurogenese am Ende der Ontogenese abbricht, der iterativen genetischen Programmierung?

Setzt die Vererbung psychischer Eigenschaften eine iterative genetische Programmierung voraus?

Der Einfluß der Umgebung oder der Erbanlagen auf die Persönlichkeitsstruktur ist eines der umstrittensten Themen der Psychologie. Die von Bouchard (1984) durchgeführten Untersuchungen an erwachsenen eineiigen Zwilligen, *die von Geburt oder einem Zeitpunkt kurz nach der Geburt an in völlig verschiedenen Milieus aufgewachsen waren,* lassen jedoch kaum Zweifel an der Vererbung psychischer Eigenschaften zu (der Vererbungskoeffizient von Persönlichkeitsmerkmalen nimmt in diesem Falle einen Wert zwischen 0,6 und 0,7 an).

Es ist ausgeschlossen, daß die synaptische Organisation im Gehirn dieser Zwillinge im Verlauf der Ontogenese jeweils einem (und nur einem) Muster folgte; eine derartige Programmierung hätte erheblich mehr Gene erfordert, als im Genom vorhanden sind. Doch selbst unter der Annahme einer solchen Programmierung müßte die Neuronenplastizität unter dem Einfluß unterschiedlicher Umweltbedingungen, also bei unterschiedlichen Lerngeschichten, die Organisation der Synapsen modifizieren; folglich müßten sich auch die subtilen Reaktionen, die einer Persönlichkeitsstruktur zugrunde liegen, verändern. Gäbe es nun eine ununterbrochene Neurogenese, könnte man Ähnlichkeiten im Verhalten auf die Teilung der Neuroblasten zu bestimmten Zeitpunkten zurückführen. Aber wenn sich bestimmte Säugetiere einer derartigen Neurogenese erfreuen könnten, würde sie dennoch Seltenheitswert besitzen. So ist die Hypothese, daß eine Funktion des paradoxen Schlafs in der iterativen Programmierung des Gehirns besteht, nicht aus der Luft gegriffen (Jouvet 1965 und 1986). Diese einem endogenen Lernprozeß vergleichbare Programmierung würde somit die durch epigenetische Lernprozesse im Wachzustand gespeicherten Gedächtnisspuren entweder löschen oder verstärken...

Nach dieser Hypothese stellt die periodisch wiederkehrende Traumtätigkeit die iterative Programmierung unbewußter Reaktionen dar – ebenjener Reaktionen, die eine Persönlichkeit determinieren und die für Verhaltensunterschiede zwischen Menschen, die unter gleichen Umweltbedingungen leben, verantwortlich sind (weiteres in Kapitel 8).

Das Ziel, der Weg

Der Geist, der durch das Fenster der Erinnerungen an einen Traum von einem aus dem Schlaf geweckten Individuum betrachtet wird, verbirgt sich hinter verschiedenen Masken des Bewußtseins. Einerseits versteckt er sich hinter der Maske der Abwesenheit des Bewußtseins oder des erinnerungslosen Unbewußten im Schlaf (Schlafwandeln). Andererseits versteckt er sich hinter der Doppelmaske des reflexiven Bewußtseins – sei es im gewöhnlichen, sei es im Klartraum –, dessen Spuren sich allerdings rasch auflösen.

Man hat versucht, die verschiedenen Erscheinungsweisen des Geistes in Schlaf und Traum sowie deren Gemeinsamkeiten mit dem Wachbewußtsein neurophysiologisch zu erklären. Obgleich sich der psychoneurale Parallelismus auf einer sehr globalen Ebene zu bestätigen scheint, überwiegt trotzdem das Nichtwissen gegenüber dem Wissen.

Ein Weg zur funktionellen Erklärung des Geistes führt über die Analyse des Traums, da ein enger Zusammenhang zwischen den energetischen Schwankungen im Gehirn und der Traumtätigkeit besteht.

Zuerst erschienen in Doletium hominum, *Band 16, 1991, S. 60–68.*

7
Die Funktionen des Traums

Die Entdeckung des physiologischen Substrats der Traumtätigkeit (1957–1959) markiert in der Geschichte der Theorie der Traumfunktionen einen Wendepunkt. Vor 1960 dominierte die psychoanalytische Traumtheorie Sigmund Freuds. Nach 1960 versuchen neurophysiologische und naturgeschichtliche Ansätze das Warum der Traumtätigkeit auf der Basis unzähliger Phänomene zu ergründen.

Vor 1960

1790. Der Begriff des Unbewußten und damit verbundene Ausdrücke tauchen in der deutschen Sprache auf. Georg Christoph Lichtenberg ist von seinen eigenen Träumen fasziniert; er meint, Träume seien Erinnerungen an frühere Zustände in der Entwicklung des individuellen Bewußtseins. Allerdings richtet sich das allgemeine Interesse eher auf die Traumdeutung und das Wie der Träume als auf das Warum.

1886. Der deutsche Forscher W. Robert schlägt als erster eine Theorie der Traumfunktionen vor. Ihm stellt sich der Traum als ein *somatischer* Ausscheidungsprozeß dar, dessen wir uns nur dadurch bewußt werden, daß wir auf ihn reagieren. Der Traum dient demnach der Ausscheidung von im Keim erstickten Gedanken. Ein Mensch, dem man die Möglichkeit zu träumen raubte, würde nach einer gewissen Zeit völlig irre werden, weil sich in seinem Gehirn unausgegorene Gedanken, unförmige Ideen, oberflächliche Eindrücke im Überfluß ansammeln müßten, die die im Gedächtnis geordneten Spuren erdrücken würden. Der Traum spielt dieser Theorie zufolge die Rolle eines Sicherheitsventils. Träume, so Robert, brächten Erleichterung und hätten eine heilende Wirkung. Die Beseitigung wertloser Gedanken vollziehe sich durch einen somatischen Prozeß, und der Traum selbst sei somit kein psychischer Vorgang, sondern nur die Kenntnisnahme dieser Beseitigung. Aber damit sei das Traumgeschehen noch nicht umfassend charakterisiert; vielmehr würden bestimmte Tageseindrücke im Traum verarbeitet und unvollständige Gedanken, die nicht ausgeschieden worden seien, durch Anleihen beim Vorstellungsvermögen ergänzt und in Gestalt eines imaginären und harmlosen Bildes dem Gedächtnis einverleibt.

Robert bestimmte den Traum als ein allnächtliches körperliches Geschehen, das auf der Ebene des psychischen Apparats in Erscheinung tritt und diesen Apparat vor einer übermäßigen Spannung bewahrt – oder, wenn man so will, den Geist reinigt.

Ein Jahrhundert später haben Crick und Mitchinson eine «informationstheoretische Version» der Theorie Roberts entwickelt, ohne jedoch dessen Arbeit in ihrer Bibliographie zu erwähnen (siehe weiter unten).

1890. Santiago Ramón y Cajal äußert die Vermutung, das Nervensystem bestehe aus individuellen, voneinander getrennten Nervenzellen (Neuronen), bilde also kein retikuläres System, wie Golgi und andere Forscher glaubten. Sigmund Exner, bei dem Freud Physiologie studiert hat, veröffentlicht 1894 seinen ‹*Entwurf zu einer physiologischen Erklärung der psychischen Erscheinungen*›. Er verwendet seine Experimente über die Reflexfunktionen, um den Begriff der Bahnung zu veranschaulichen. Wenn ein einzelner Reiz eine bestimmte Stärke erreicht, löst er keinen Reflex aus; wenn aber zwei Reize einander rasch folgen, kann dadurch eine Reaktion hervorgerufen werden. Exner ging sogar einen Schritt weiter und nahm an, daß die Hemmung ein aktiver, von spezifischen Nervenbahnen gesteuerter Mechanismus sei.

1895 verfaßte Sigmund Freud seinen Fragment gebliebenen Entwurf einer wissenschaftlichen Psychologie – etwas verfrüht, da die Existenz des Aktionspotentials eines Nervs erst 1910 entdeckt wird.

Ich entnehme dem gut dokumentierten Aufsatz von McCarley und Hobson (1977) und der Dissertation Trabach-Valadiers (1988) eine Analyse der physiologischen Irrlehren, die der psychoanalytischen Theorie und dem Traummodell Freuds zugrunde liegen.

1895. Die Bausteine des Freudschen Modells, die mit heutigen Kenntnissen über die Neuronen nicht übereinstimmen:

«In der Theorie Freuds werden die Nervenzellen – in Übereinstimmung mit den heutigen Lehrmeinungen – als voneinander getrennte Einheiten dargestellt, zwischen denen Berührungsflächen existieren. Freuds Überlegungen, daß sich die Berührungsflächen durch eine gewisse Spezialisierung der Nervenzellen auszeichnen (heute verwenden wir dafür den Begriff der Synapse), war durchaus richtig. Die Physiologie der interneuronalen Übertragung war damals völlig unbekannt. Freuds Hauptgedanken, die den heutigen Auffassungen von der Neuronentätigkeit widersprechen, lassen sich vier Kategorien zuordnen»:

1. Die Nervenzellen sind nach Freud Energiespeicher, während sie nach heutigen Erkenntnissen auf Informationsübertragung spezialisierte Zellen darstellen. Sie nehmen – so Freud – als *passive* Speicher mehr oder weniger große Energiemengen auf, die er (psychische) «Quantität» oder «$Q\dot{\eta}$» nannte. Die Energie stammt stets aus einer Quelle außerhalb der Nervenzelle.

Nach Auffassung der heutigen Neurophysiologie beziehen die Neuronen ihre Energie aus dem eigenen Stoffwechsel, um den Energiegradienten zwischen der Innen- und der Außenwand der Membran konstant zu halten. Eine Abnahme des Membranpotentials verursacht eine «Entladung» und eine Depolarisation, die sich durch Ausschüttung chemischer Botenstoffe in den Synapsen auf andere Zellen überträgt.

Folgende Grundsätze der modernen elektrophysiologischen Theorie widersprechen den Ideen Freuds:

● Jede Zelle bringt ihr eigenes «Ruhepotential» hervor.

● Die Neuronen beeinflussen sich gegenseitig durch Einwirkung auf die vorgegebene Polarisation.

● Die für die interzelluläre Beeinflussung der Polarisation notwendige Energie ist ebenso schwach wie die Frequenz der Entladung.

2. Nach Ansicht Freuds führen die Neuronen Energie von außen dem Gehirn zu; dagegen sind die Sinnesrezeptoren nach derzeit geltender Meinung Energieumwandler.

«Freud vertrat also die Auffassung, daß die Nervenzellen variable Nervenenergiemengen transportieren müssen.»

«Die heutige Neurophysiologie definiert aber die neuronalen Rezeptoren als Umwandler, und das heißt, sie signalisieren die Abwesenheit von Energie (Licht, Schall, Wärme, Hautdruck usw.). Diese Energie setzen sie in elektrische Codes um. Der Kerngedanke lautet, daß das Signal das Vorhandensein von Energie anzeigt, sie aber nicht selbst zum Zentralnervensystem leitet.»

3. Nervenzellen als passive Rezeptoren und Energiequellen – dieses Bild Freuds widerspricht der heutigen Auffassung des Neurons als einer spontan aktiven Entität.

«Immer wieder hob Freud hervor, daß die Nervenzellen die aus der Außenwelt bezogene Energie speichern. Nie hat er die Auffassung vertreten, die Neuronen erhielten ihre Energie aus dem eigenen Stoffwechsel oder verbänden sich zu selbstorganisierenden Netzen. Dies war von weitreichender Bedeutung – er verlegte nämlich die Ursache der Träume in einen Bereich außerhalb des Gehirns, da die Energie notwendigerweise extrazerebralen Ursprungs sein mußte. Deshalb werden Träume nach seiner Lesart entweder durch somatische Erregungen ausgelöst, oder sie stammen aus der Außenwelt. Und dies brachte Freud später wiederum dazu, das Gehirn als ein im wesentlichen passiv reagierendes Organ zu definieren – dem darauf aufbauenden Modell der Psyche wies er die gleichen Eigenschaften zu wie dem Gehirn.»

«Man weiß heute, daß die biologischen Lebensrhythmen, beispielsweise die Atmung und der paradoxe Schlaf, durch regelmäßige neuronale Oszillationen endogenen Ursprungs (*pacemaker* = Schrittmacher) gesteuert werden.»

4. Freud faßte die Neuronen ausschließlich als erregende Elemente auf, während sie nach den modernen Theorien auch eine hemmende Funktion haben.

Anders als bei Exner ist in Freuds Modell kein Hemmungsmechanismus vorgesehen. Deshalb mußte er sich mit dem Begriff der Energieabfuhr und der Bildung von Nebenbahnen behelfen. Überschüssige Energie könne, schreibt er, durch Entladung in motorische Energie abgeführt werden. «Dagegen heben moderne neurophysiologische Ansätze die Möglichkeit der Unterdrückung einer Erregung durch Hemmung hervor (Öffnung von Ionenkanälen, die die Membran hyperpolarisieren). Freuds Idee der Abfuhr (statt Hemmung) einer Erregung wirkte sich nachhaltig auf seine spätere Lehre aus. So formulierte er die Hypothese, daß Triebe oder Wünsche ‹abgeführt›, zum Beispiel verdrängt werden können und daß sie sich, weil sie unentwegt auf Abfuhr drängen, oft im Traumgeschehen bemerkbar machen.»

Struktur und Dynamik im Freudschen Modell

Da in Freuds Modell die für die Hemmung zuständigen Neuronen keinen Platz fanden, mußte für den Energiefluß ein anderes Prinzip erdacht werden, für das bis heute kein experimenteller Nachweis erbracht worden ist.

«In Abbildung [17] ist Freuds Schema einer normalen Energieübertragung in einem Verband von Nervenzellen zu sehen. Das durch das Fehlen inhibitorischer Neuronen heraufbeschworene Dilemma versuchte Freud durch die Annahme zu lösen, daß $Q\grave{\eta}$ durch eine elektrische Ladung in einem postsynaptischen Neuron angezogen wird; dadurch wird der Energiefluß von der normalen Bahn weggeleitet. Diese Umleitung bezeichnete Freud als Hemmung, aber sein Begriff weicht vom modernen Begriff der Hemmung völlig ab, und er beruht auf fehlerhaften Vorstellungen von der Funktionsweise der Nervenzellen. Aus seinen Ideen folgerte Freud, daß die nervöse Energie, die ‹Erregungssumme›, jeweils nur umgeleitet, nie aber aufgehoben werden kann; sein Modell des Nervensystems ist wegen der darin vorgesehenen Möglichkeit überschüssiger Energien noch um einiges fragwürdiger.»

«Freud glaubte, diese zusätzlichen ‹hemmenden› Bahnen bestünden aus spezialisierten Nervenzellen des Psi-Systems; diesem Subsystem gab er den Namen ‹Ich›.»

«Ein abschließender Kommentar zum dynamischen Modell des Freudschen Entwurfs betrifft den Ursprung der Begriffe der Verdrängung und der primären Abwehr. Freud meinte, daß sich Reize, die sich in der Vergangenheit als schmerzlich erwiesen haben, mit negativen Affekten aller Art (also mit überschüssiger Energie) assoziieren, denn diese Wahrnehmungen stehen über Assoziationen mit Schlüsselneuronen in Verbindung, deren Sekretionen die somatischen Energiequellen von $Q\grave{\eta}$ anregen, wobei dieses Geschehen als unangenehm empfunden

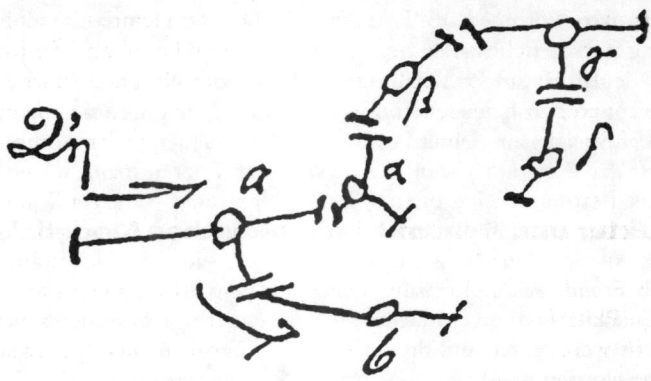

Abbildung 17: Freuds Darstellung der Abfuhr neuraler Energie durch Seiten-besetzung. Der normale Energiefluß ($Q\dot{\eta}$) führt zum Neuron b. Freud meinte, eine Seitenbesetzung des Neurons ziehe $Q\dot{\eta}$ auf sich und leite den Energie-fluß zu b um. Diese postsynaptische Seitenbesetzung, für die es keinen experi-mentellen Anhaltspunkt gibt, ist nach Freud der für die Triebunterdrückung verantwortliche Mechanismus.

wird. Die Abbildung [17] stellt ein derartiges Neuron (b) dar: Die ‹Hemmung› als Umleitung des Energieflusses zum Schlüsselneuron b wird als primäre Abwehr bezeichnet.»

Auf der Basis dieses Modells entwickelte Freud eine dynamische Theorie der psychischen Funktionen, die Marc Jeannerod in seinem Buch ‹*Le cerveau-machine*› (1983) treffend zusammengefaßt hat (S. 142 bis 144):

«Nach Freud gehorchen die Nervenzellen einer Primärfunktion, die er unter dem Begriff ‹Neuronenträgheit› beschreibt. Dank eines Me-chanismus der ‹Abfuhr› entledigt sich ein Neuron der von ihm aufge-nommenen Informationen und kann so im nichterregten Zustand ver-harren. Die Reflexbewegung stellt demnach für die Nervenzellen die bevorzugte Weise der Informationsentladung dar. Unter bestimmten Bedingungen muß das Nervensystem auf seine ursprüngliche Tendenz zur Trägheit verzichten. Es muß lernen, die für die Ausführung einer bestimmten Handlung benötigte Energie zu ertragen. Je nachdem, wie eine Nervenzelle dies tut, bleibt die gleiche Tendenz jedoch unter der veränderten Form einer Anstrengung, die Energiemenge möglichst niedrig zu halten, bestehen...

Im Gegensatz zur Primärfunktion, die auf der Annahme eines einfachen, vom Neuron geleiteten ‹Stroms› beruht, setzt die Sekundärfunktion der Speicherung einer bestimmten Energiemenge den komplexen Begriff der ‹Kontaktschranke›, die sich dem Energiestrom widersetzt, voraus. Bestimmte Neuronen – die Phi-Neuronen –, die für Wahrnehmungen zuständig sind, speichern keine Energie, sind also energiedurchlässig. Andere Neuronen – die Psi-Neuronen – leisten Widerstand und speichern eine bestimmte Energiemenge. Diese Psi-Neuronen bedienen das Gedächtnis und vermutlich die psychischen Prozesse im allgemeinen. Aber die Primärfunktion bleibt für die Funktionsweise des ganzen Systems bestimmend. Selbst wenn das Nervensystem unter dem Druck der Lebensanforderungen gezwungen ist, bestimmte Energiemengen zu speichern, vermeidet es Energieüberschüsse, das heißt Energiebesetzungen. Es hebt dann die Kontaktschranken auf, um sich zu entladen.

Worauf beruht der Unterschied zwischen dem Phi- und dem Psi-System? Sicherlich nicht, glaubt man Freud, auf morphologischen Kriterien, sondern nur auf der jeweiligen ‹Entfernung› jedes Neuronentypus von der Peripherie. Die Phi-Neuronen stehen mit dem Körperäußeren in Verbindung; sie werden unablässig von Informationen in großer Menge bombardiert und müssen sich dieser Energiemengen so schnell wie möglich entledigen. Die Psi-Neuronen, die Freud im ‹Gehirngrau› lokalisiert, stehen nicht mit der Außenwelt in Kontakt; Informationen erhalten sie nur von den Phi-Neuronen oder aus dem Körperinnern und in jedem Falle in viel geringerer Menge als die Phi-Neuronen selbst. Sie können also Energie aufnehmen, ohne eine Überbesetzung zu riskieren. Die Energiereserven in den Psi-Neuronen machen den intrapsychischen Informationsfluß möglich. Je nach der Menge gespeicherter beziehungsweise entladener Energie spricht man dann von einem Wunsch beziehungsweise von einem Affekt. Somit ist der Wille nach Freud nichts anderes als die Entladung der ganzen Psi-Quantität.

Die von Freud beschriebenen Systeme beziehen natürlich ihre Energie aus der Umwelt des Organismus oder jedenfalls aus einem Bereich außerhalb des Gehirns. Ein Teil dieser Energie soll aus inneren Quellen, beispielsweise aus der Empfindung des Hungers oder aus dem sexuellen Bedürfnis, stammen. In dieser Hinsicht fällt einem, wenn es um

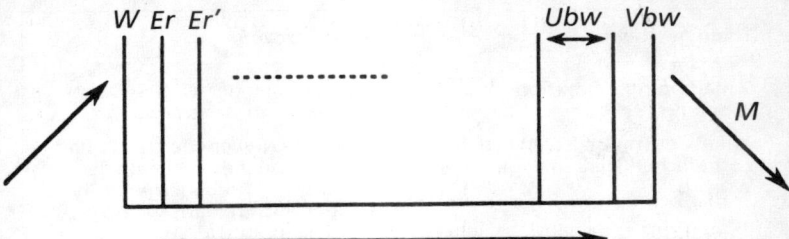

Abbildung 18: Modell des psychischen Apparats in Kapitel 7 von Freuds ‹Traumdeutung›.

  W: Wahrnehmung (Wahrnehmungssystem)
  Er: Erinnerungselement (Erinnerungsspur)
  Er': Erinnerungselement (Erinnerungsspur)
  Ubw: Unbewußtes
  Vbw: Vorbewußtes
  M: motorisches System

Man beachte die Parallelen zum Modell im «Entwurf» von 1895. Die Energie stammt aus einer Quelle außerhalb des Gehirns; der normale Energiefluß entspricht dem eines Reflexmodells (von der Wahrnehmung zur Motorik, also von links nach rechts); die Entladung erfolgt über die motorische Tätigkeit. Beide Modelle sehen einen unterdrückten Energiefluß (von rechts nach links) vor, wenn die Entladung durch die psychische Zensur verhindert wird.

die Erklärung des Verhaltens geht, die Ähnlichkeit zwischen der Theorie Freuds und der Pawlows auf, obwohl sie sonst nichts gemein haben. Es sind also die aus der Außenwelt oder aus dem Körperinnern stammenden Reize, die die Gehirnmaschine füttern und ihr Anlaß geben, aktiv zu sein.»

Das Freudsche Traummodell

In Kapitel 7 der ‹Traumdeutung› beschreibt Freud ein Modell des psychischen Apparats, das dem in Abbildung 18 dargestellten ähnlich ist. In der Tabelle auf Seite 130 sind einige Zusammenhänge zwischen dem Traumgeschehen und den im Entwurf von 1895 beschriebenen neuronalen Mechanismen verzeichnet.

Traumgeschehen	Nervenprozeß
Schlafbedingte funktionelle Lähmung.	Verschiebung der Ich-Besetzung auf den motorischen Apparat.
Anlaß des Traums ist ein von den körperlichen Trieben begleiteter Wunsch.	Die ganze Nervenenergie stammt aus einer Quelle außerhalb des Gehirns; die Triebenergie stößt auf keine Schutzbarriere mehr.
Das Traumgeschehen ist eine Reaktion auf Ereignisse, die dem Zentralnervensystem *äußerlich* sind (beispielsweise eine Kombination von Tagesresten und körperlichen Trieben).	Keine autonome Energie und keine Selbststeuerung der Hirnzellen; diese sind passive Energie-«Behälter».
Regression der psychischen Energie nach der Blockierung des Zugangs zum Bewußtsein durch die Zensur.	Der Strom der Nervenenergie wird zum perzeptiven Ende des Apparats umgeleitet.
Traumarbeit und -halluzinationen; der Traum hütet den Schlaf durch das Verdecken von Wünschen.	Die Besetzung der Gedächtnis-neuronen am sensiblen Ende des Apparats ruft Halluzinationen hervor. Bahnungen zwischen einem Wunsch und den mit dem Wunsch zusammenhängenden mnestischen Elementen liefern das Material für verdeckte Wunschrepräsentationen.

Parallelen zwischen der Freudschen Traumtheorie und dem Nervenmodell des «Entwurfs» (nach McCarley & Hobson 1977)

«Das psychologische Modell in Abbildung [18] beruht auf demselben Wahrnehmungssystem wie das Modell des Entwurfs (nur daß der Buchstabe W statt des Zeichens phi verwendet wird). Die Erregung fließt auch hier in ein zweites, bereits bekanntes System. Das System der ‹Traumdeutung› umfaßt drei Subsysteme:

• die Erinnerungsspuren (Er, Er')

• das Unbewußte (Ubw); es besteht aus Elementen, die mit den Trieben zusammenhängen und dem System des Bewußtseins nicht zugänglich sind (die bewußten Elemente sind im Modell Freuds nicht vertreten);

● das Vorbewußte (Vbw); es setzt sich aus psychischen Bestand-
teilen mit enger Beziehung zum Bewußtsein zusammen.

Freud hat die ‹psychische Zensur› nicht in sein Schema aufgenom-
men, doch geht aus seinen Erläuterungen hervor, daß sie zwischen dem
Unbewußten und dem Vorbewußten lokalisiert ist. Funktion dieser
Zensur ist es, dem Bewußtsein unerträgliche Wünsche zu verdrängen.

Der Freudschen Traumtheorie liegt folgende Leitidee zugrunde: Das
‹Ich› hat das Bedürfnis zu schlafen (die Ursache dieses Bedürfnisses ist
unklar); es zieht sich aus dem motorischen System zurück und bewirkt
so die Muskellähmung. Das Traumgeschehen beginnt, wenn ein Tages-
rest einen ins Unbewußte verdrängten Wunsch weckt. Das löst Kräfte
aus, die die im Freudschen Modell vorgesehene Richtung zum Vorbewußten einzuschlagen versuchen (der untere Pfeil in der Abbildung). Da
die Wunscherfüllung durch die Zensur verhindert wird, findet eine Re-
gressionsbewegung der Erregungskräfte zu den Erinnerungsspuren (Er,
Er') statt; letztere befinden sich, wie im Modell des Entwurfs, in der
Nähe der sensiblen Endigungen (W) des psychischen Apparats. Dann
beginnt die ‹Traumarbeit› mit ihren Verdichtungen, Verschmelzungen,
Verschiebungen und Symbolbildungen, bei denen Wünsche durch Erinnerungsspuren verdeckt werden (wobei die assoziativen Zusammenhänge zwischen den Erinnerungsspuren und den Wünschen jeweils
stark sind). Die derart verdeckten Wünsche werden von der Zensur
nicht mehr abgewiesen und können ins Bewußtsein dringen.»

Freud glaubte also, «daß der Traum als Hüter des Schlafs wirkt,
indem er das Eindringen unverdeckter, inzwischen verdrängter Wünsche in das System des Bewußtseins vor dem Aufwachen verhindert.

Was das Phänomen des Traums selbst angeht, so hat sich Freud vor
allem mit dem sprachlichen Symbolgehalt beschäftigt. Die Stärke der
Traumdeutung gründete sich seiner Meinung nach auf die erfolgreiche
Entschlüsselung der Symbole und der thematischen Trauminhalte. In
seiner ‹Traumdeutung› legte er auf bestimmte sensorische und zeitliche
Aspekte des Traums ebensowenig Wert wie auf die Intensität von Träumen. Aber er betonte, die psychische oder subjektiv erlebte Intensität der
Traumbilder sei Ausdruck der Stärke eines Wunsches (und seiner Beset-
zung) und hänge von der Anzahl der in ein Symbol eingehenden Erregungen ab. Ferner meinte er, das im Traum oft erlebte Phänomen der Bewegungslosigkeit stehe in Zusammenhang mit der Empfindung der Läh-

mung in diesem Schlafzustand. Viel wichtiger aber ist, daß Freud das Vergessen der Träume unerklärlich ist, es sei denn, man stelle die Macht der Zensur in Rechnung. Wir vergessen also unsere Träume wegen der psychischen Zensur. Dieses Vergessen diente Freud zur eigentlichen Begründung seine Theorie der Ersatzbefriedigung.»

Die Freudsche Theorie aus der Sicht der Neurophysiologie des paradoxen Schlafs

In immer kürzeren Intervallen löst eine neurophysiologische Theorie die andere ab, und deshalb ist es ungerecht, die Freudsche Traumtheorie hundert Jahre nach ihrer Entstehung aus der Sicht der Neurophysiologie des paradoxen Schlafs (auf derzeitigem Kenntnisstand) zu zerpflücken. Am Schluß dieses Abschnitts greife ich erneut auf die von McCarley und Hobson formulierte Kritik der Freudschen Theorie zurück – eine Kritik, der ich ohne Einschränkung zustimme. Ich hätte diese kritischen Bemerkungen sicherlich nicht übernommen, wenn bestimmte Psychoanalytiker hier und da die Freudsche Theorie des Traummechanismus nicht stur mit dem Hinweis verteidigten, sie werde durch die moderne Neurophysiologie bestätigt.

«Freud war davon überzeugt, daß der Schlafzustand, in dem man träumt (paradoxer Schlaf), durch die Verbindung von Tagesresten (Erinnerungen an gewisse Ereignisse des vergangenen Tages) und der Energie, mit der bestimmte ins Unbewußte verdrängte Wünsche besetzt sind, ausgelöst wird. Man kann heute mit Sicherheit sagen, daß es für diese Theorie nicht den geringsten empirischen Anhaltspunkt gibt. Im Gegenteil, die zeitgenössischen Theorien heben die autonome periodische Aktivierung der Pacemaker-Neuronen im Hirnstamm als Auslöser des paradoxen Schlafs hervor.

Diese autonome, periodisch erfolgende Aktivierung der Pacemaker-Zellen ist ein Merkmal, das auch andere theoretische Überlegungen Freuds ins Wanken bringt. Freud hat nie die Auffassung vertreten, Neuronensysteme könnten selbständig aktiv oder selbstgesteuert arbeiten. Daraus folgt, daß seine Theorie, weil sie dem Gehirn keine autonome Tätigkeit, keine endogene Steuerung und keine eigene Energie zuschreibt, verabschiedet werden muß. Das bedeutet nicht, daß

Träume weder Tagesreste noch wichtige Themen verarbeiten. Die Traumarbeit ist eine unbestrittene Tatsache; aber sie ist kein ursächlicher Faktor des Traumgeschehens.

Ferner kann man auf die Annahme der Verdrängung von $Q\grave{\eta}$ (oder der Wünsche, wenn man diesen Terminus zur Bezeichnung neuraler Energie vorzieht) verzichten, sobald es um die Auslösung des paradoxen Schlafs geht. Und zur Erklärung dieses Schlafzustands ist auch das Postulat des Unbewußten als eines psychischen Subsystems oder als einer besonderen Neuronenart, welche die Energie der verdrängten Wünsche speichert, nicht erforderlich. Schließlich besteht kein Zusammenhang zwischen der Verdrängung und der Kontrolltätigkeit der für die Auslösung des paradoxen Schlafs zuständigen Neuronen im Pons. Die automatisch aktiven Zellmechanismen im Pons reichen für eine Erklärung der Auslösung des paradoxen Schlafs aus.

Man beachte ferner, daß der Regressionsbegriff, der mit der Umkehrung der Nervenenergie zusammenhängt, weder notwendig noch plausibel ist. Die ausführenden Neuronen des Pons arbeiten stets in einer Richtung, im Schlaf wie im Wachzustand. Nur nimmt ihre Aktivität im paradoxen Schlaf um das Vierzigfache zu.

Auch Freuds Annahme, daß die primäre Wirkkraft und die ‹Traumverschwörung› einen verdeckten, längst verdrängten Wunsch darstellen, bereitet Kopfzerbrechen. Die Wirkkraft im paradoxen Schlaf ist eine biologische Aktivierung der Zellen im Pons, nicht ein verdrängter Wunsch. Und es gibt nicht die Spur eines Beweises für die Beeinflussung dieser neuronalen Mechanismen durch Hunger, sexuelle Bedürfnisse oder irgendeinen anderen Trieb. So kann die primäre Motivation der Traumsprache und des Traumgeschehens auch nicht verdeckt werden, da die Wirkkraft der Träume weder ein Trieb noch ein verdrängter Wunsch ist.»

Nach 1960

Inzwischen ist der Traum zu einem physiologischen Phänomen geworden, dessen elektrophysiologische Merkmale sich aufzeichnen lassen. Er hat aufgehört, eine ausschließlich subjektive Erfahrung des Menschen zu sein; vielmehr betrifft er auch – wie es bereits Aristoteles geahnt hat – einen großen Teil des Tierreichs, angefangen von den Vögeln bis zu (fast allen) Säugetieren. Der Traum läßt sich bereits *in ovo* und *in utero* beobachten. Die Funktion eines «Hüters des Schlafes» verträgt sich kaum noch mit der eines Zustands, der «tiefer reicht» als der Tiefschlaf selbst. Und was könnte die Verwirklichung eines Wunsches bei einem Küken, das soeben geschlüpft ist, denn bedeuten – außer daß es eine Henne oder ein Hahn werden will? So wird der Traum nach und nach aus der Domäne der Psychoanalyse, die sich allerdings zu einigen Rückzugsgefechten hat rüsten müssen, geholt und in die Laboratorien der Neurobiologie überführt. Jede Richtung der Neurobiologie – und es gab Anfang der sechziger Jahre deren viele – sucht eine Funktion der Traumtätigkeit ausfindig zu machen, mit der man sowohl die neurophysiologischen Mechanismen als auch die Phylogenese, die Ontogenese und nicht zuletzt die stets zermürbende, oft vergessene oder versteckte Abwesenheit von Störungen als Folge der Unterdrückung des Träumens erklären könnte.

Die Traumfunktionen in psychoanalytischer Lesart (nach 1960)

Obgleich beinahe nichts von Freuds Antworten auf die Frage nach dem Warum des Traumgeschehens übriggeblieben ist, mag es dennoch angebracht sein, die psychoanalytischen Auffassungen von den Traumfunktionen kurz darzustellen. Drei Richtungen lassen sich unterscheiden:

Die bedingungslosen Anhänger Freuds

Der bemerkenswerte Aufsatz von A. Bourguignon (1968) über die Neurophysiologie des Traums und die psychoanalytische Theorie sei allen zur Lektüre empfohlen. Der Autor stellt den Traum (als Gegenstand der Freudschen Theorie) den Mechanismen des paradoxen Schlafs gegenüber, und zwar auf den folgenden vier funktionalen Ebenen: Erregung, Entladung, Verschiebung und Verknüpfung. Für jede dieser Funktionen gibt es eine psychoanalytische Erklärung, die durch neurophysiologische Erkenntnisse untermauert wird.

«Die Psychoanalyse wird durch diese beachtlichen Forschungen [der modernen Neurophysiologie] weder ergänzt noch berichtigt. Im Gegenteil, sie wird als Theorie in jedem Punkt bestätigt. Aber das verwundert niemanden, der weiß, daß sich die psychoanalytische Theorie auf beobachtbare Tatsachen gründet. Gerade der Bereich des Traums macht deutlich, wie weit die Psychoanalyse den biologischen Wissenschaften vorausgeeilt ist – ihnen hat sie gleichsam den Weg geebnet...»

Die vom Freudschen Modell enttäuschten Analytiker

Unter den enttäuschten Analytikern ist vor allem Charles Fisher zu nennen. Dieser große Physiologe und Psychoanalytiker hat bahnbrechende Forschungsarbeiten über die Erektion im Traum veröffentlicht. Er kann als einer der Gründerväter der modernen Neurobiologie des Traums angesehen werden.

In einem wichtigen Überblicksartikel (Fisher 1978) schreibt er: «In den neuesten Theorien wird vom Traum ein beinahe farbloses Bild gezeichnet – zumal im Vergleich zu dem von Freud entworfenen Bild, in dem der Traum mit unbewußten, verdrängten, unzerstörbaren infantilen Wünschen und mit der mentalen Repräsentation menschlicher Leidenschaften und Triebkräfte verwoben ist. Trotz der Bedeutung, die wir Träumen beimessen, wenn wir hinter der Couch auf einem Stuhl Platz nehmen, müssen wir einräumen, daß auch traumlose Menschen – wie Beobachtungen jüngeren Datums nahelegen – sich lange bester Gesundheit erfreuen. So geben uns der paradoxe Schlaf, ja sogar der Schlaf an sich, mehr und mehr Rätsel auf, je besser wir sie kennen. Vielleicht besteht die Funktion des Schlafs, wie Dement (1972) geschrieben hat, tatsächlich nur darin, uns vor nächtlichen Spaziergängen und vor Zusammenstößen mit Gegenständen zu bewahren.»

Die Eklektiker und die Schmuggler Freudschen Gedankenguts

Die Theorie von Snyder (1966) ist wohl die neueste Abwandlung der Freudschen Lehre vom Traum als dem Wächter des Schlafs. Nach der modernisierten Version schützt der Traum den Schlaf von Tieren allerdings nicht gegen verdrängte Wünsche, sondern gegen mögliche Feinde.

Für alle Säugetiere ist der Schlaf mit einem hohen Risiko verbunden (schon wegen der erhöhten Weckschwelle), und doch wird er von periodisch wiederkehrenden Phasen des paradoxen Schlafs unterbrochen. Die elektrische Kortexaktivität gleicht dann der des wachen Kortex. Den Phasen des paradoxen Schlafs folgt oft, wie Snyder hervorhebt, ein kurzes Wachsein, bevor das Tier (oder der Mensch) erneut einschläft. So könnte das Traumgeschehen furchterregende Ereignisse inszenieren (Angriff eines Raubtieres), die den schlafenden Organismus auf einen Feind einstellen (vor allem auf der Ebene des vegetativen Systems, nicht dagegen auf der des motorischen Systems, da eine allgemeine Atonie vorherrscht). Die periodischen Wachzustände im Anschluß an die periodischen Traumphasen ließen unter diesen Voraussetzungen eine kurze Exploration der Umwelt (Aufspüren möglicher Feinde) vor dem Weiterschlafen zu. Das also ist der Traum als Hüter. Da Snyder aber nicht das ganze Modell Freuds aufgeben will, betont er am Ende seines Beitrags, daß «halluzinatorische Träume eines Tieres, das sich in Sicherheit befindet, eher positiv als negativ besetzt sind, wodurch die Kontinuität des Schlafs besser gewährleistet wird». So kehrt Snyder unmerklich, doch wie von Reue geplagt, vom Traum als dem Hüter vor Feinden zum Traum als dem Hüter des Schlafs zurück. Obgleich er die objektive Erforschung des Traums bei Schimpansen und beim Opossum vorangebracht hat, kann er seine Psychoanalytikerausbildung nicht vergessen; vor dem Gründervater verbeugt er sich *in fine* voller Ehrfurcht und ruft Freuds Worte aus der ‹Traumdeutung› in Erinnerung: «*Wovon träumt die Gans? ... Vom Kukuruz* (Mais). Die ganze Theorie, daß der Traum Wunscherfüllung sei, ist in diesen zwei Sätzen enthalten.»

Snyders Theorie steht an einem geschichtlichen Wendepunkt. An ihr kann man zeigen, wie schwierig es ist, die von vielen «Gedankenschmugglern» passierte Grenze zwischen der Freudschen Metapsychologie und der Neurobiologie endgültig hinter sich zu lassen.

Spätere Untersuchungen haben wohl ergeben, daß zwischen dem paradoxen Schlaf und dem Sicherheitsfaktor Zusammenhänge bestehen. Aber diese Zusammenhänge gründen sich gerade auf die Umkehrung der theoretisch entwickelten Idee des Traums als eines Hüters. Je sicherer sich ein Tier im Schlaf fühlt (wer hat je einen schlafenden Löwen angefallen oder ein Wiesel in seinem Erdloch angegriffen?), desto länger träumt es. Die Beutetiere dagegen (die grasfressenden Arten) kennen den paradoxen Schlaf kaum. Warum soll also der Hüter ein Tier, das unbesorgt schläft, so oft wecken?

Die neurobiologischen Theorien der Traumfunktionen

Paradoxer Schlaf, Erinnern und Vergessen

Der paradoxe Schlaf ist an Gedächtnisprozessen beteiligt. Die von Hennevin, Leconte und Bloch (1977–79) durchgeführten Tierversuche haben gezeigt, daß zwischen dem paradoxen Schlaf und dem Gedächtnis enge Zusammenhänge, wenn nicht gar kausale Beziehungen bestehen. Zum einen kann der Entzug des paradoxen Schlafs schwierige Lernprozesse stark behindern (1), zum anderen nimmt der paradoxe Schlaf nach bestimmten Lernprozessen merklich zu (2).

Zu (1): Je nach Aufgabenstellung scheint bei der Ratte ein Abhängikeitsverhältnis zwischen dem Lernen und dem paradoxen Schlaf zu bestehen. Ist die Aufgabe verhältnismäßig einfach, führt der anschließende Entzug des paradoxen Schlafs nicht zu einer Beeinträchtigung des Einprägens; ist die Aufgabe dagegen anspruchsvoll, verhindert der Entzug des paradoxen Schlafs das Behalten der Aufgabenlösung.

Nach Greenberg und Pearlman (1974) beruhen rasch abgeschlossene Lernprozesse auf vorprogrammierten Konditionierungsverknüpfungen. Diese vorgeprägten Lernprozesse sind gegen den Entzug des paradoxen Schlafs resistent. Langsam zum Abschluß gelangende Lernprozesse beruhen dagegen auf nichtprogrammierten Konditionierungsverknüpfungen; sie verlangen vom Organismus eine zusätzliche Integration unvertrauter Informationen und die Entwicklung neuer, der Situation angepaßter Verhaltensstrategien. Diese «nichtvorgeprägten» Lernprozesse werden durch den Entzug des paradoxen Schlafs behindert.

Die Versuche haben ferner gezeigt, daß der Entzug des paradoxen Schlafs zwei oder drei Stunden nach dem Lernvorgang das Einprägen stört. Läßt man jedoch ein Versuchstier ein, zwei Stunden nach dem Lernvorgang schlafen, bevor es zum Entzug des paradoxen Schlafs kommt, weist die Gedächtnisleistung keinerlei Störung auf.

Carlyle Smith hat in diesem Zusammenhang den Begriff «Fenster des paradoxen Schlafs» eingeführt, mit dem er zum Ausdruck bringen will, daß es bestimmte Perioden gibt, in denen der paradoxe Schlaf auf besondere Weise am Lernprozeß beteiligt ist.

Zu (2): Umgekehrt wirken sich Lernprozesse auf den paradoxen Schlaf aus.

«In der Regel verändern sich die Perioden des paradoxen Schlafs, wenn ein Tier nach einem Versuchsdurchgang schläft. Der Anteil des paradoxen Schlafs steigt in der Tat von 30 auf 60 Prozent. Ist aber der Lernprozeß abgeschlossen, fällt die Dauer des paradoxen Schlafs auf das unter Standardbedingungen gemessene Niveau zurück.

Der paradoxe Schlaf macht sich von der ersten Schlafstunde nach dem Üben an bemerkbar. Hindert man die Versuchstiere während dieser Stunde am Schlafen, tritt das Phänomen des paradoxen Schlafs danach im ungehinderten Schlaf nicht auf – allerdings ist das Behalten des Lernvorgangs schwer beeinträchtigt. Wird der Schlaf jedoch erst nach der ersten Stunde geraubt, wirkt sich die Schlaflosigkeit auf das Lernen selbst nicht mehr aus.

Folglich ist eine zureichende Menge paradoxen Schlafs innerhalb der ersten Stunde nach dem Lernen ein entscheidender Faktor für die Stabilisierung der Gedächtnisspuren.»

Wir begegnen hier erneut dem von Carlyle Smith vorgeschlagenen Begriff «Fenster des paradoxen Schlafs», von dem weiter oben die Rede war.

Nach Bloch, Dubois-Hennevin und Leconte «wirft die Zunahme des paradoxen Schlafs nach dem Lernen eine Reihe von Problemen auf. Man muß sich insbesondere fragen, ob der paradoxe Schlaf einen gerade stattfindenden Verarbeitungsprozeß widerspiegelt oder die verzögerte Folge des Lernprozesses selbst ist.

Man weiß seit langem, daß die in der Lernsequenz erworbenen Informationen vom Gehirn unmittelbar nach Abschluß dieser Übung verarbeitet werden, und zwar während einer Phase von unterschiedlicher Dauer, die man als mnestische Konsolidierungsphase bezeichnet. Dieser Phase muß sich zudem eine Minimalmenge paradoxen Schlafs anschließen, damit das Gelernte behalten wird.

So scheinen die Gedächtnisprozesse während der Konsolidierungsphase und während des paradoxen Schlafs eng verknüpft zu sein. Und das legt den Schluß nahe, daß die Konsolisierung und der paradoxe Schlaf zwei kritische Stufen der Informationsverarbeitung bilden.

Die Informationsverarbeitung scheint also im Wachzustand zu beginnen und im anschließenden paradoxen Schlaf fortgesetzt zu werden. Die Menge des nach einer Übung notwendigen paradoxen Schlafs hängt demnach von der erforderlichen Gedächtnisarbeit ab.»

Die von Bloch und seinen Mitarbeitern entworfene Theorie ist später eingehend diskutiert worden. Es besteht ohne Zweifel bei Tieren ein enger Zusammenhang zwischen dem paradoxen Schlaf und dem Lernen. Bei Menschen aber ist ein derartiger Zusammenhang bisher nicht nachgewiesen worden. Die Verabreichung von Benzodiazepinen, die sich nachteilig auf das Träumen auswirken, ruft gelegentlich schwere Gedächtnisstörungen hervor, wogegen die durch Monoaminoxidase verursachte vollständige Hemmung des Träumens keine Gedächtnisstörungen nach sich zieht.

Der paradoxe Schlaf spielt auch beim Vergessen und «Verlernen» eine Rolle, wie aus der Theorie von Crick und Mitchinson (1983) hervorgeht. Diese Theorie ist eine moderne, in die Begriffswelt neuronaler Netze und der Informatik getauchte Verwandte der Lehre Roberts (1886). Ihr zufolge bildet der Neokortex aufgrund seiner unermeßlichen Vielschichtigkeit ein neuronales Netz. Innerhalb dieses Netzes werden Informationen an Unmengen von Synapsen verteilt. Das Netzwerk wird aber überbelastet, wenn es gleichzeitig allzu verschiedenartige oder allzu viele Informationen bearbeiten muß. Die Überbelastung müßte eigentlich entweder «bizarre» Verbindungen hervorbringen, stets die gleichen Verbindungen reproduzieren («Zwänge») oder auch, wenn das Netzwerk selbstbezüglich arbeitet, mit «Halluzinationen» auf Signale reagieren, die unter Normalbedingungen keinerlei Reaktionen hervorrufen dürften. Also muß es eine Vorrichtung geben, die das Netzwerk von parasitären Verhaltensweisen reinigt.

Nun wird behauptet, daß der *deus ex machina*, der diese erlösende Tat vollbringt, nichts anderes als der paradoxe Schlaf ist. Demnach ist der Traum ein Reinigungsprozeß, bei dem das Gehirn – es funktioniert wie ein geschlossenes System – sich aller Parasiten entledigt, und zwar durch die Erschaffung neuer Informationsströme. Diese Ströme, so Crick und Mitchinson, werden stochastisch durch die PGO-Aktivität angeregt. Die Funktion des Traums bestünde folglich darin, einen Lernprozeß in umgekehrter Richtung – *a reverse learning mechanism* – in Gang zu setzen, der den Kortex durch Veränderung des synaptischen Widerstands modifiziert. Muß eine Synapse «verstärkt» werden, wenn etwas gelernt werden soll, so wird dieselbe Synapse beim Lernen in umgekehrter Richtung «geschwächt».

Crick und Mitchinson legen also den Gedanken nahe, daß wir im paradoxen Schlaf unsere unbewußten Träume verlernen. Zur Untermauerung dieser These zitieren die beiden Autoren die theoretischen Arbeiten J. Hopfields und seiner Mitarbeiter, aus denen hervorgeht, daß die stochastische Reizung eines *künstlichen* neuronalen Netzes den Zugang zu gespeicherten Gedächtnisspuren erleichtert, wobei die unangemessenen Gedächtnisspuren gleichzeitig gelöscht werden… So könnte das Verlernen das Lernen unterstützen!

Natürlich haben Crick und Mitchinson nicht übersehen, daß eine lang anhaltende Unterdrückung der Träume (durch Monoaminoxidase) beim Menschen weder Halluzinationen noch parasitäre Gedanken, noch Gedächtnisstörungen hervorruft. Deshalb müssen sie zugestehen, daß die direkte experimentelle Überprüfung des Lernens in umgekehrter Richtung außerordentlich schwierig sein dürfte: «Es wäre notwendig, die chemische Struktur der für das Verlernen verantwortlichen Substanzen zu entdecken. Und solange diese Substanzen unbekannt sind, bleibt unsere Theorie Spekulation.»

Wir wenden uns nun einem weiteren Aspekt der modernen Neurophysiologie des Traums zu, nämlich der Erforschung der Stimulations- und Programmierungsfunktionen der endogenen Traummaschine.

Zwischen 1960 und 1966 haben verschiedene Untersuchungen zur Ontogenese des Wach-Schlaf-Rhythmus zu einer Menge überraschender Resultate geführt. Je unreifer das Gehirn zum Zeitpunkt der Geburt ist, desto größer fällt der Anteil des paradoxen (oder seismischen) Schlafs aus. Bei einem Kätzchen oder einer neugeborenen Ratte kann er bis zu 80 Prozent der gesamten Schlafdauer beanspruchen, beim Säugling bis zu 60 Prozent. Roffwarg, Muzio und Dement (1966) haben sich über diese Tatsache und die Bedeutung des paradoxen Schlafs kurz nach der Geburt eines Tieres gewundert. Es handelt sich entweder um einen passiven Mechanismus, der sich der Kontrolle durch die noch unreife Hirnrinde und deren für den paradoxen Schlaf verantwortlichen Systeme entzieht, oder es handelt sich um einen aktiven Mechanismus, bei dem der paradoxe Schlaf für die Reifung des Zentralnervensystems vor der Geburt, nach der Geburt und in der Spätphase der Gehirnentwicklung eine gewaltige Rolle spielt.

Die erste Hypothese mußte inzwischen aufgegeben werden. Die Dekortikation (pathologisch beim Menschen, experimentell herbeigeführt beim Tier) verursacht keine Zunahme des paradoxen Schlafs. Aus diesem Grund spricht einiges für die zweite Hypothese. Bleibt die Aufgabe, die Funktion des paradoxen Schlafs in der Entwicklung des Zentralnervensystems genau zu bestimmen.

Es ist anzunehmen, daß der paradoxe Schlaf einem Organismus, der keine äußeren Reizungen erhält, intensive endogene Reizungen zuführt. So könnten die aus den ponto-bulbären Pacemaker-Zellen stammenden Entladungen zur Reifung und Myelinisierung der höheren thalamo-kortikalen Zentren beitragen. Anders gesagt: die Stimulierung könnte das Gehirn auf angemessene Reaktionen und zukünftige Sinnesreizungen einstimmen.

Bleibt dann die Frage, warum der paradoxe Schlaf beim Erwachsenen weiterbesteht (und warum der Anteil des paradoxen Schlafs nach wie vor nicht eben gering ist, was schon daraus hervorgeht, daß er sich nach einer Unterdrückung wieder einstellt).

«Wenn die Rolle des paradoxen Schlafs darin gipfelt, die für den reifenden Kortex unerläßliche Stimulation zuzuführen, dann behält er diese Rolle das ganze Leben lang. Ein lebenslang aktives physiologisches System übt vermutlich physiologisch notwendige Funktionen (und beim Erwachsenen auch eine psychologisch relevante Funktion) aus...»

Unterscheidet sich der seismische Schlaf eines menschlichen Fötus, eines Kätzchens oder einer neugeborenen Ratte vom paradoxen Schlaf, der einige Wochen nach der Geburt mit all seinen auffälligen Merkmalen «eingerichtet» ist? Handelt es sich bei beiden Schlafformen um ein und denselben Vorgang?

J. Adrien (1984) hat in einem Beitrag eine hochinteressante Konzeption entwickelt. Bei frühreifen Tierarten «bilden Muskelzuckungen vor dem Hintergrund einer allgemeinen Hypotonie das Hauptmerkmal des seismischen Schlafs. Es geht hierbei um ein Geschehen, das den phasischen Phänomenen des paradoxen Schlafs gleicht, dem aber ein anderer Mechanismus zugrunde zu liegen scheint. Dieses Beben des seismischen Schlafs spiegelt vermutlich die jedem motorischen Element innewohnende Eigenschaft wider, schlagartig und ohne Koordination durch das Zentrum aktiv zu werden.

Nach und nach entwickelt sich mit der Reifung der neuronalen Bahnen ein über das Rückenmark verlaufendes System, das alle diese Elemente steuert. Die seismische Aktivität wird in diesem Falle durch die eigentlich ‹phasische›, für den paradoxen Schlaf charakteristische Aktivität abgelöst. Diese neue Aktivität geht von einem Generator im Pons auf der Ebene des Hirnstamms aus.

Man hat gelegentlich den seismischen Schlaf als archaische Form des paradoxen Schlafs gedeutet. Manchmal wurde auch die Ansicht verbreitet, beim Erwachsenen trete mit dem paradoxen Schlaf periodisch eine primitive Aktivität in Erscheinung. In Wirklichkeit scheint es sich um zwei verschiedene Verhaltensweisen zu handeln, die unterschiedliche Eigenschaften besitzen und von verschiedenen Mechanismen gesteuert werden.»

Der paradoxe Schlaf, so Adrien, tritt im Verlauf der Reifung der neuronalen Netze an die Stelle des seismischen Schlafs. In Abbildung 19 wird die beobachtete Kontinuität des Verhaltens, vor allem des phasisch organisierten motorischen Verhaltens, beim Übergang vom seismischen zum paradoxen Schlaf im Verlauf der Ontogenese versuchsweise dargestellt.

Zum Schluß will ich die von E. M. Dewan (1969) aufgestellte Hypothese der Programmierung des paradoxen Schlafs kurz würdigen. Dewan ist Informatiker und hat sich bei der Erstellung seines Modells der zerebralen Programmierung von der Computer-Programmierung leiten lassen. Bei dieser kann man zwei Wege einschlagen: Entweder man setzt verschiedene Komponenten miteinander in Verbindung, die man je nach Bedarf ansteuert; oder man ruft eine Anweisung in Gestalt kodierter, im Computer gespeicherter Zeichen ab. Im zweiten Fall handelt es sich um eine sequentiell organisierte Anweisung. Bei der Änderung des Programms bieten sich zwei Möglichkeiten an: Entweder man ersetzt Anweisungen im Speicher der Maschine durch andere, oder man verfügt über eine veränderbare funktionelle Struktur, die sich bei Bedarf automatisch umprogrammieren kann.

Hinsichtlich des Gehirns hat sich Dewan für die zweite Möglichkeit entschieden. Die Funktionen des Gehirns verändern sich aufgrund eines spontanen Selbstprogrammierungsvorgangs. Nach Dewan ist der paradoxe Schlaf eine notwendige und hinreichende Bedingung für diese Programmierung. Wie aber vollzieht sie sich?

● Die Selbstprogrammierung bringt die Anfangsphase des embryonalen Vernetzungsvorgangs ins Rollen, stellt später unaufhörlich neue Bahnen her, wenn Neuronen altersbedingt ersatzlos absterben – zwischen tausend und zehntausend gehen täglich verloren –, und ersetzt Bahnen im Falle von Gehirnverletzungen.

● Diese Programmierung beteiligt sich auch an Gedächtnisprozessen. Wie in einem Computer können bestimmte Gedächtnisspuren in langsam arbeitenden, materiell wenig beanspruchten Systemen «eingefroren» werden. Schnellere Systeme erleichtern in diesem Fall den Zugriff auf Gedächtnisspuren, womit die Funktionsfähigkeit des Gedächtnisses gesteigert wird.

● Schließlich spielt wohl auch das Gefühlsleben bei der Programmierung eine gewisse Rolle. Es ist anzunehmen, daß ein Gefühl Gedächtnisspuren und Subprogramme aufnimmt und konsolidiert. So müßten «im Verlauf der Programmierung alle Gedächtnisspuren und alle lebenswichtigen Subprogramme nach einem bestimmten Prinzip neu geordnet werden. Dieses Prinzip entspricht der als Assoziativspeicher bezeichneten Technik bestimmter Computer, bei der der Zugriff inhaltsorientiert ist.»

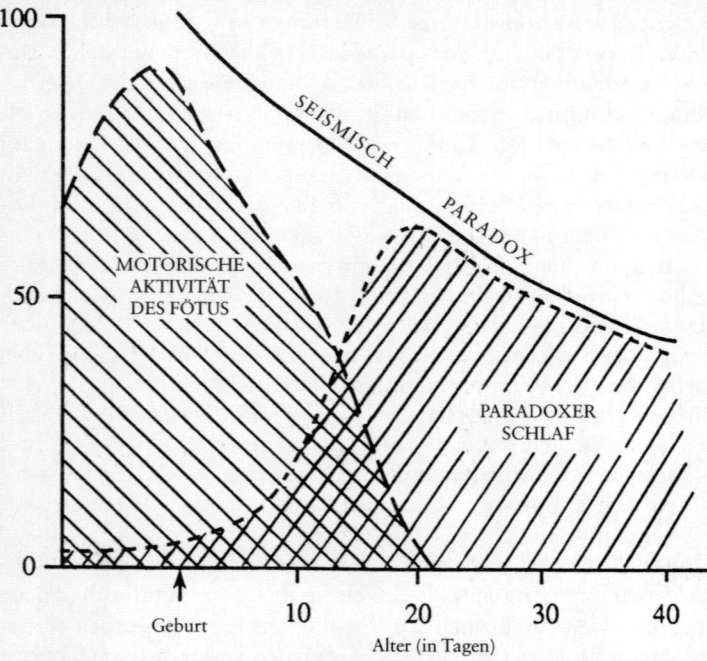

Abbildung 19: Schematische Darstellung der Mechanismen, die den Vigilanzzuständen im Entwicklungsverlauf zugrunde liegen. Die fortlaufende Kurve ergibt sich aus der Extrapolation von Versuchsdaten, die an einem Kätzchen gewonnen wurden. Die gestrichelten Kurven beziehen sich auf die möglichen Steuermechanismen; beide Kurven ergeben zusammen die experimentell ermittelte Kurve (oben). Das anfängliche seismische Verhalten wird vom eigentlichen paradoxen Schlaf abgelöst, wenn die für die Steuerung dieses Schlafs zuständigen Systeme im Hirnstamm weit genug entwickelt sind. Die schrittweise erfolgende Ablösung des einen Mechanismus durch den anderen erklärt die beobachtete Kontinuität des Verhaltens (nach Adrien 1984).

Dewan zieht in seinem Beitrag einige Folgerungen von erheblicher klinischer Bedeutung für den Fall, daß das Programmierungssystem des Gehirns beeinträchtig wird – es ist ja, wie beim Computer, störanfällig. Bei Schizophrenie, manisch-depressiven Psychosen und der Dyslexie, schreibt er, werde das Programmierungssystem blockiert; dagegen unternimmt er keinen Versuch, die Abwesenheit von Störungen durch die dauerhafte Unterdrückung des Traums beim Menschen zu erklären.

Die von mir entwickelte *Theorie der iterativen genetischen Programmierung* beruht auf den neuesten Ergebnissen der Neurobiologie des paradoxen Schlafs und knüpft punktuell an die Theorien von Roffwarg, Muzio, Dement, Adrien und Dewan an. Meine Theorie kann das Rätsel der Traumfunktionen nicht vollständig lösen. Sie wird sicherlich bald als ebenso irrig angesehen werden wie alle anderen Modelle, die auf dem Friedhof der Traumtheorien schlummern. Im Grunde bringt meine Theorie nur die unermeßliche Neugier eines wachen Gehirns zum Ausdruck, das sich fragt, was sich in seinen Träumen tut.

8
Ist der paradoxe Schlaf der Hüter der psychischen Individuation?

Die Genetik ist zu einer Wissenschaft des Polymorphismus, also auch der Individualität geworden. Nun beginnt sie, Interesse für das Gehirn zu entwickeln. Abkömmlinge verschiedener Mäusestämme unterscheiden sich bekanntlich sowohl in ihrem Verhalten als auch hinsichtlich ihrer Lernfähigkeiten (Bovet *et al.* 1969). In manchen Wissenschaftlerkreisen (Lewontin *et al.* 1984) regen sich allerdings Widerstände gegen die Annahme, daß genetische Faktoren für interindividuelle Unterschiede in der psychischen Disposition des Homo sapiens verantwortlich sind. Gewiß wird die psychische Individualität durch zwei unentwirrbar verzahnte und in biologischen Experimenten schwer auseinanderzuhaltende Bereiche determiniert: den genetischen und den epigenetischen.

Eine der geeignetsten Methoden zur Erfassung der genetischen Determinanten ist die Untersuchung ein- und zweieiiger, gemeinsam oder von Geburt an getrennt in verschiedenen Milieus aufgewachsener Zwillinge. Die Seltenheit derartiger Fälle macht verstehbar, warum es zu diesem Thema nur wenige Arbeiten gibt (vgl. Helden 1980; Bouchard 1984). Inzwischen ist eine breitangelegte Zwillingsstudie erschienen (Bouchard *et al.* 1990). Seit 1979 sind hundert eineiige und zweieiige Zwillinge beobachtet worden, die entweder kurz nach der Geburt getrennt wurden und getrennt aufgewachsen sind oder zusammen ihre Jugend verbracht haben. Diese Zwillinge wurden an der University of Minnesota eine Woche lang psychologisch und physiologisch getestet. Die Ergebnisse zeigen, daß etwa 70 Prozent der Varianz des Intelligenzquotienten genetisch bedingt ist. Messungen der Persönlichkeitsmerkmale, der Arbeitsweisen, der Freizeitgestaltung und der sozialen Einstellung haben eine große Ähnlichkeit zwischen getrennt und gemeinsam lebenden eineiigen Zwillingen sichtbar werden lassen.

Das folgende Beispiel (Helden 1980; Bouchard 1984) veranschaulicht – ohne Zweifel an einem außergewöhnlichen Fall – das Thema meiner Ausführungen, nämlich die genetische Bedingtheit psychischer Individualität. Die Zwillinge Jim wuchsen von Geburt an in zwei verschiedenen Familien auf. Sie begegneten sich zum erstenmal nach 39 Jahren an der University of Minnesota, wo sie von Bouchard untersucht wurden. Es erstaunt nicht, daß ihre somatischen oder Krankheitsgeschichten einen ähnlichen Verlauf genommen hatten. Beide litten unter Hämorrhoiden; die Pulsfrequenz, der Blutdruck, die EEG-Aufzeichnungen und der Kurvenverlauf in den Aufzeichnungen ihres paradoxen Schlafs waren gleich. Beide hatten zur gleichen Zeit und unerklärlich fünf Kilogramm Körpergewicht zugelegt; beide litten seit dem achtzehnten Lebensjahr unter Migräneanfällen. Der Verlauf ihres Gefühlslebens ist ungleich überraschender. Beide hatten sich von ihren ersten Frauen – sie hießen beide Linda – getrennt und hatten ein zweites Mal geheiratet – die zweiten Frauen hießen Betty. Beide hatten ihren Hunden den Namen Toy gegeben und ihre Söhne auf die Namen James Allan beziehungsweise James Alan getauft. Beide betätigten sich in ihrer Freizeit als Schreiner, beide bissen sich die Fingernägel ab.

Niemand wird mehr durch die physische Ähnlichkeit von Zwillingen oder durch ähnliche körperliche Merkmale von Angehörigen einer Königsfamilie in Erstaunen versetzt. Die Nase der Bourbonen ist dafür ein berühmtes Beispiel. Die Ursachen dieser Ähnlichkeiten sind in den Programmen der DNS und in der Teilung der Epithelzellen zu suchen. Nicht anders verhält es sich mit der Krankheitsgeschichte unserer Zwillinge, da beide über das gleiche Enzymkapital mit den gleichen Stoffwechselfehlern verfügen.

Wie aber lassen sich die psychischen Erbanlagen erklären, die für die gleichen idiosynkratischen Reaktionen der Zwillinge auch unter ganz verschiedenen äußeren Bedingungen verantwortlich sind? Würden sich die Nervenzellen wie fast alle anderen Zellen des Organismus weiterhin teilen, könnte man ja annehmen, daß das in der DNS enthaltene Programm bei jedem Zwilling die gleichen psychischen Erbanlagen weitergibt. Aber die Zellen des Zentralnervensystems teilen sich – abgesehen von wenigen Ausnahmen, auf die ich noch eingehen werde –

eben nicht. Der für die Nase der Könige aus dem Geschlecht der Bourbonen zuständige Mechanismus ist den Neuronen völlig fremd. Muß man also annehmen, daß das genetische Programm, das während der Ontogenese in Verlauf der vor- und nachgeburtlichen Entwicklung «installiert» wird, *ein für allemal* die unzähligen und subtilen neuronalen Verbindungen knüpft, die ihrerseits ein Leben lang dieser oder jener Persönlichkeitseigenschaft zugrunde liegen?

Diese Annahme ist höchst unglaubwürdig. Einerseits würde die Programmierung von Abermilliarden synaptischen Verbindungen weitaus mehr Gene erfordern, als im Genom vorhanden sind. Und andererseits würden die Umwelteinflüsse diese Verbindungen trotzdem unwiderruflich verändern. Die Neuronen sind außerordentlich plastische Komplexe. So können bestimmte Substanzen oder Hormone, die auf einen Rattenfötus einwirken, das Verhalten des betreffenden Tieres zeitlebens ändern (Campbell & Zimmermann 1982). Wachsen Mäuse in völliger Dunkelheit auf, kann dies zu einer unumkehrbaren Veränderung der Außenschicht der Sehrinde führen, und die Schließung eines Augenlids bewirkt bei einem Kätzchen das «Abstellen» der visuellen Afferenzen zur Sehrinde (vgl. den Überblick in Horn *et al.* 1973). Die Liste der durch das innere und äußere Milieu verursachten anatomischen und biochemischen Veränderungen des Gehirns wird mit jedem Tag länger. Zudem werden interneuronale Verbindungen durch Erfahrungen modifiziert. Wie ist unter diesen Umständen die Beibehaltung bestimmter invarianter Persönlichkeitsmerkmale bei Zwillingen, die jahrzehntelang in verschiedenen Umgebungen gelebt und deren Lerngeschichten sich mit unterschiedlichen Folgen ihren Zentralnervensystemen eingeprägt haben, zu erklären? Das Lernen setzt die mehrmalige Wiederholung epigenetischer Reizungen voraus, weil sonst die morphologische und biochemische Grundlage neuer neuronaler Verbindungen gar nicht fixiert wird. Man kann also die Vermutung äußern, daß verschiedene genetische Programme in periodischen Abständen verstärkt werden (*iterative Programmierung*), damit die für die psychische Anlage verantwortlichen synaptischen Verbindungen weiterhin funktionieren. Dieser Mechanismus könnte mit der Umgebung interagieren, indem er bestimmte Bahnen, die sich aufgrund epigenetischer Erfahrungen verändert haben, «entstört» und andere derartige Bahnen endgültig «auflöst».

Die Bestätigung dieser Annahme durch Untersuchungen am Menschen ist natürlich alles andere als einfach. Mag sein, daß Verhaltensanalysen (bei Mäusen blutsverwandter Stämme) eine Antwort auf die hier formulierte Kernfrage skizzenhaft vorwegnehmen. Man weiß, daß die Varianz (σ) interindivudueller oder phänotypischer (P) Unterschiede im Verhalten auf die folgende Formel gebracht werden kann: $\sigma P^2 = \sigma G^2 + \sigma U^2 + \sigma I^2$. G steht für den genetischen Faktor, U für die Umgebung und I für die Interaktion zwischen genetischem Faktor und Umwelt (Hirsch 1962). Wenn es eine iterative genetische Programmierung (G') gibt, dann muß die Formel ergänzt werden: $\sigma P^2 = \sigma G^2 + \sigma G'^2 + \sigma U^2 + \sigma I^2$. Hat man es mit einer genetisch heterogenen Population zu tun, dann läßt sich die Inexistenz von G' bei einem Individuum kaum nachweisen, da der Begriff des Durchschnittsindividuums eine Fiktion ist. Deshalb dürfte die Erfassung der Wirkungen von G' bei verschiedenen genetisch homogenen Stämmen eher zu erreichen sein. In diesem Fall müßte die Aufhebung von G' die zwischen zwei Populationen bestehenden phänotypischen Verhaltensvarianzen verkleinern.

Im folgenden fasse ich die experimentell untersuchten Fakten zusammen, die die Hypothese einer im Verlauf des paradoxen Schlafs sich vollziehenden genetischen Programmierung des Gehirns stützen. Um das Verständnis der Ausführungen etwas zu erleichtern, stelle ich zuvor ein theoretisches Modell der genetischen Programmierung des Gehirns vor. Dieses Modell beruht auf der Annahme sowohl einer synchronen Organisation (sie betrifft die Modalitäten der inneren Organisation der entsprechenden Mechanismen) als auch einer diachronen Organisation, durch die die Programmierung mit der Lebensgeschichte eines Individuums, das heißt mit epigenetischen Ereignissen, in Beziehung tritt.

Die hier entwickelte Theorie knüpft an früher bereits veröffentlichte Hypothesen (Jouvet 1978, 1980 und 1986) an und berücksichtigt die von Debru (1990) formulierte Kritik.

Die theoretischen Modalitäten einer genetischen Programmierung des Zentralnervensystems

Die synchronen Modalitäten der iterativen Programmierung

Die Neurogenese

Es steht außer Zweifel, daß die Neurogenese *im Verlauf der Ontogenese* zur genetisch programmierten Organisation des Zentralnervensystems beiträgt und auf diese Weise die Individualität prägt. Eine im Erwachsenenleben andauernde Neurogenese könnte diese Funktion auch weiterhin ausüben.

Bei den Fischen, den Amphibien und den (ektothermen) Reptilien hält das Wachstum des Gehirns zeitlebens an. Dieses Wachstum beruht auf einer kontinuierlichen Neurogenese nach der Geburt (vgl. den Überblick in Holder & Clarke 1988). So werden bei einzelnen Fischen die Geruchszellen, deren Axone zu Gehirnnerven führen, ständig ersetzt. Diese Neurogenese macht das lebenslange Behalten bestimmter *Prägungs*informationen möglich (Hasler & Scholz 1983). Bei Amphibien wurde eine kontinuierliche Neurogenese auch im Bereich der Netzhaut beobachtet, bei Reptilien (Eidechsen) im gesamten Hirn (Lopez-Garcia *et al.* 1988).

Das Auftreten der Homöothermie hat zwar einerseits den Organismen mehr Unabhängigkeit gegenüber den thermischen Bedingungen der Umwelt beschert, andererseits aber auch zu einem erheblichen Rückgang der neurogenetischen Kapazitäten nach der Geburt geführt. Die Vögel scheinen einen Grenzbereich zwischen den Poikilothermen und den Homöothermen zu besetzen. Das Vogelhirn weist in der Tat Ähnlichkeiten mit dem Fisch-, Amphibien- und Reptilienhirn auf (vgl. den Überblick in Konishi *et al.* 1989). Neue Nervenzellen können im Bereich des Vorderhirns erwachsener Vögel in Erscheinung treten. Sie wandern vom Entstehungsort in der Nähe der Ventrikel auf einem aus Gliazellen bestehenden Pfad bis zu ihrem Zielort (wie bei ektothermen Lebewesen). In gewissen Fällen werden neue Neuronen den bereits bestehenden Nervenzellenverbänden einverleibt, etwa dem für den Gesang zuständigen Zentrum des Kanarienvogels oder des Zebrafinken

(Nordeen & Nordeen 1990; Paton & Nottebohm 1984). Diese neurogenetischen Vorgänge scheinen in Abhängigkeit von der Jahreszeit je nach Ausschüttung männlicher Hormone stattzufinden. So gibt es bei Vögeln neurogenetische Mechanismen, die zur Aufrechterhaltung einer genetischen Programmierung beitragen.

Derartige Phänomene sind bei Säugetieren nicht zu finden. Hier bricht die Neurogenese einen Monat nach der Geburt endgültig ab. Anstelle einer Neurogenese findet im Gegenteil eine Rückbildung statt, die beim Erwachsenen mit dem Absterben der Perikarya und der Retraktion der Axone einhergeht. Diese Rückbildung verläuft parallel zu einer merklichen Herabsetzung der Regenerationsfähigkeit zentraler Neuronen (Oppenheim 1985). Nur die Geruchsnerven werden zeitlebens ersetzt (Farbman 1990). Ferner verschwinden die aus Gliazellen bestehenden Migrationspfade der Neuronen bei Säugetieren.

Das heißt nun, daß die Erhaltung der genetischen Individualität aufgrund ständiger neurogenetischer Prozesse bei ektothermen Lebewesen (Fische, Amphibien und Reptilien) und bei gewissen erwachsenen Vertretern von Vogelarten – dann allerdings in Abhängigkeit von der Jahreszeit – gesichert ist. Ausgeschlossen ist diese Form der Erhaltung jedoch bei allen Säugetierarten nach der nachgeburtlichen Zeit. Also muß man annehmen, daß neue Programmierungsmöglichkeiten mit der Entstehung der Homöothermie «eingerichtet» worden sind.

Die iterative Programmierung

Die Programmierung der für angeborene Idiosynkrasien notwendigen Verbindungen setzt das Auftreten neuer, aus der Neurogenese hervorgegangener Neuronen tatsächlich nicht voraus. Die Perikarya enthalten die DNS, die für die Synthese von Molekülen – diese werden als Rezeptoren den Membranen einverleibt – unerläßlich ist. So ist die Hypothese nicht abwegig, daß bestimmte, erst in der späteren Ontogenese auftretende Neuronentypen (etwa die Neuronen vom Golgi-Typ II; vgl. Jacobson 1970) unaufhörlich Rezeptoren hervorzubringen vermögen. Diese labilen Rezeptoren werden allerdings erst dann funktionsfähig, wenn sie durch endogene Reize erregt (stabilisiert) werden. Man muß dann jedoch auch annehmen, daß ein *endogener Generator* existiert, der für die «Bestätigung» dieser Rezeptoren zuständig ist, wobei der gleiche Mechanismus am Werk ist wie bei epigenetischen Reizen, die beispielsweise für die Funktionsfähigkeit der Sehbahnen sorgen. Dagegen besteht kein Grund zu der Annahme, daß eine zeitliche Kodierung des Informationszustroms durch den besagten Generator notwendig ist, um die Erhaltung und «Bestätigung» der für die angeborenen idiosynkratischen Reaktionen zuständigen Systeme zu erzielen (Jouvet 1978). Die genetische Programmierung scheint, so meine Hypothese, allein von der Selektion der Neuronen abzuhängen, die aufgrund eines endogenen Programms gereizt (oder nicht gereizt) werden, wobei die Kodierung dieses Programms stochastischer Natur sein kann (Jouvet 1980 und 1986). Nach dieser Selektionshypothese könnte eine begrenzte Anzahl von Genen zur Programmierung der psychischen Erbanlagen beitragen, indem sie zugleich die Synthese der Rezeptoren und die Übertragung von Informationen aus dem Generator an den präsynaptischen Endigungen auf der Ebene verschiedener Neuronenverbände auslösen (Abbildung 20).

Mechanismen und theoretische Bedingungen einer iterativen genetischen Programmierung

Der endogene Generator muß zugleich auf die Wahrnehmungssysteme und auf die kortikalen und subkortikalen motorischen Systeme einwirken können. Im ersten Falle wäre er für die Auslösung von Wahrnehmungen ohne Wahrnehmungsobjekt (Halluzination) verantwortlich. Im zweiten Fall muß der Generator die Verhaltensprogramme, die die individuellen idiosynkratischen Reaktionen steuern, aufrechterhalten oder erleichtern oder umgekehrt im Verlauf der Lerngeschichte erworbene motorische Programme löschen oder ändern. So muß die programmierte Reizung bis zu den Motoneuronen vordringen können.

Sind die Motoneuronen erst einmal unter den Einfluß einer endogenen Programmierung gelangt, ergeben sich daraus zwei Konsequenzen:

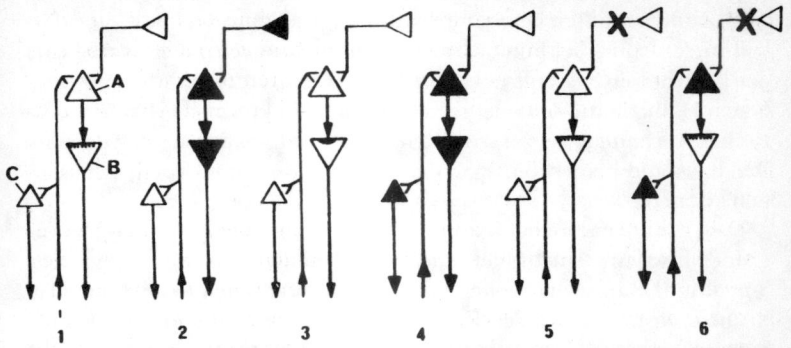

Abbildung 20: Theoretisches Modell der iterativen Programmierung während des paradoxen Schlafs.
(1) Ein Neuron B (vom Golgi-Typ II) synthetisiert einen Rezeptor, der in labiler Form von der Membran aufgenommen wird (Schraffierung). (2) Während des paradoxen Schlafs reizt das PGO-System das Interneuron A, das die Erregung an den Rezeptor des Neurons B im Hinblick auf dessen Stabilisierung weitersendet; dadurch wird das Neuron B funktionsfähig (Traumverhalten). (3) Das Neuron B bleibt im Wachzustand nach dem paradoxen Schlaf funktionsfähig. (4) Solange das Neuron B dank seines Rezeptors funktionsfähig ist, können Umweltreize (aufsteigender Pfeil) unspezifische Wachheitsreaktionen (im System C) wie auch die durch B programmierten idiosynkratischen Reaktionen auslösen. (5) Wenn der paradoxe Schlaf unterdrückt wird und die PGO-Aktivität versiegt, bleibt der Rezeptor labil, das heißt, funktionsunfähig; B ist dann nicht mehr aktiv. (6) In diesem Fall kann ein epigenetischer Reiz nur noch idiosynkratische, aber keine nichtspezifischen Reaktionen auslösen. Chloramphenikol könnte die Biosynthese des Rezeptors B hemmen und so die PGO-Aktivität von den einheitlichen Reaktionen des Neurons B und von der motorischen Verhaltenskomponente im Traum abkoppeln (nach Jouvet 1980).

● Es müßte unter bestimmten Umständen möglich sein, eine genetische Komponente in den Aktivitätsmustern der Motoneuronen, die unmittelbar oder mittelbar vom Generator gesteuert werden, zu isolieren. Diese genetische Komponente müßte die Beanspruchung verschiedener Neuronenverbände durch stochastische, vom endogenen Generator stammende Reizungen widerspiegeln.

● Zudem müßten bestimmte Mechanismen existieren, die die Muskeltätigkeit zum Zeitpunkt der Programmierung der motorischen und der perzeptiven Systeme unterbrechen, da der Organismus sonst möglichen Halluzinationen oder stereotypen, nicht kontrollierbaren motorischen Verhaltensweisen ausgeliefert wäre, die – wenn sie sich denn im Wachzustand bemerkbar machten – dem Individuum gefährlich werden könnten.

Damit die genetische Programmierung ohne allzu lautes «Hintergrundrauschen» stattfindet und ein optimales Verhältnis zwischen Signal und Rauschen begünstigt, müßten wohl auch Kontrollmechanismen existieren, die den Zustrom innerer und äußerer sensorischer Signale hemmen. Dadurch würden die Integrationsprozesse auf der Ebene der programmierten Systeme erleichtert (wie dies bei Aufmerksamkeitsleistungen im Wachzustand der Fall ist).

Da das Gehirn schließlich zum Zeitpunkt der genetischen Programmierungen äußere Reize (und vermutlich einige innere Reize) weder aufnehmen noch verarbeiten kann – und zwar wegen der Hemmung der intero- und exterozeptiven Afferenzen und wegen der Blockierung der Muskeltätigkeit –, müßte ein *Schutz*mechanismus existieren, der der genetischen Programmierung freien Lauf läßt, wenn der Organismus vor möglicherweise gefährlichen Reizen abgeschirmt wird, also genau dann, wenn die Mechanismen des Wachzustands nicht mehr beansprucht werden, und das heißt: *während des Schlafs.*

Die diachronen Modalitäten der iterativen Programmierung

Es versteht sich von selbst, daß die genetische Programmierung die ganze Ontogenese, das heißt die Periode der Organisation des Zentralnervensystems auf der Grundlage der Neurogenese *in utero* oder *in ovo*, dominiert. Später muß die Dauer der Programmierung abnehmen, denn sie kann nur während des Schlafs stattfinden. Man nimmt deshalb an, daß bei erwachsenen Organismen zwischen der Dauer der Programmierung und der des Schlafes ein Zusammenhang besteht.

Die Programmierung des Zentralnervensystems erfordert und verbraucht wohl eine große Energiemenge – mindestens so viel, wie bei

Lernprozessen im Wachzustand aufgewendet wird. Während des Schlafs werden Energiereserven in Form von Glykogen gehortet (Karnovsky *et al.* 1983), das die für die Programmierung notwendige Energie abgeben könnte. Die zuträglichste Lösung beruht dann auf einem periodisch funktionierenden Mechanismus: Jeder Programmierungsepisode folgt eine Phase der Energieerneuerung im Schlaf. Auf diese Weise kann die iterative Programmierung *periodisch* stattfinden.

Um «effektiv» zu sein, muß die periodisch wiederkehrende Programmierung mit epigenetischen Reizen, die das Zentralnervensystem vor dem Einschlafen angeregt haben, in Beziehung stehen. Es müßten folglich Mechanismen dafür sorgen, daß die Dauer der Programmierung in einem bestimmten Verhältnis zur Menge der äußeren oder inneren (hormonellen) Reize steht, die auf der Ebene der von der Programmierung angepeilten Synapsen Veränderungen hervorgerufen haben. Allerdings ist die genetische Programmierung der Persönlichkeit gegenüber dem Schicksal eines Individuums blind. Sie ist *das Gesetz* und hat keinerlei Grund, die Spuren aller auf das Gehirn einstürmenden Reize zu festigen. Unter bestimmten Bedingungen könnte die Programmierung zwar einen Lernprozeß stabilisieren, wenn dieser die idiosynkratischen Persönlichkeitsmerkmale verstärkt. Unter anderen Bedingungen dagegen dürfte sie wirkungslos sein oder sogar bestimmte epigenetisch erworbene Verbindungen hemmen oder aufheben, wenn diese dem Persönlichkeitstyp nicht entsprechen. Die Hypothese der Tilgung bestimmter kortikaler Bahnen während des paradoxen Schlafs (Jouvet 1980) ist besonders von Crick und Mitchinson (1983) vertreten worden. Nach Meinung dieser Autoren ist es die Aufgabe des paradoxen Schlafs, vor allem unerwünschte neuronale Interaktionen im Kortex zu beseitigen. Dieser unter der Bezeichnung «Lernen in umgekehrter Richtung» bekannt gewordene Vorgang fördert das Vergessen: «Wir träumen, um zu vergessen.» Wie sich eine Unterdrückung der genetischen Programmierung auf das Lernen auswirkt, ist noch nicht erforscht, doch müssen wir damit rechnen, daß dadurch die idiosynkratischen Verhaltensweisen verändert und auf diesem Weg die individuellen Unterschiede im phänotypischen Verhalten von Vertretern genetisch verschiedener Stämme einer Art reduziert werden.

Sind die Mechanismen des paradoxen Schlafs für die individuierende Programmierung des Zentralnervensystems geeignet?

Die synchronen Modalitäten: das Programmierungssystem

Das PGO-System

Die in den letzten drei Jahrzehnten an Katzen gewonnenen Versuchsdaten belegen die Existenz eines ponto-geniculo-okzipitalen Systems (PGO-System), an dem während des paradoxen Schlafs langsame Wellen mit hoher Amplitude – auch PGO-Aktivität genannt – registriert werden können. Der Aufbau dieses Systems läßt sich schematisch folgendermaßen darstellen (Sakai 1980 und 1985; Steriade & McCarley 1990):

● Die PGO-Aktivität geht von einer Neuronengruppe im dorso-lateralen Teil der Formatio reticularis pontis aus. In diesem Bereich befinden sich zwei symmetrische, bilateral angelegte Generatoren, die beide in zwei Subsysteme untergliedert werden können. Das erste, mit dem rostralen Bereich des Gehirns verbundene Subsystem ist im Bereich des Nucleus parabrachialis lateralis lokalisiert, während sich sein rostraler Fortsatz im vorderen Teil des Brachium conjunctivum befindet. Das zweite Subsystem hat seinen Sitz im Nucleus Kölliker-Fuse; es ist für die schnellen Augenbewegungen im paradoxen Schlaf zuständig.

● Die vermutlich cholinergen Generatoren der PGO-Aktivität gleichen weitgehend automatischen Pacemaker-Zellen, denn diese Tätigkeit läßt sich sogar *in periodischen Abständen* auf der Ebene des Pons (Jouvet 1962; Matsuzaki 1969) beobachten.

● Das System, das die Informationen aus dem PGO-System vom Pons zum Corpus geniculatum laterale und zu den verschiedenen Kortexregionen sendet, ist identifiziert worden: Von jedem Generator führt eine ipsilaterale aufsteigende Bahn entweder zum Corpus geniculatum laterale selbst – wobei sie «nikotinische» Rezeptoren reizt – oder zur Sehrinde. Diese Bahn kreuzt die Mittellinie auf der Ebene der Commissurae supraopticae und leitet danach zum Corpus geniculatum contralaterale (Lautent *et al.* 1974). Die Kortexregionen werden über Relaiskerne in den Nuclei intralaminares thalami erregt. Der Generator im Pons sendet Erregungen auch zum kontralateralen okulomotorischen System (Cespuglio *et al.* 1975 a).

Die Zielorte der PGO-Tätigkeit und die Verschränkung von Selektion und Programmierung: Aufzeichnungen des paradoxen Schlafs, die mittels dauerhaft implantierter Elektroden gemacht und mit Aufzeichnungen der PGO-Aktivität verglichen wurden, haben übereinstimmende Daten zu den meisten kortikalen und subkortikalen Bereichen geliefert. So entwickeln auf subkortikaler Ebene die Formatio reticularis pontis, die Formatio reticularis mesencephali, der Nucleus ruber, das pyramidale System usw. eine einheitliche, eng mit der PGO-Tätigkeit einhergehende Aktivität.

Auf der Ebene der Sehrinde einer Katze stehen 40 Prozent aller Neuronen unter dem unmittelbaren oder mittelbaren Einfluß der PGO-Tätigkeit (Steriade & Hobson 1976). Die Interneuronen vom Golgi-Typ II treten auf kortikaler Ebene als spezifische Zielobjekte der PGO-Aktivität in Erscheinung. Diese Interneuronen «verstummen» im Wachzustand, während sie zeitgleich zur PGO-Tätigkeit eine Aktivität von hoher Frequenz entfalten (Steriade 1978).

Die genetische Programmierung der postsynaptischen Rezeptoren auf den selektiven Zielobjekten der PGO-Tätigkeit: Es gibt derzeit noch keinen direkten Hinweis auf die Synthese der Rezeptoren vor dem paradoxen Schlaf und deren «Stabilisierung» während des paradoxen Schlafs. Einige Forschungsergebnisse deuten jedoch indirekt auf eine vom paradoxen Schlaf gesteuerte Proteinsynthese hin. Zum einen erscheint im Gehirn ein Protein von hohem Molekulargewicht, wenn sich der paradoxe Schlaf nach Einspritzung von 5HTP bei einer Katze, der zuvor durch Einspritzung von P-Chlorophenylalanin Schlaf entzogen wurde, wieder einstellt (Bobillier *et al.* 1973). Zum anderen entwickelt Chloramphenikol eine erstaunliche hemmende Wirkung auf den paradoxen Schlaf. Bei hoher Dosierung unterdrückt diese Substanz den paradoxen Schlaf (Petitjean *et al.* 1979), während sie bei niedriger Dosierung eine *Spaltung* zwischen der aus dem Generator im Pons stammenden PGO-Aktivität und den postsynaptischen Reaktionen vieler

Hirnstrukturen bewirkt (Drucker-Colin *et al.* 1979). Da Chloramphenikol die Synthese postsynaptischer Rezeptoren zu hemmen vermag (Ramirez 1973), ist es nicht ausgeschlossen, daß die beobachtete Spaltung (Aufhebung oder relative Herabsetzung der einheitlichen Aktivität im Zusammenhang mit der PGO-Tätigkeit) auf die Hemmung der Synthese genetisch programmierter Rezeptoren auf der Ebene der Zielzellen zurückgeführt werden muß. In diesem Falle kann die PGO-Tätigkeit die Neuronensysteme, die von den Interneuronen gesteuert werden, mitreißen; sie ist dann nur noch ein bedeutungsloses «Rauschen», das ein Gehirn bar aller auf ein Programm ansprechenden Rezeptoren überflutet. Mit anderen Worten, die PGO-Tätigkeit ist in diesem Fall bloß *ein leerer Traum*.

Die synchronen Aspekte der Programmierung: Die Muster der PGO-Aktivität machen jedwede Klassifizierung derselben zunichte. Auf die Schwierigkeiten und die Ergebnisse der Ansätze, die sich speziell mit den Mustern der PGO-Aktivität befassen, kann ich an dieser Stelle nicht eingehen. Um es kurz zu sagen: Die «Kodierung» der PGO-Tätigkeit scheint auf zwei verschiedenen Vorgängen zu beruhen. Der primäre Vorgang (die PGO-Tätigkeit allein) verkörpert die automatische Aktivität des Generators im Pons. Der sekundäre Vorgang scheint die Reaktion von Interneuronen im okulomotorischen System widerzuspiegeln und bereits einen Teil der genetischen Programmierung zum Ausdruck zu bringen, da er vom primären Vorgang abhängt. Man kann in der Tat die Muster der PGO-Tätigkeit im paradoxen Schlaf durch Dekortikation erheblich verändern (Jouvet 1962).

Deshalb ist es einfacher, die synchronen Aspekte der genetischen Programmierung auf der Ebene der genetisch programmierten und durch den primären Vorgang stochastisch erregten Rezeptoren zu studieren. Bei einem Tier (oder einem Menschen) läßt sich das nur durch die Erfassung der Augenbewegungen – sie sind die einzigen nichtgehemmten Effektoren im paradoxen Schlaf – erreichen. Die an Mäusen aus zwei genetisch «reinen» Stämmen (BALB/C beziehungsweise C5/BR) gewonnenen Daten machen signifikant voneinander abweichende Muster sichtbar, wogegen die Analyse von Hybriden der ersten Generation die Existenz eines für den Stamm BR genetisch dominanten Musters belegt (Cespuglio *et al.* 1975 b; Chouvet 1981). Bert (1975) hat seinerseits verschiedene Muster der PGO-Aktivität bei zwei Unterarten des Pavians beschrieben. Chouvet schließlich hat mit einigen Mitarbeitern (Chouvet *et al.* 1983) beträchtliche interindividuelle Variationen im zeitlichen Verlauf der Augenbewegungen während des paradoxen Schlafs bei zehn erwachsenen, miteinander nicht verwandten Menschen festgestellt, während derartige Variationen bei sechs eineiigen Zwillingspaaren nicht zu beobachten waren.

Die Untersuchungsdaten zu den Augenbewegungen im paradoxen Schlaf bei Mäusen aus genetisch «reinen» Stämmen und bei menschlichen eineiigen Zwillingen sprechen für eine genetische Komponente. Aber die Augenbewegungsmuster lassen keinen Rückschluß darauf zu, welches Verhalten im paradoxen Schlaf programmiert wird.

Deshalb wurde mit der Analyse der Reaktion aller motorischen Effektoren begonnen, die im paradoxen Schlaf normalerweise gelähmt sind. Durch die Identifizierung der während des paradoxen Schlafs für die motorische Hemmung zuständigen Systeme sind wir in der Lage, die bei Katzen während des Traums zum Ausdruck kommende motorische Resultante der «Programmierung» im paradoxen Schlaf genauer zu untersuchen.

Das Traumverhalten: Die vollständige Hemmung des Muskeltonus während des paradoxen Schlafs ist auf einen Hemmechanismus zurückzuführen, der im mittleren Teil des Locus coeruleus alpha im dorso-lateralen Anteil des Tegmentum pontis lokalisiert ist. Absteigende hemmende Einflüsse, die auf die riesenzelligen Kerne der Formatio reticularis bulbaris einwirken, führen zum Rückenmark. Sie sind für die prä- und postsynaptische Hemmung der Motoneuronen verantwortlich und bewirken eine allgemeine Atonie (Chase & Morales 1985). Durch Aufhebung der Muskelatoniehemmung im paradoxen Schlaf kann man das Repertoire des Traumverhaltens erfassen (Jouvet & Delorme 1965; Henley & Morrison 1969; Sastre & Jouvet 1979). Der Locus coeruleus alpha, der die Hemmung des Muskeltonus steuert, befindet sich in unmittelbarer Nähe des PGO-Generators. Bei einer Katze kann man ihn zerstören, ohne den PGO-Generator in Mitleidenschaft zu ziehen. Die Zerstörung des Locus coeruleus alpha oder der Bahnen, die von dieser Hirnstruktur auf der Höhe des Pons ausgehen, macht stereotype motorische Verhaltensweisen während des paradoxen Schlafs wahrnehmbar. Während keinerlei Verhaltensveränderungen im Wachzustand und im Slow-wave-Schlaf zu beobachten sind, erhöht sich der Muskeltonus am Anfang des paradoxen Schlafs. Die schlafende Katze hebt den Kopf. Danach «verfolgt» sie jedes unbekannte Objekt im Käfig und kann einen solchen Gegenstand sogar «angreifen». Bei anderer Gelegenheit faucht sie oder «flieht» vor irgend etwas...

Die ethologische Untersuchung zeigt, daß die Verhaltenssequenzen keinem stereotypen und invarianten Muster folgen. *Jede Katze besitzt ihr eigenes Verhaltensrepertoire:* Bei manchen Katzen sind tagtäglich mehr als 50 Prozent aller Verhaltensweisen aggressiv, während andere fast nie aggressiv sind, sich jedoch zum Beispiel (ziellos) lecken. Hunger oder Durst haben keinen Einfluß auf die Häufigkeit des aggressiven Verhaltens beziehungsweise des Leckens.

Aller Wahrscheinlichkeit nach liegt die PGO-Tätigkeit allen diesen Verhaltensweisen zugrunde, denn sie ist in den primären und sekundären Prozessen stets nachweisbar. Allerdings hat ihre Komplexität jeden Versuch, Zusammenhänge zwischen den Mustern der PGO-Aktivität und dem Verhaltensrepertoire zu erkennen, scheitern lassen. Chloramphenikol in geringer Dosierung bremst sozusagen das stereotype Traumverhalten (Aguilar-Roblero *et al.* 1984): eine Katze bewegt sich dann nicht, verharrt in einem «traumlosen» paradoxen Schlaf – die PGO-Tätigkeit beschränkt sich in diesem Fall fast ausschließlich auf die primären Vorgänge, wogegen die Aktivität des Hirnstamms, die aus der Erregung der postsynaptischen Rezeptoren resultiert, merklich abnimmt.

Man kann folglich bei einer Katze im paradoxen Schlaf Programme «spontanen», von der Umgebung unabhängigen Verhaltens nachweisen. Der Aufbau dieser Programme ist bei jedem Tier anders. Wird die Synthese von Proteinen, die die Synthese postsynaptischer Rezeptoren hemmen, ihrerseits durch die Verabreichung von Substanzen gehemmt, verschwinden diese Verhaltensprogramme. Man kann an Katzen keine Versuche zur Genese des Traumverhaltens durchführen; deshalb wird man auf die Objektivierung von Traumverhaltenssequenzen bei Mäusen aus verschiedenen genetisch «reinen» Stämmen warten müssen. Man wird dann womöglich auf unterschiedliche Verhaltensprogramme stoßen, je nachdem, ob man es mit Vertretern eines Stammes oder mit Kreuzungen zu tun hat, und man wird wohl feststellen können, in welchem Chromosom sich die Gene befinden, die die Selektion der von der PGO-Tätigkeit zu erreichenden Zielzellen vornehmen.

Die Kontrolle der Afferenzen während des paradoxen Schlafs: Die Kontrolle der Afferenzen ist ein bekanntes Phänomen, das sich nur im Wachzustand (oder bei einer Ablenkung der wachen Aufmerksamkeit) und im paradoxen Schlaf beobachten läßt. Diese Kontrolle verschwindet im Slow-wave-Schlaf. Eine Abnahme der thalamischen oder kortikalen Reaktionen ist denn auch auf der Stufe der somatosensorischen, akustischen und visuellen Systeme festgestellt worden (Pompeiano 1970). Möglicherweise ist diese zentrifugale Kontrolle für die Hebung der Weckschwelle im paradoxen Schlaf verantwortlich. Aber die Grundzüge dieses Mechanismus kennen wir noch nicht. Deswegen kann seine Wirkung nicht aufgehoben werden. So bleibt die Hypothese, die einen Zusammenhang zwischen einem Signal und dem Hintergrundrauschen unterstellt (siehe oben), vorderhand unüberprüfbar. Kann beispielsweise die Aufhebung der zentrifugalen Kontrolle den sekundären Vorgang der PGO-Tätigkeit und deren Auswirkungen auf das Traumverhalten verändern?

Der Slow-wave-Schlaf als Hüter und als Bedingung des paradoxen Schlafs: Ein Tier schläft nur ein, wenn bestimmte Bedingungen erfüllt sind, nämlich bei Abwesenheit äußerer Gefahren (Feinde) und innerer Bedrohungen (Schmerzen), also bei Abwesenheit von Faktoren, die die Wecksysteme reizen könnten. Somit besteht ein signifikanter Zusammenhang zwischen der Menge des paradoxen Schlafs (folglich des Schlafs insgesamt) und den Sicherheitsfaktoren (Allison & Cicchetti 1976). Daraus folgt ferner, daß der Slow-wave-Schlaf den paradoxen Schlaf hütet – einen für das Überleben eines Individuums potentiell gefährlichen Prozeß, da die Weckschwelle erhöht und die Muskelatonie verallgemeinert ist.

Der Slow-wave-Schlaf wird ferner nur dann ausgelöst, wenn sich die Umweltbedingungen dem Mittelwert der thermischen Neutralität (27 Grad Celsius) annähern. Der basale Stoffwechsel wird reduziert, die am Slow-wave-Schlaf beteiligten Mechanismen senken nach und nach die Hirntemperatur, den Glukose- und Sauerstoffverbrauch, und neue Energiereserven werden in den Gliazellen angelegt (Giuditta 1984). Zugleich nimmt die Aktivität der Wachsysteme ab, so daß die Gesamtheit der dem Auftreten des paradoxen Schlafs förderlichen Bedingungen erfüllt ist. Das heißt, einige dieser Bedingungen beruhen auf energetischen Prozessen.

Der paradoxe Schlaf setzt einen gewissen Glukoseverbrauch voraus, der dem im Wachzustand mindestens ebenbürtig ist, wie Versuche über Desoxyglukose und Beobachtungen mit der Positronen-Kamera gezeigt haben (Ramm & Frost 1983; Frank *et al.* 1987). Vermutlich nimmt auch der Sauerstoffverbrauch zu (experimentelle Nachweise für diese Annahme liegen jedoch noch nicht vor). Der paradoxe Schlaf wird in der Tat durch Herabsetzung der Sauerstoffversorgung *selektiv* unterdrückt – übrigens bei gleichzeitiger Verstärkung des Slow-wave-Schlafs oder der Wachheit (Baker & McGinty 1979).

Zusammenfassung: Der Slow-wave-Schlaf leitet den paradoxen Schlaf auf verschiedenen Wegen ein. Das Einsetzen des paradoxen Schlafs ist ein Beleg für das Ausbleiben von Reizungen der Wachsysteme und für eine Temperatur im Bereich der Temperaturneutralität, die die Herabsetzung des Stoffwechsels, der sympathischen Aktivität und der Gehirntemperatur sowie eine Energiespeicherung erlauben. Alle diese Bedingungen müssen erfüllt sein, wenn die cholinergen, für den paradoxen Schlaf zuständigen Neuronen im ponto-bulbären Bereich aktiv werden sollen. Ihre Aktivierung erfordert die Freisetzung von Brenztraubensäure auf aerobem Wege. Somit müßte der paradoxe Schlaf von einem Neurotransmitter, dem *Acetylcholin*, dessen Synthese von energetischen Faktoren bedingt zu werden scheint, abhängig sein.

Die diachronen Modalitäten des paradoxen Schlafs

Die Phylogenese des paradoxen Schlafs *

Die Existenz des paradoxen Schlafs ist bis heute bei keinem ektothermen Wirbeltier (Fische, Amphibien oder Reptilien) nachgewiesen worden, während sich das Wechselspiel von Aktivität und Ruhe bei Fischen und Amphibien sowie Veränderungen in der elektrischen Hirnaktivität bei schlafenden Reptilien leicht nachweisen lassen. So scheinen ektotherme Wirbeltiere, deren Neurogenese nie zum Abbruch gelangt, ohne paradoxen Schlaf auszukommen.

Der paradoxe Schlaf tritt bei Vögeln in Phasen von 5 bis 15 Sekunden auf; er nimmt nur 3 bis 5 Prozent der gesamten Schlafdauer in Anspruch. Genauere Schlafstudien unter jahreszeitlichen Bedingungen und Untersuchungen zu der etwa beim Kanarienvogel und dem Zebrafinken in jedem Frühjahr erneut einsetzenden Neurogenese sind noch nicht durchgeführt worden. Auch für die äußerst kurzen Episoden des paradoxen Schlafs bei allen Vogelarten gibt es noch keine Erklärung. Nach unseren Hypothesen bilden die Vögel eine Klasse zwischen den ektothermen Lebewesen und den Säugetieren, woraus folgt, daß die genetische Programmierung bei Vertretern dieser Zwischenklasse sowohl durch die Neurogenese als auch durch den paradoxen Schlaf aufrechterhalten wird.

Es scheint, daß Kloakentiere (Schnabeltier und Schnabeligel) den paradoxen Schlaf nicht kennen, obgleich auch bei ihnen der Slow-wave-Schlaf von einer Senkung der Körpertemperatur begleitet wird. Der Frage nachzugehen, ob eine kontinuierliche Neurogenese bei diesen Tierarten existiert, wäre ein lohnendes Projekt.

Der paradoxe Schlaf macht sich dagegen bei allen Säugetieren bemerkbar. Sein Auftreten im 24-Stunden-Zyklus hängt eng mit dem Stoffwechsel und dem Hirngewicht zusammen. Die einzige Ausnahme scheinen die Zetazeen (Wale, Delphine) zu bilden, bei denen der paradoxe Schlaf noch nicht nachgewiesen worden ist (Muchametow 1984).

* Vgl. den Überblick in Meddis (1983).

Alles in allem heißt das: Die Entwicklung des paradoxen Schlafs im Verlauf der Phylogenese widerspricht der Annahme nicht – obwohl verschiedene andere Hypothesen vorerst nicht ausgeschlossen werden dürfen (vgl. den Überblick in Meddis 1983) –, daß mit diesem Schlafzustand ein neuer Mechanismus der Individuation geschaffen wurde, als die Möglichkeit einer fortlaufenden Neurogenese nicht mehr gegeben war.

Die Ontogenese des paradoxen Schlafs

Polygraphische Aufzeichnungen am Meerschweinchenfötus *in utero* sowie an neugeborenen Ratten und Katzen während der zwei ersten Lebenswochen haben zur Entdeckung eines Zustands geführt, den man als seismischen Schlaf bezeichnet. In diesem Zustand sind am ganzen Körper Muskelzuckungen zu beobachten, die jedoch nicht mit nennenswerten Veränderungen der Hirntätigkeit – zumal im Vergleich zu der im Wachzustand – einhergehen. Der seismische Schlaf dauert in den ersten Lebenstagen fast ununterbrochen an; er entbehrt jeder Periodizität (Valatx *et al.* 1964; Jouvet-Mounier *et al.* 1970). Erst nach der zweiten Lebenswoche treten die für den paradoxen Schlaf charakteristischen polygraphischen Anzeichen in Erscheinung (Aktivierung des Kortex sowie Atonie). Man streitet sich noch über die Natur des seismischen Schlafs in den zehn Tagen nach der Geburt eines Tieres. Handelt es sich um eine primitive Form des paradoxen Schlafs, oder hat man es vielmehr mit dem Ende eines bestimmten «Embryonalzustands» zu tun?

Mehr Plausibilität besitzt die zweite Annahme, die besagt, daß der seismische Schlaf das Ende der Neurogenese begleitet. Die PGO-Aktivität macht sich beim Kätzchen überhaupt erst in der dritten Lebenswoche auf der thalamo-kortikalen Ebene bemerkbar (Adrien & Rottwarg 1974). Zudem ist es unwahrscheinlich, daß das Muskelbeben im seismischen Schlaf die Tätigkeit eines ponto-bulbären Schrittmachers (Generators) zum Ausdruck bringt. Die Zuckungen im Hinterlauf eines Kätzchens werden bei einer vollständigen Durchtrennung der Rückenmarksbahnen *nicht* unterdrückt (Adrien, persönliche Mitteilung an den Autor). Zudem läßt sich der seismische Schlaf bei einer neugeborenen Ratte oder einem Kätzchen in der ersten Lebenswoche durch Elektroschocks kaum unterbrechen, wogegen diese Methode den paradoxen Schlaf nach der zweiten Lebenswoche sofort unterbricht. Vermutlich ist der seismische Schlaf die motorische Veräußerlichung von Bewegungen neurogenen Ursprungs (Hamburer 1970). In diesem Fall müßten diese Bewegungen, die *an Embryonen aller Arten* beobachtet werden, den Abschluß der Neurogenese markieren (vgl. die Diskussion in Corner 1977). Bricht die Neurogenese im Verlauf der zweiten Lebenswoche ab, organisieren sich die aminergen und cholinergen Strukturen des Hirnstamms und deren thalamo-kortikalen Projektionen, so daß sich der paradoxe Schlaf entfalten kann – immerhin beansprucht er dann 40 Prozent der gesamten Schlafdauer.

Kurzum, die vor- und nachgeburtliche Lebensgeschichte scheint mit dem Übergang (dessen Grenzen allerdings unscharf sind) von der genetischen Programmierung durch Neurogenese des Zentralnervensystems zum zuerst gemächlichen, dann beschleunigten Überhandnehmen der genetischen Programmierung durch den paradoxen Schlaf zusammenzufallen.

Der Entzug von paradoxem Schlaf und seine paradoxen Folgen

Eine der ersten Vorgehensweisen zur Identifizierung der Funktion(en), die man dem paradoxen Schlaf zuschreibt, bestand in der Aufhebung dieses Schlafzustands (Dement 1960). Diese Experimente haben gezeigt, daß der paradoxe Schlaf nach «selektivem» Entzug schlagartig wieder einsetzt, aber sie haben keine Rückschlüsse auf die spezifischen Verhaltensänderungen infolge dieses Schlafentzugs erlaubt.

Der Rebound (Rückprall) des paradoxen Schlafs: Die Unterdrückung des paradoxen Schlafs bewirkt folgende Veränderungen:

● Einerseits nimmt das Bedürfnis nach paradoxem Schlaf zu (paradoxe Schlafepisoden häufen sich zunehmend; bei einer Katze, der man einen Tag lang den paradoxen Schlaf geraubt hat, lösen sie sich fast im Minutentakt ab).

● Andererseits unterliegt der paradoxe Schlaf einem Rebound-

Effekt, und das heißt, daß seine relative Menge nach dem Entzug ansteigt. Die Dauer des Rebound steht mit der Dauer des Entzugs in Verbindung und «begleicht» teilweise (zwischen 50 und 80 Prozent) die durch den Entzug eingegangenen «paradoxen Schlafschulden».

Das Rebound-Phänomen wurde zuerst durch die hypothetische «Akkumulation oneirogener Faktoren» während des Entzugs erklärt. Sie müßten für den «gesteigerten Druck» des paradoxen Schlafs verantwortlich sein, der anschließend in der Rebound-Phase «abgelassen» wird (Dement 1972; Jouvet 1983). Diese Annahme hat einige Forscher bewogen, im Gehirn oder im Liquor nach «oneirogenen» Peptiden zu fahnden. Der Vielfalt der für die Zunahme des paradoxen Schlafs verantwortlichen Faktoren zum Trotz ist bis heute kein spezifischer, ausschließlich für den paradoxen Schlaf zuständiger Faktor identifiziert worden (vgl. den Überblick in Borbley & Tobler 1989).

Soll das Rebound des paradoxen Schlafs erklärt werden, so scheint die folgende Annahme eher annehmbar zu sein: Das Rebound wird gar nicht durch den Entzug, sondern durch den entzugsbedingten Stress ausgelöst, der auf bestimmte Faktoren im Hypothalamus und/oder in der Hirnanhangdrüse Einfluß nimmt. Diese Hypothese beruht auf folgenden Versuchsdaten:

● der experimentell herbeigeführte Entzug verursacht bei bestimmten Mäusestämmen (BALB/C) *kein* Rebound des paradoxen Schlafs (Kitahama & Valatx 1980);

● der Entzug des paradoxen Schlafs durch nichtaggressive Methoden (etwa durch Streicheln zu Beginn jeder paradoxen Schlafepisode bei Katzen) bewirkt kein Rebound (Oniani 1988);

● ein durch erzwungene Bewegungslosigkeit ausgelöster Stress führt bei Mäusen zu einer merklichen Zunahme des paradoxen Schlafs (Rampin *et al.* 1990);

● die Stillegung der für den Stress zuständigen Systeme verhindert ein Rebound;

● die Verletzung des Nucleus arcatus in Verbindung mit einer Ektomie der Hirnanhangdrüse (Hypophyse) verhindert ein Rebound, wogegen die *ausschließliche* Läsion des Nucleus arcatus oder die *ausschließliche* Hirnanhangdrüsenektomie das Rebound *nicht* verhindert (Zhang *et al.* 1987).

Man muß wohl annehmen, daß nur die Versuchsbedingungen, die

eine besondere Form von Stress bewirken, ein Rebound des paradoxen
Schlafs begünstigen. Dieser wird vermutlich entweder über hypothala-
mische, vom Nucleaus arcatus ausgehende Faktoren oder unmittelbar
oder mittelbar von noch unbekannten Faktoren aus der Hirnanhangdrüse induziert. Folglich liegt der Gedanke nahe, daß der entzugs-
bedingte Stress nachhaltige Veränderungen auf der Ebene bestimmter
Systeme des Neo- oder Paläokortex verursacht. Diese könnten ihrerseits auf die hypothalamischen und hypophysären Stressmechanismen
zurückwirken. So wurde nachgewiesen, daß ein gewisser «Neuron-
stress» (weißes Rauschen oder Lichtblitze) keine hypothalamo-hypo-
physären Stressfaktoren freisetzt, wenn der davon betroffene Hirnbereich entfernt worden ist (Feldman & Conforti 1985).

Möglicherweise entpuppt sich das Rebound des paradoxen Schlafs
als ein «zerebrostatischer» Mechanismus, der dazu bestimmt ist, die
durch «nicht belohnende» Bedingungen auferlegten Veränderungen
der kortikalen Verbindungen rückgängig zu machen. Mit diesen in
einer Stress- oder Zwangssituation erhaltenen Versuchsdaten, die auf
die kompensatorische Zunahme des paradoxen Schlafs schließen lassen, konnten jüngst Daten verglichen werden, die Versuchsbedingungen unter umgekehrten Vorzeichen erbracht hatten.

Läßt man einer Ratte im Falle der «Selbststimulierung» des seitlichen Hypothalamus die Wahl der weckenden (und belohnenden)
kortikalen Reizungen, zieht ein ununterbrochenes zehnstündiges
Wachsein (das durch bis zu zehn Stimulationen pro Minute unterstützt
wird) *keinerlei Zunahme des paradoxen Schlafs* nach sich (Valatx, persönliche Mitteilung an den Autor). Man kann also annehmen, daß sich
die Selbststimulierung in diesem Fall ausschließlich genetisch programmierter, mit der Individualität zusammenhängender Verbindungen be-
dient. Sie könnte somit die iterative Programmierung durch den paradoxen Schlaf ersetzen.

Das heißt also, daß epigenetische Reizungen je nach ihrer Bedeutung
(Bestrafung, Zwang, Belohnung) den paradoxen Schlaf zwar auch unterdrücken, daß aber diese Unterdrückung gegenteilige Effekte hervorruft. Ein durch eine zweistündige Bewegungslosigkeit induzierter
Stress oder die experimentell herbeigeführte Unterdrückung des paradoxen Schlafs verursacht ein paradoxes Schlaf-Rebound. Im Gegensatz dazu führen Selbststimulierungen des seitlichen Hypothalamus

(bei einem ununterbrochenen zehnstündigen Wachzustand) zu keiner Zunahme des paradoxen Schlafs. Im ersten Fall verändern sich genetisch programmierte kortikale Verbindungen, die der Individualität zugrunde liegen. Diese Veränderungen können über hypothalamisch-hypophysäre Mechanismen eine Zunahme des paradoxen Schlafs einleiten; der paradoxe Schlaf stellt dann die genetisch programmierten kortikalen Verbindungen der Individualität wieder her. Im zweiten Fall werden die genetisch programmierten Verbindungen der Individualität durch die Selbststimulierung unmittelbar berührt. Daraus folgt, daß die Selbststimulierung die Funktion des paradoxen Schlafs übernimmt und deshalb auf den Mechanismus des paradoxen Schlafrückpralls nicht angewiesen ist.

Die paradoxe Folgenlosigkeit des Fehlens von paradoxem Schlaf beim Menschen: Es ist aus moralischen Gründen natürlich nicht erlaubt, den paradoxen Schlaf bei einem eineiigen Zwilling auf pharmakologischem Wege zu unterbinden, um auf diese Weise die möglichen psychischen Veränderungen zu erfassen (und mit den individuellen Merkmalen des nicht behandelten Geschwisters zu vergleichen). Das ist der Grund, warum die Bilanz eines langfristigen Entzugs von paradoxem Schlaf beim Menschen vorerst keinen Rückschluß auf ein spezifisches Entzugssyndrom zuläßt. Hunderte, wenn nicht Tausende von Patienten, die an Narkolepsie oder Depression leiden, sind über Monate mit Monoaminoxidase-Hemmern oder mit trizyklischen Antidepressiva behandelt worden. Diese Substanzen unterdrücken den paradoxen Schlaf ganz oder beinahe vollständig, wie aus verschiedenen polygraphischen Aufzeichnungen hervorgeht (Fisher 1978). Gedächtnisstörungen sind dabei nicht zutage getreten. Was dagegen die festgestellten Charakter- oder Persönlichkeitsveränderungen betrifft, so fällt es einem schwer, sie ausschließlich auf den Entzug des paradoxen Schlafs zurückzuführen.

Das Lernen und der paradoxe Schlaf: Die Literatur über die Auswirkungen des Entzugs von paradoxem Schlaf auf das Lernen teilt positive und negative Ergebnisse in ungefähr gleicher Anzahl mit (vgl. den Überblick in Vogel 1975). Kein Zweifel besteht daran, daß der paradoxe Schlaf nach Abschluß eines Lernprozesses bei Mäusen zunimmt

(Lucero 1970; Hennevin & Leconte 1971; Smith *et al.* 1977). Die Wirkungen des Entzugs von paradoxem Schlaf hängen anscheinend aber auch von dem betrachteten Stamm, also von der genetischen Programmierung, ab. Das folgende Beispiel (Kitahama *et al.* 1981) ist sehr aufschlußreich. Die Stämme C57BR und C57BL/6 besitzen einen gemeinsamen genetischen Ursprung (Stamm C57). Die Verteilung des Slowwave- und des paradoxen Schlafs sowie die Menge des letzteren sind bei beiden Stämmen gleich. In beiden Stämmen wird ein experimentell herbeigeführtes Defizit an paradoxem Schlaf bis zu 60 Prozent kompensiert. Und dennoch sind stammesspezifische Verhaltensunterschiede nicht zu bestreiten. C57BR entfaltet «in Freiheit» mehr Aktivität und «lernt» im Labyrinth schneller als C57BL/6. Nach drei täglichen Lernsequenzen von jeweils 15 Lerndurchgängen erreicht C57BR im Labyrinth eine Erfolgsquote von 70 Prozent, C57BL/6 dagegen nur eine von 15 Prozent. Die phänotypische Differenz zwischen beiden Stämmen beträgt also 55 Prozent. Wird der paradoxe Schlaf nach jeder Sequenz zehn Stunden lang unterdrückt, sinkt der Anteil des Behaltens am dritten Tag bei C57BR nur geringfügig (auf 60 Prozent), steigt bei C57BL/6 dagegen erheblich an (auf 45 Prozent). In diesem Fall beträgt die phänotypische Differenz nur 15 Prozent. Während aber ein zehnstündiger Entzug paradoxen Schlafs auf spontane Tätigkeiten von C57BR beinahe keinen Einfluß ausübt (86 Prozent vor und 82 Prozent nach dem Entzug), verhält es sich bei C57BL/6 genau umgekehrt (65 Prozent vor und 89 Prozent nach dem Entzug). So können phänotypische Verhaltensunterschiede (spontanes Verhalten unter nicht eingeschränkten Bedingungen) und Lernverhaltensunterschiede durch die Unterdrückung des paradoxen Schlafs merklich reduziert werden.

Diese Ergebnisse sind selbstverständlich kein Beweis dafür, daß der paradoxe Schlaf für die iterative genetische Programmierung zuständig und für die phänotypische Varianz zwischen beiden Stämmen C57 verantwortlich ist, da der Entzug des paradoxen Schlafs ja auch auf anderen Wegen Wirkungen haben kann. Diese Resultate machen jedoch deutlich, daß die Messung der Wirkungen, die der Entzug paradoxen Schlafs auf genetisch heterogene Populationen entfalten kann, nichts als ein Hirngespinst ist, da jedes Individuum auf seine Weise reagiert.

«Instinktives Verhalten» und der paradoxe Schlaf

In einem anderen Beitrag habe ich die Hypothese aufgestellt (Jouvet 1978), daß der paradoxe Schlaf zur Programmierung bestimmter artspezifischer Verhaltensweisen beiträgt (siehe auch Kapitel 4). Bestimmte Sequenzen des Traumverhaltens von Katzen gleichen in der Tat dem stereotypen Lauern, Angreifen usw., also artspezifischen Verhaltensweisen. Das objektlose Traumverhalten ist folglich mit dem Spielen verwandt, was die Annahme Piagets zu bestätigen scheint, daß der Traum ein dem Gehirn innewohnendes Spiel ist (Tissot 1984). Diese Hypothese scheint mir inzwischen aus folgenden Gründen nicht mehr vertretbar zu sein:

1. Das Instinktverhalten eines Säuglings (das Suchen der Mutterbrust und das Saugen – sie allein sind beim Menschen anscheinend instinktbedingt) muß im wesentlichen durch die strukturelle, von der Neurogenese des Gehirns abhängige Organisation programmiert sein; jedenfalls bedarf es keiner iterativen Programmierung, da es bei unreifen Neugeborenen dem Auftreten des eigentlichen paradoxen Schlafs vorangeht.

2. Beobachtungen an spielenden Kätzchen reichen zur Feststellung aus, daß das Spielen im Wachzustand der schrittweisen Verbesserung anderer Verhaltensweisen (Lauern, Angriff, Flucht usw.) dient. Doch wozu ein Traumspiel, wenn das wache Spielen schon genügt?

3. Die auffälligen Variationsmöglichkeiten im Verhaltensrepertoire verschiedener Individuen und die Konstanz dieses Verhaltensrepertoires beim einzelnen Tier verbieten die Annahme, daß das *arttypische* Verhalten programmiert wird. Vielmehr wird die phänotypische Variation programmiert.

4. Schließlich ist es der Forschung nicht gelungen, durch Unterdrükkung des paradoxen Schlafs bei jungen weiblichen Ratten vor der Geschlechtsreife das durch die Wahrnehmung einer neugeborenen Ratte ausgelöste Fürsorgeverhalten zu hemmen (Olivo, persönliche Mitteilung an den Autor).

Die Evolution und der paradoxe Schlaf

Ein evolutionstheoretischer Kerngedanke betrifft die Variabilität innerhalb einer Gattung (das Individuum) im Gegensatz zum artspezifischen Typus. Diese Variabilität läßt sich, was die körperlichen Merkmale betrifft, durch genetische Mechanismen ohne weiteres erklären. Warum sollte man sich weigern, diese Mechanismen auch für psychische Prozesse gelten zu lassen?

Mayr (1958) hat sich zu dieser Frage wie folgt geäußert: «Die genetische Variabilität ist eine universelle Gesetzmäßigkeit, eine Tatsache, die nicht nur für die Morphologie, sondern auch für die Verhaltensanalyse von Belang ist. Von *den* Affen zu sprechen ist genauso irreführend wie von *den* Rhesusaffen zu sprechen... Es ist an der Zeit, die Existenz genetisch bedingter Verhaltensunterschiede hervorzuheben... Auffällige individuelle Unterschiede sind beim Angriffsverhalten, bei Reaktionen von Vogelarten auf Mimikry und Warnsignale und beim Pflegeverhalten von Ratten festgestellt worden. Die Beobachter stimmen darin überein, daß diese individuellen Unterschiede ein Leben lang und unabhängig von den Erfahrungen bestehen bleiben. Diese Variabilität ist für die Evolutionstheorie von größtem Interesse. Man kann nur hoffen, daß sie in der Experimentalpsychologie auf größere Gegenliebe stoßen wird als in der Vergangenheit.»

Die Theorie, die ich hier zusammengefaßt habe, ist die Antwort eines Neurophysiologen auf den von Mayr ausgesprochenen Wunsch, geäußert zu einer Zeit, als der paradoxe Schlaf – das große Rätsel des Gehirns in Aktion – gerade entdeckt wurde.

Zuerst erschienen in Canadian Journal of Psychology, *Band 42, 1991, S. 148–168.*

Schlußbetrachtung

Dreißig Jahre Traumforschung oder Der Einsturz der Paradigmen

An einem Abend im April 1970 verbrachte ich am Ende der Jahresversammlung der Association for Psychophysiological Study of Sleep (APSS) in Santa Fe/New Mexico mit zehn Freunden, die seit 1960 über die Schlaf- und Traummechanismen forschten, einige gesellige Stunden. Hinter dieser informellen Begegnung verbarg sich die Absicht, Bilanz über ein Jahrzehnt der Forschung zu ziehen und für die siebziger und achtziger Jahre einige Prognosen zu wagen.

Die Bilanz

Die sechziger Jahre waren sehr ertragreich gewesen: Ein dritter Zustand des Gehirns in Aktion war identifiziert worden, und er entsprach aller Wahrscheinlichkeit nach der Traumtätigkeit.

So wurde also aus dem Traum ein physiologisches Geschehen gemacht. Wir waren von der Überzeugung beflügelt, daß das Geheimnis der Traummechanismen, also auch der Traumfunktion(en), mit Hilfe neurophysiologischer Methoden gelüftet würde. Wir wußten bereits, wo sich die Traummaschine befindet – im Hirnstamm –, und wir glaubten, daß uns die Elektrophysiologie die Augen dafür öffnen würde, wie diese Maschine während des Schlafs die Hirnrinde in regelmäßigen Abständen aufreizt.

Die ontogenetische und phylogenetische Entwicklung des paradoxen Schlafs war auch schon in großen Zügen bekannt. Natürlich gaben

Schnabeltiere einige Rätsel auf, da sie nicht träumen. Aber diese Spielerei der Natur brachte die Ordnung, die wir hinter der Evolution vermuteten, das heißt die Entstehung der «Traumfunktion», die die Entstehung der Vögel und der Säuger, also aller homöothermen Lebewesen, begleitet, nicht ins Wanken.

Die Neuropharmakologie hatte uns – übrigens unter Mithilfe der Psychopharmakologie – darüber aufgeklärt, daß neue Moleküle (beispielsweise die Monoaminoxidase-Hemmer) den Traum selektiv unterdrücken. So öffnete sich das Tor zu den zerebralen Monoaminen (Katecholamine und Indolamine) einen Spaltbreit; wir würden das Rätsel des zerebralen Rhythmus von Wachheit, Schlaf und Traum bestimmt «knacken» können. Einige von uns dachten sogar, die Katecholamine seien für Wachsein und Traum verantwortlich, das Serotonin dagegen für den Schlaf!

Die feuchte Neurophysiologie – die der Neurotransmitter – würde also bald die gute alte trockene Neurophysiologie – die Elektrophysiologie – unterstützen.

In den sechziger Jahren wurden viele Versuche über den Entzug des paradoxen Schlafs (oder der Träume, wenn es sich um den Menschen handelt) durchgeführt. Wir wußten also darüber Bescheid, daß der Entzug von paradoxem Schlaf ein Rebound des paradoxen Schlafs nach sich zieht. Die Intensität dieses Rebound, so stellte sich heraus, entspricht der Entzugsdauer. Also schien es auf der einen Seite «Schulden», auf der anderen Seite eine «Rückzahlung» zu geben, während der Gedanke an die Stärke des Rebound auf einem Vergleich mit dem «Flüssigkeitsdruck» (*REM pressure*) beruhte. Ende der sechziger Jahre operierte man schließlich mit folgenden zwei Vorstellungen:

1. Der paradoxe Schlaf – oder der Traum – muß eine wichtige Rolle spielen, da homöostatische Mechanismen einen Entzug dieses Schlafs – oder einen Traumentzug – kompensieren. Doch leider kannten wir gerade diese Funktion noch nicht!

2. Der Entzug des paradoxen Schlafs läßt sich mit einem «hydraulischen» Modell darstellen. Er führt zur *Akkumulierung* eines «oneirogenen» Faktors im Liquor. Der hohe Pegelstand des «REM juice», wie mein Freund William Dement sagte, muß für das Rebound verantwortlich sein. Wir verwendeten das gleiche hydraulische Modell, das

bereits Freud und Lorenz zur Erklärung der Triebe benutzt hatten. So durchlaufen Erklärungsvorschläge auch eine Ontogenese, können aber mitunter die Evolution eines Wissenschaftszweiges aufhalten...

Die Vorhersagen für das Jahr 1990

Von Whisky und Gin in reichlicher Menge schon sanft besäuselt, stimmten wir danach über die Prognosen für das Jahr 1990 ab (die Ergebnisse werden durch das Verhältnis der Ja-Stimmen zur Anzahl der abgegebenen Stimmen angegeben):

Die Mechanismen (7 : 10) und die Funktionen des Schlafs (6 : 10) werden bekannt sein.

Man wird die Mechanismen, die für die periodische Auslösung der Traumtätigkeit verantwortlich sind, wie auch den (oder die) oneirogenen Faktor(en) kennen (8 : 10).

Man wird Traumszenerien (Traumbilder) und das Wachbewußtsein mit Hilfe neuronaler Begriffe erklären (0 : 10).

Die Kenntnis der Mechanismen des paradoxen Schlafs führt auf geradem Wege zur Kenntnis seiner Funktionen (7 : 10) beziehungsweise zur Erkenntnis, daß er keinerlei Funktion besitzt (3 : 10).

Man wird die Substanzen kennen, mit denen man nach Belieben den physiologischen Schlaf herbeiführt und verlängert (8 : 10).

Man wird die Substanzen kennen, die einen mehrtägigen Wachzustand von guter Qualität bewirken. Aber die Substanzen dürfen keine Amphetamine sein, damit Gewöhnungs- oder Suchterscheinungen vermieden werden (6 : 10).

Inzwischen sind zwanzig Jahre vergangen. Wir sind nur noch sieben, aber Freundschaft verbindet uns nach wie vor. Unsere Vereinigung ist umgetauft worden, doch die Abkürzung ist geblieben. Heute heißt sie Association of Professional Sleep Societies. Die Domäne der Schlafforschung ist seitdem von der «Schlafmedizin» besetzt worden. Die Analyse des Schnarchens (Apnoe während des Schlafs) oder der Impotenz («Erleben Sie, ja oder nein, während des Träumens eine Erektion?») ist zu einem lukrativen Geschäft geworden. Unsere Traumwelt hat sich ziemlich verändert. Und wie steht es mit unseren Prognosen?

Die Schlafmechanismen sind undurchsichtig wie eh und je, obgleich wir seit kurzem verstehen, wie die elektrische Hirnaktivität synchroner und langsamer wird, je tiefer wir in den Schlaf sinken.

Wir beginnen zu verstehen, wie das endogene, auf der Ebene des Nucleus suprachiasmaticus befindliche Uhrwerk unser Wachsein und unseren Schlaf dank der vom Liquor transportierten Faktoren steuert.

Aber das «Warum» des Schlafs entzieht sich nach wie vor unserer Erkenntnis, auch wenn wir erahnen, daß wir nach Antworten auf die Warum-Frage in den energetischen Hirnmechanismen suchen müssen...

Die ausführenden Mechanismen des paradoxen Schlafs (also: die Neuronen in den Neuronen-Orchestern, die die Traumpartitur unter der Leitung des in der PGO-Aktivität unsichtbar bleibenden Dirigenten spielen) kennen wir etwas besser. Wir kennen sogar das «Wie des Wie» bestimmter Systeme. Das folgende Beispiel verdeutlicht, wie wir derartige Erkenntnisse gewonnen haben.

Seit 1959 weiß man, daß der paradoxe Schlaf von einer vollständigen Atonie begleitet wird. Diese Atonie wurde nach dem damals geltenden «retikulären» Paradigma auf die von der aktivierten Formatio reticularis bulbaris ausgehende hemmende Wirkung zurückgeführt. Nach und nach wurde dieses System gleichsam Stufe um Stufe durch anatomische, später auch durch immuno-histochemische Verfahren durchsichtig gemacht. Zuerst entdeckte man das Befehlszentrum auf der Ebene des Pons, dann die ponto-bulbäre Bahn, das bulbo-spinale System; danach wurde das jedem dieser Systeme zugrundeliegende biochemische Räderwerk ergründet, also die cholinozeptive Maschine der ersten Stufe, die noch unbekannte Maschine der zweiten, die glycinerge Maschine der dritten Stufe. Und endlich wurde bestätigt, daß die allgemeine Muskelatonie in der Tat – wie man dies dreißig Jahre früher hatte vorhersehen können – mit einer Hyperpolarisation der α-Motoneuronen unter dem Einfluß von Glycin (Aminoessigsäure oder Leimzucker) einhergeht.

Wie steht es mit unseren Kenntnissen vom Zeitmechanismus, dem Uhrwerk oder Schrittmacher, der je nach Tageszeit den Traum bedingt? Die Fortschritte waren in diesem Bereich eher langsam. Die von diesem Schrittmacher eingerichteten Zeitphasen hängen eng mit dem Gewicht des Organismus, dem Gewicht des Tiergehirns und mit dem

Stoffwechsel zusammen. So dauert die Periode des Traums bei einer Maus 10, bei einer Katze 24, beim Menschen 90 und beim Elefanten 180 Minuten. Nun gut, werfen die Skeptiker ein, so verhält es sich ja auch mit dem Herz- und Atemrhythmus! Inzwischen haben wir aber Verfahren entwickelt, mit denen man die Periodizität des Schrittmachers (die man zuvor als unveränderlich angesehen hatte) verändern kann. Und so haben wir seine Abhängigkeit von peptidergen Faktoren ausfindig gemacht, was gleichbedeutend ist mit der Aussage, daß wir die Zeitgebung des Schrittmachers mal beschleunigen, mal verlangsamen können. Seit kurzem haben wir sogar die Möglichkeit, durch willkürlich herbeigeführte Veränderungen bestimmter energetischer Faktoren im Gehirn auf den Schrittmacher selbst einzuwirken. Schließlich nehmen wir an, daß wir es nicht mit einem, sondern mit mehreren Schrittmachern zu tun haben. Wenn wir einmal alle «Wie» des Uhrwerks kennen werden, wird sich daraus vielleicht eine Antwort auf die Warum-Frage ergeben – aber davon sind wir noch einige Wegstrecken entfernt.

Und was ist über den oneirogenen Faktor zu berichten, den berüchtigten *REM juice*, den das hydraulische Modell des paradoxen Schlafs postuliert hatte? Zuerst haben wir einen Saft gefunden (das VIP, für *vaso active intestinal peptide*), danach waren es bereits zwei Säfte, und heute kennt man deren zehn. Das besagt aber, daß es keinen *REM juice* im eigentlichen Sinne gibt und daß das hydraulische Modell uns hinters Licht geführt hat.

Das Rebound des paradoxen Schlafs nach dessen Entzug wird nämlich nicht durch einen oneirogenen Faktor verursacht, sondern vielmehr durch mehrere hypothalamo-hypophysäre Faktoren, die durch den vom Entzug hervorgerufenen Stress freigesetzt werden. So kann jedes angsteinflößende Ereignis in unserem Alltagsleben über Prozesse, die wir zu begreifen anfangen, eine ganze Kette von Reaktionen auslösen, die – wenn wir in den Schlaf gesunken sind – die Dauer der ersten Träume verlängern.

Haben wir endlich für die Traumtätigkeit oder den paradoxen Schlaf eine Funktion gefunden? Die Frage muß verneint werden (siehe auch Kapitel 7 und 8). Anlaß zu Klagen über einen Mangel an Hypothesen gibt es nicht. Inzwischen haben wir uns aber mit der Manipulation von Medikamenten gegen Hypersomnie (ein abnorm starkes Schlafbedürfnis), vor allem aber gegen die Narkolepsie, sowie gegen Depression vertraut gemacht. Die meisten dieser Substanzen (die Monoaminoxidase-Hemmer, die trizyklischen Antidepressiva) unterdrücken jedweden Traum (das gilt sowohl für das subjektive Erleben als auch für die objektiven Schlafaufzeichnungen). Bestimmte Personen führen wochen- oder gar monatelang trotz der vollständigen Unterdrückung des paradoxen Schlafs ein normales Leben ohne Gedächtnisstörungen.

Den Pharmakologen ist es noch nicht gelungen, Substanzen für die Auslösung oder für die Verlängerung des paradoxen Schlafs zu finden. Natürlich kann man sehr rasch einschlafen, wenn man Benzodiazepine (Wirkstoffe mit sedativer, schlaffördernder, angst- und spannungslösender Wirkung) schluckt – und schnell gewöhnt man sich daran oder wird süchtig danach; setzt man sie ab, quält einen die Schlaflosigkeit.

Fortschritte der vergangenen zwanzig Jahre betreffen eigentlich nur den Wachzustand. Die Entdeckung sogenannter eugregorischer Moleküle, die die Qualität des Wachseins heben, erlaubt inzwischen den Verzicht auf Amphetamine bei der Behandlung der meisten Hypersomnien. Diese Medikamente verursachen weder Gewöhnungs- noch Suchterscheinungen, so daß eine bessere Kenntnis ihrer Wirkungsweise uns bald zu einer besseren Kenntnis der Wachheitsmechanismen führen sollte.

Wir haben die 1970 gesteckten Ziele alles in allem nicht erreicht. Warum das so ist, läßt sich im nachhinein mühelos verstehen. Die Zukunftsentwicklungen, die wir 1970 spielerisch vorwegzunehmen versuchten, mußten – wie fast jede Prognose – so gut wie sicher erfolglos sein. Niemand kann, wenn es um komplexe Systeme geht, vorhersehen, was in einigen Monaten oder Jahren geschieht. Deshalb geraten jene, die Prognosen über politische, ökonomische oder wissenschaftliche Entwicklungen wagen, in Bedrängnis, sobald sie erklären müssen, warum die Dinge nicht nach den Vorhersagen gelaufen sind.

Konstruktive und destruktive Ereignisse, die dialektisch aufeinander bezogen sind, haben die schöne Kurve des Fortschritts unserer Kenntnisse von der Traumtätigkeit, die wir auf der Grundlage der in den sechziger Jahren angesammelten Daten extrapoliert hatten, unförmig werden lassen.

Die konstruktiven Ereignisse

Die Neurowissenschaften haben mit zwanzigjähriger Verspätung das gleiche exponentielle Wachstum erfahren wie die Molekularbiologie. 1970 kannten wir fünf oder sechs «ehrwürdige» Neurotransmitter, mit denen wir die integrierte Aktion des Gehirns erklärten. Heute zählt man deren hundert (von denen etwa fünfzehn zur *jet set society* der Neurotransmitter gehören).

Neue, zunehmend verfeinerte Techniken sind entwickelt worden. Man kann seit 1983 ein einziges Neuron reizen oder hemmen. Alle vor 1983 mit Hilfe der elektrolytischen Zerstörung durchgeführten Versuche, bei denen sowohl der Zellkörper als auch die axonalen Passagen zerstört wurden, sind verdächtig geworden oder längst überholt. Aber die «von der Natur selbst durchgeführten Versuche» über die menschliche Hirnpathologie (Traumata, Blutergüsse, Geschwulste) zerstören sowohl die Zellkörper als auch die axonalen Passagen. Deshalb war die experimentelle Neurophysiologie vor 1983 so siegesgewiß: Sie konnte komatöse Zustände oder Schlaflosigkeit als krankhafte Verirrungen der menschlichen Natur reproduzieren und zugleich auch erklären. Der diagnostische Wert der Lokalisation einer Hirnläsion verdankt sich oft der *assoziierten* Läsion der Zellkörper und der Bahnen; doch daraus lassen sich keine Rückschlüsse auf die Funktionsweise(n) des verletzten Hirnbereichs ziehen. Gerade hierin liegt der ganze Streit zwischen den Anhängern der Lokalisationstheorie und deren Gegnern begründet.

Neue Akteure sind inzwischen auf die Hirnbühne getreten, beispielsweise die Gliazelle, deren ausschlaggebende Rolle in energetischen Hirnprozessen man zu erraten begonnen hat. Ist eigentlich bekannt, daß *ausschließlich* kortikale Gliazellen β-adrenerge Rezeptoren besitzen, die in vielen Schemata der Hirnrindenfunktionen allein den Nervenzellen zugeschrieben werden?

Schließlich ist das Gehirn eine Maschine mit hohem Energie- und Glukoseverbrauch. Es ist gleichzeitig eine Maschine, die den ganzen Organismus steuert und von ihm abhängt. Zwei Beispiele sollen das Verständnis für die Komplexität dieser Steuermechanismen befördern.

Bei den meisten Säugetieren beträgt die sogenannte neutrale Umwelttemperatur 27 Grad Celsius (bei dieser Temperatur verbraucht der

Organismus, also auch das Gehirn, keine Energie, um sich gegen Kälte oder Wärme zu schützen). Eine Maus, eine Ratte oder eine Katze schläft, vor allem aber *träumt* sie mehr bei dieser Temperatur, als wenn man ihr einen Faktor einspritzt, der das Träumen bei 24 Grad Celsius «begünstigt».

Eine fortschreitende zerebrale Unterkühlung (Senkung der Temperatur von 37 auf 25 Grad) löst eine höchst erstaunliche Kette von Ereignissen aus. Zuerst nimmt der paradoxe Schlaf zu. Diese Zunahme bringt paradoxe Mechanismen des Wärmeverlustes (durch Vasodilatation, das heißt durch Weiterstellung der Blutgefäße) ins Spiel. Die Hirntemperatur geht zurück. Folglich wird durch ein Ensemble «unlogischer» Rückkopplungsmechanismen eine Schleife aktiviert, deren Aufgabe es ist, Energie zu bewahren (Senkung der Temperatur, also Senkung des Glukoseverbrauchs). Jede zunehmend längere Phase des paradoxen Schlafs trägt dazu bei, die Temperatur zu senken, so daß der paradoxe Schlaf bei 25 Grad Celsius nicht mehr aufhört. Die Biologen kennen das Q^{10}-Gesetz, nach dem bei biologischen Prozessen (Stoffwechsel, Sauerstoffverbrauch, Puls und Atemfrequenz) eine Senkung um den Faktor 1, 2 oder 3 zu beobachten ist, wenn die zentrale Temperatur um 10 Grad sinkt. Nun wissen wir zwar, *daß* der paradoxe Schlaf eine zentrale Temperatursenkung mit sich führt, aber wir wissen nicht, *warum* ausschließlich das Träumen dem Q^{10}-Gesetz *nicht* gehorcht (der Q^{10}-Wert für die Menge des paradoxen Schlafs zwischen 35 und 25 Grad Celsius beträgt 0,1). Auf welcher Ebene genau macht sich die Natur über die Biologen lustig?

Die destruktiven Ereignisse

Es versteht sich von selbst, daß jede neue Erkenntnis zur Zerstörung der Grundbegriffe, von denen sie ausgegangen ist, beiträgt. Die Entwicklung der Neurowissenschaften hat aus den Fundamenten, auf denen die Neurophysiologie des Wach-Schlaf-Rhythmus aufbaute, Ruinen gemacht.

Zwischen 1950 und 1980 wurde im Brustton der Überzeugung behauptet, daß die Formatio reticularis mesencephali und/oder der hintere Bereich des Hypothalamus für die Wachheit zuständig seien (siehe

Kapitel 4). Die Zerstörung dieser Zentren (durch Krankheit oder Verletzung beim Menschen, durch elektrolytische Läsion bei Versuchstieren) bewirkt – so wurde verkündet – ein lang anhaltendes Koma. Aber die *ausschließliche* Zerstörung der Zellkörper dieser Strukturen beeinträchtigt das Wachsein *nicht*. Also muß das Koma von der Unterbrechung der aufsteigenden und absteigenden Bahnen zum Hirnstamm oder zum Kortex herrühren. Heute weiß man, daß mehrere redundante, miteinander verbundene Systeme für die Wachheit sorgen. Und wie könnte es eigentlich anders sein, wenn man bedenkt, daß die Evolution in Millionen von Jahren zur Verbesserung der Mechanismen und der redundanten Verbindungen, die das für das Überleben eines Individuums oder einer Gattung erforderliche Wachsein sichern, beigetragen hat?

Messungen der einheitlichen Tätigkeit von Nervenzellen bildeten eine Zeitlang das A und O jeder Kenntnis vom Gehirn. Ist ein bestimmter Neuronenverband während des Wachzustandes aktiv, während des Schlafs oder des Traums dagegen inaktiv, so folgt – sagte man damals – daraus, daß diese Neuronen synchron für die Wachheit (oder wenigstens für bestimmte Aspekte des Wachseins) verantwortlich sind. Aber eine solche Schlußfolgerung ist alles andere als selbstverständlich. Einige Neuronen können doch im Wachzustand aktiv sein und Kaskaden von Prozessen in Bewegung setzen, die zum Schlaf und zum Traum führen!

So kann ein Neurophysiologe der Elektrophysiologie nicht mehr ganz trauen. Vielmehr muß versucht werden, die Verkettung der diachronen Ereignisse – sie können mehrere Minuten, mitunter eine Stunde dauern – zwischen der Freisetzung eines Neurotransmitters (beispielsweise des Serotonins) und den verschiedenen, zwischen Neuronen ausgetauschten postsynaptischen Botschaften zu erfassen – diese Botschaften aktivieren ja eine Rückkopplungsschleife, die den Schlaf (also die Aktivitätsunterbrechung des Systems) hervorruft. Diese Beispiele haben bestimmte Kausalitätsannahmen, auf denen die Neurophysiologie der sechziger Jahre beruht, zum Einsturz gebracht.

Der immer komplexer erscheinende Aufbau des Gehirns hat den Begriff der notwendigen und hinreichenden Ursache der Vigilanzzustände unterlaufen. Mit diesem Begriff hatte man der Formatio reticularis die Rolle des Wachhalters zugeschrieben, weil Läsionen dieses Systems ein Koma, Reizungen dagegen Wachheit hervorrufen. Doch dieses Bild muß in Anbetracht der Verschränkung unzähliger neuronaler und glialer Systeme, die den Wach-Schlaf-Rhythmus aufrechterhalten, als überholt gelten. Man ist mehr und mehr zu der Überzeugung gelangt, daß die Gesamtheit der hinreichenden Bedingungen die eigentliche Ursache des Traums ist. Wir haben es also mit einem weichen Kausalitätsbegriff zu tun.

Das Problem der Traumfunktionen

Die Physiologie widmet sich der Analyse von Funktionen, das heißt der Analyse der «Zweckursachen» bestimmter Mechanismen – des Blutkreislaufs, der Atmung, der Fortpflanzung, der Steuerung beispielsweise ionischer Homöostasen, des Sehens, der Abstimmung zwischen visuellen und motorischen Leistungen, des Gedächtnisses, des Lernens und so weiter. Alle diese Prozesse, so scheint es, «verfolgen ein bestimmtes Ziel». So genügt es, bestimmte Parameter zu erfassen, anhand deren sich beurteilen läßt, ob eine Funktion zielgerecht ausgeübt wird. Die Rolle des Physiologen ist es, die Ausgangsbedingungen eines Systems zu verändern, um Erkenntnisse über die systemeigenen Steuerungsprozesse zu erlangen. Er sucht also nach Antworten auf Fragen wie: Welche Rezeptoren innerhalb und außerhalb des Schädels sprechen bei Flüssigkeitsentzug auf die Osmolarität (also auf das Maß der wirksamen Konzentration einer Lösung) an, welche Signale senden sie aus, an welcher Stelle greifen die hormonellen Steuersysteme ein? Indes, der Neurophysiologe, der Träume analysiert, beschäftigt sich mit einem Gegenstand, dessen Ursachen und Funktionen schwer zu erkennen sind. Er kann das Auftreten des paradoxen Schlafs nicht herbeibefehlen, sondern lediglich den scheinbaren «Automatismus» des ponto-bulbären Schrittmachers feststellen. Die alleinigen Parameter (Dauer und Menge des paradoxen Schlafs), über die der Neurophysiologe verfügt, sind Größen, die ebenso fremdartig sind wie die irrationalen Zahlen. Die Atemfrequenz besitzt für einen Organismus, den der Physiologe kennt, eine Funktion. Aber die Dauer einer Traumperiode besitzt derzeit noch überhaupt keine Funktion.

So fällt der Hypno-Oneirologie unter den Neurowissenschaften eine befremdlich anmutende Rolle zu. Der Traumforscher weiß Bescheid, daß es für den Schlaf und die Träume keine eigentliche Ursache, sondern höchstens eine Konstellation hinreichender Bedingungen gibt, die alle erfüllt sein müssen, wenn es zum Traum kommen soll. Meistens wird die zuletzt in Experimenten untersuchte Bedingung für die Ursache gehalten. Aber der Traumforscher, der nach einer Ursache sucht, stochert auch in einem funktionslosen Dunkel herum.

So müssen wir gestehen, daß unser Unwissen beträchtliche Ausmaße annimmt, wenn wir es in unserer Forschung mit dem Schlaf und dem Träumen zu tun bekommen. Selbst wenn wir ahnen, daß der Schlaf unter anderem Hirnenergien einsparen soll, so wissen wir inzwischen doch schon, daß er auch den hinreichenden Bedingungen des Träumens zuarbeitet. Warum aber hat die Evolution für uns ein Gehirn ersonnen, das im Schlaf periodisch einer Maschine unterworfen wird, die aberwitzige Bilder «vor unseren Augen» flimmern läßt, unsere Muskeln lahmlegt, die meisten homöostatischen Mechanismen durcheinanderbringt und uns zudem eine Erektion beschert? Wir kennen sehr viele «Wie», und keines davon gewährt uns einen gesicherten Einblick in das «Warum», da wir nicht imstande sind, die im Verhalten, im Gehirn oder im Gesamtorganismus sich unzweifelhaft äußernden Veränderungen aufgrund eines dauerhaften Entzugs von paradoxem Schlaf bei einem Tier oder beim Menschen zu entziffern. Gehören wir also seit 1960 einer Generation von Blinden an? Und wird die nächste Generation, von ihrer eigenen Blindheit geblendet, sich über unsere Blindheit wundern?

Glossar

ACETYLCHOLIN: Vaguswirkstoff, der leicht hydrolysierbare Essigsäure-ester des Cholins; wird als → Neurotransmitter im präsynaptischen Teil bestimmter Nervenfasern als Cholin und Acetyl-CoA synthetisiert und ist an cholinergen Synapsen sowie an den motorischen Endplatten wirksam.

AEROB: Auf das Vorhandensein von Sauerstoff angewiesen.

AFFERENZ: Die dem Zentralnervensystem zuströmende Erregung.

AMNIOTEN: Die Sauropsiden (Kriechtiere, Vögel) und Säugetiere, die aus der Keimanlage Eihüllen bilden.

ANAEROBIE: Fähigkeit bestimmter Organismen oder Gewebe, ohne Sauerstoff(verbrauch) zu leben; die zum Leben notwendige Energie wird aus organischen Substanzen durch Abbau bezogen.

ATP: Abkürzung für Adenosin*tri*phosphorsäure; diese Säure spielt im Stoffwechselprozeß eine wichtige Rolle.

AXON: Fortsatz der Nervenzelle, dient der Fortleitung von Erregungen.

BULBUS: Das verlängerte Mark, auch Medulla oblongata genannt; der kopfwärts sich an das Rückenmark anschließende und mit dem Pons das Rautenhirn bildende Teil des Zentralnervensystems; arbeitet vorwiegend als Atem- und Kreislaufzentrum.

DEKORTIKATION: Operative oder auf anderem Wege herbeigeführte Entfernung einer Organhülle; im Bereich der Neurophysiologie: Entfernung der Hirnrinde (Entrindung).

DESOXYRIBONUKLEINSÄURE (DNS): Wesentlicher Bestandteil des Chromosoms im Zellkern.

EFFEKTOR: Nervenendigungen, die die Übertragung von Nervenimpulsen auf ein Organ oder Gewebe (Erfolgsorgan) gewährleisten.

EFFERENZ: Die von Nervenzellen, folglich auch vom Gehirn wegleitende Erregung; Gegenteil von Afferenz.

EKTOTHERM: Von der Umgebungstemperatur abhängig.

EPIGENESE: Alles, was in der Entwicklung eines Organismus nicht streng durch die Gene bedingt ist.

FORMATIO RETICULARIS: Diffuser Neuronenverband im Hirnstamm, der in Vigilanzzuständen (Wachsein, Schlaf, paradoxer Schlaf) eine wichtige Rolle spielt. Zusätzliche Angaben in der Bezeichnung (beispielsweise Formatio reticularis bulbaris) beziehen sich auf Teilbereiche dieser Hirnstruktur.

GENOM: Der vollständige Satz der Gene im Chromosomensatz einer Zelle, d. h. die vollständige, in der Desoxyribonukleinsäure angelegte genetische Information.

GENOTYPISCH: Das gesamte von beiden Elternteilen stammende Erbgut eines Organismus oder eines Verhaltens betreffend.

GLIAZELLE: Typ von Zellen, die sich von den Nervenzellen unterscheiden und letzteren als Zellgewebe dienen; auch Glia oder Neuroglia genannt.

GLYKOGEN: Tierische Stärke, für einen Organismus wichtige Glukosereserve.

HIRNANHANGDRÜSE: Etwa haselnußgroße, am Boden des Zwischenhirns befindliche Drüse, die verschiedene Hormone produziert; auch Hypophyse genannt

HOMÖOTHERMIE: Merkmal von Lebewesen mit konstanter zentraler Temperatur. Gegensatz zu → POIKILOTHERMIE.

HYPNO-ONEIROLOGIE: Schlaf- und Traumforschung.

HYPNOGRAMM: Zweidimensionale Aufzeichnung des Schlafgeschehens während einer Nacht; auf der Abzisse wird die Zeit, auf der Ordinate werden die verschiedenen Schlafstadien erfaßt.

HYPNOLOGIE: Schlafforschung.

HYPNOTOXIN: Giftstoff (Toxin), von dem angenommen wird, daß er Schlaf bewirkt.

HYPOPHYSÄR: Die Hirnanhangdrüse (Hypophyse) betreffend.

HYPOTHAMALISCH: Den Hypothalamus betreffend.

HYPOTHALAMUS: Teil des Zwischenhirns, bestehend aus 22 kleinen Kernen, spielt im lebenswichtigen Verhalten (Hunger, Durst, Fortpflanzung, Schlaf, Temperaturregulierung, Gefühle, hormonelle Steuerung) eine ausschlaggebende Rolle.

IPSILATERAL: Auf der gleichen Körperseite befindlich.

KATAPLEXIE: Schlagartig einsetzender Verlust des Muskeltonus infolge einer Emotion; wird von Narkolepsie begleitet.

KONTRALATERAL: Auf der Gegenseite des Körpers befindlich.

KORTEX: Großhirnrinde.

MILCHSÄURE: Entsteht beim Abbau von Glykogen im arbeitenden Muskel.

MNESTISCH: Das Gedächtnis und dessen Tätigkeit(en) betreffend.

MONOAMINOXIDASE-HEMMER: Substanz, die die Biosynthese von Monoaminoxidase hemmt.

MONOAMIN: Organische chemische Verbindungen mit einer Amino-Gruppe; zu diesen Verbindungen zählt man das Serotonin, das Dopamin, die Katecholamine, das Adrenalin.

MOTONEURON: Letztes Neuron in der efferenten Erregung der Skelett-muskulatur.

NARKOLEPSIE: Pathologisch abnormes Schlafbedürfnis.

NEUROGEN: Mit der Neurogenese zusammenhängend.

NEUROGENESE: Entwicklung des Nervensystems durch Teilung von Ner-venzellen.

NEUROTRANSMITTER: Chemische Verbindung(en), die an der Übertra-gung neuronaler Signale beteiligt ist (sind), und zwar an den Kontaktstellen (Synapsen) zwischen den Nervenzellen.

NUCLEUS: Ganglienzellen-Ansammlung (oder -Verband) als Ursprungs-, End- oder Schaltkern von Hirnnerven, Nervenbahnen, Bahnsystemen und Hirnstrukturen (bildlich: die Schaltstellen im Gehirn).

ONEIROGEN: Traumfördernd, traumbewirkend.

ONEIROLOGIE: Traumforschung.

ONTOGENESE: Entwicklungsgeschichte eines Individuums vom embryo-nalen Zustand bis zum Tod.

PEPTID: Kurze Aminosäure-Kette.

PERIKARYON: Der Zelleib der Nervenzelle um den Kern herum.

PGO-AKTIVITÄT: Spezifische, unter Beteiligung von Pons, Corpus genicu-latum und okzipitalem Kortex entstehende Tätigkeit, die für die schnellen Augenbewegungen (im Traum oder im paradoxen Schlaf) zuständig ist. Beim Menschen kann sie nur indirekt mit Hilfe von Elektroden auf der Kopfhaut im Bereich des Okzipitalbereichs erfaßt werden.

PHÄNOTYPISCH: Das gesamte Erscheinungsbild eines Individuums zu einem bestimmten Zeitpunkt der individuellen Lebensgeschichte betref-fend. Der Phänotypus wird bestimmt als Ergebnis der kombinierten Wir-kung genetisch bedingter Faktoren, der Umweltfaktoren und der Lernge-schichte.

PHYLOGENESE: Entwicklungsgeschichte einer Art oder Gattung.

POIKILOTHERMIE: Merkmal von Lebewesen, deren Körpertemperatur weitgehend von der Umgebungstemperatur abhängt.

PONS: Weißer Querwulst und Neuhirnanteil, aus markhaltigen Nervenfasern und den sogenannten Brückenkernen bestehend; auch Pons cerebris, Pons Varolii oder Brücke genannt.

POSTSYNAPTISCH: Hinter einer Synapse.

PRÄSYNAPTISCH: Vor einer Synapse.

SEHRINDE: Bedeutender Anteil des Okzipitallappens, der für die Verarbeitung visueller Reizungen zuständig ist.

SEROTONIN: Neurotransmitter, insbesondere im Hypothalamus und im Zwischenhirn.

STOCHASTISCH: Ein periodisch wiederkehrendes, teilweise zufallsbedingtes Ereignis oder Phänomen betreffend.

SYNAPSE: Kontaktstelle zwischen Nervenzellen.

ZIRBELDRÜSE: Drüse auf der dorsalen Fläche des Hirnstamms zwischen den oberen Hügeln der Vierhügelplatte, Teil des Zwischenhirns; auch Corpus pineale oder Glandula pinealis genannt.

Bibliographie

Adrien, J. (1976): «Lesion of the anterior raphe nuclei in the newborn kitten and the effects on sleep», *Brain Res.*, 103, 579–583.

Adrien, J. (1984): «Ontogenèse du sommeil chez le mammifère», in: Benoit, O. (Hg.), *Physiologie du Sommeil*, Paris, pp. 19–29.

Adrien, J.; Roffwarg, H. P. (1974): «The development of unit activity in the lateral geniculate nucleus of the kitten», *Exp. Neurol.*, 43.

Aguilar-Roblero, R.; Arankowsky, G.; Drucker-Colin, R.; Morrison, A. R.; Bayon, A. (1984): «Reversal of rapid eye movement sleep without atonia by chloramphenicol», *Brain Res.*, 305, 19–26.

Allison, T.; Cichetti, D. V. (1976): «Sleep in mammals: ecological and constitutional correlates», *Science*, 194, 732–734.

Baker, T. L.; McGinty, D. J. (1979): «Sleep-waking patterns in hypoxic kittens», *Develop. Psychobiol.*, 12, 561–575.

Benoit, O. (1984): *Physiologie du sommeil*, Paris

Berlucchi, G. (1965): «Callosal activity in unrestrained, unanesthetized cats». *Arch. Ital. Biol.*, 103, 623–635.

Bert, J. (1975): «Caractères génériques et caractères spécifiques de l'activité de pointe ‹ponto-géniculo-occipitale› (PGO) chez deux babouins, Papio hamadryas et Papio papio», *Brain Res.*, 88, 362–366.

Bloch, V.; Dubois-Hennevin, E.; Leconte, P. (1979): «Sommeil et mémoire», *La Recherche*, 10, 116, 1182–1191.

Bobillier, P.; Froment, J.-L.; Seguin, S.; Jouvet, M. (1973): «Effets de la p. chlorophénylalanine et du 5-hydroxytryptophane sur le sommeil et le métabolisme central des monoamines et des protéines chez le chat», *Biochem. Pharmacol.*, 22, 3077–3090.

Borbely, A.; Tobler, I. (1989): «Endogenous sleep-promoting substances and sleep regulation», *Physiol. Rev.*, 69, 605–670

Bouchard, T. J. (1984): «Twins reared together and apart: what they tell us about human diversity», *Proceedings of the Liberty Fund Confer. on Chemical and Biological Bases for Individuality and Determinism*, hg. v. S. W. Fox, New York, 147–184.

Bouchard, T. J.; Lykken, D. T.; McGue, M; Tellegen, A. (1990): «Sources of human psychological differences: the Minnesota study of twins reared apart», *Science*, 250, 223–229.

Bourguignon, A. (1968): «Neurophysiologie du rêve et théorie psychanalytique», *La Psychiatrie de l'enfant*, PUF, XI, 1, 1–69.

Bovet, D.; Bovet-Nitti, E.; Oliviero, A. (1969): «Genetic aspects of learning and memory in mice», *Science*, 163, 139–149.

Buser, P. A.; Rougel-Buser, A., Hg. (1978): *Cerebral Correlates of Conscious Experience*. Amsterdam.

Caillois, R.; v. Grunebaum, G. E., Hg. (1967): *Le Rêve et les sociétés humaines*. Paris.

Campbell, J. H.; Zimmermann, E. G. (1982): Automodulation of genes: a proposed mechanism for persisting effects of drugs and hormones in mammals», *Neurobehav. Toxicol. Teratol.*, 4, 435–440.

Cespuglio, R.; Laurent, J.-P.; Jouvet, M. (1975 a): «Étude des relations entre l'activité ponto-géniculo-occipitale (PGO) et la motricité oculaire chez le chat sous réserpine», *Brain Res.*, 83, 319–335.

Cespuglio, R.; Musolino, R.; Debilly, G.; Jouvet, M.; Valatx, J.-L. (1975 b): «Organisation différente des mouvements oculaires rapides du sommeil paradoxal chez deux souches consanguines de souris», *C. R. Acad. Sci.*, Paris, 280, 2681–2684.

Chase, M. H.; Morales, F. R. (1985): «Postsynaptic modulation of spinal cord motoneuron membrane potential during sleep», *Brain Mechanisms of Sleep*, hg. v. D. J. McGinty, A. Morrison, R. Drucker-Colin und P. L. Parmeggiani, New York.

Chastrette, N.; Cespuglio, R. (1985): «Effets hypnogènes de la des. Acetyl α-MSH et du CLIP (ACTH 18–39) chez le rat», *C. R. Acad. Sci.*, Paris, 301, 527–530.

Chouvet, G. (1981): *Structures d'occurrence des activités phasiques du sommeil paradoxal chez l'animal et chez l'homme*. Thèse Sciences, Université Claude-Bernard, n° 81–34, 350 p.

Chouvet, G.; Blois, R.; Debilly, G.; Jouvet, M. (1983): «La structure d'occurrence des mouvements oculaires rapides du sommeil paradoxal est similaire chez les jumeaux homozygotes», *C. R. Acad. Sci.*, Paris, 296, 1063–1068.

Corner, M. A. (1977): «Sleep and the beginnings of behavior in the animal kingdom. Studies of ultradian motility cycles in early life», *Progr. Neurobiol.*, 8, 279–296.

Crick, F.; Mitchinson, G. (1983): «On the function of dream sleep», *Nature*. 304, 111–114.

Cudworth, R. (1678): *True Intellectual System of the Universe*, Band II. Cambridge.

Debru, C. (1990): *Neurophilosophie du rêve*, Paris.

Dement, W. (1960): «The effect of dream deprivation», *Science*, 131.

Dement, W. (1972): «Sleep deprivation and the organization of behavioral states», *Sleep and the maturing nervous system*. C. Clemente, hg. v. D. Purpura und F. Mayer, Academic Press, New York.

Dement, W. C. (1981): *Dormir, rêver*, Paris.

Dement, W. C.; Kleitman, N. (1957): «Cyclic variation in EEG during sleep and their relation to eye movements, body motility and dreaming». *Electroencephal. Clin. Neurophysiol.*, 9, 689.

Descartes, R. (1963): *Œuvres philosophiques*, hg. von F. Alquié. Paris.

Dewan, E. M. (1969): «The programing (P) hypothesis for REM», *Physic. Sci. Research Papers*, 388, 295–307.

Drucker-Colin, R. R.; Zamora, J.; Bernal-Pedraza, J.; Sosa, B. (1979): «Modification of REM sleep and associated phasic activities by protein synthesis inhibitors», *Exp. neurol.*, 63, 458–467.

Ellis, H. (1992): *The World of Dreams*. New York.

Exner, S. (1989): *Entwurf zu einer physiologischen Erklärung der psychischen Erscheinungen*, Wien.

Ey, H. (1963): *La conscience*. Paris.

Farbman, A. I. (1990): «Olfactory neurogenesis: genetic or environmental controls», *TINS*, 13, 362–365.

Feldman, S.; Conforti, N. (1985): «Involvement of the sensory cortex in adrenocortical responses following photic and acoustic stimulation in the rat», *Neurosci. Lett.*, 555, 249–253.

Fisher, C. (1978): «Experimental and clinical approaches to the mind-body problem through recent research in sleep and dreaming», in: N. Rosenzweig und H. Griscom (Hg.), *Psychopharmacology and Psychotherapy: Synthesis or antithesis?*, New York.

Fox, P. T.; Raichle, M. E.; Mintun, M. A.; Denle, C. (1988): «Non oxidative glucose consumption during focal physiologic neural activity». *Science*, 241, 462.

Franck, G.; Salmon, E.; Poirier, R.; Sadzot, B.; Franco, B. (1987): «Étude du métabolisme glucidique cérébral régional chez l'homme, au cours de l'éveil et du sommeil par tomographie à émission de positrons», *Rev. EEG Neurophysiol. clin.*, 17, 71–77.

Freud, S. (1962): *Aus den Anfängen der Psychoanalyse*. Frankfurt a. M.

Freud, S. (1982): *Die Traumdeutung*. Frankfurt a. M.

Gackenbach, J.; Laberge, S., Hg. (1988): *Conscious Mind, Sleeping Brain: Perspectives on Lucid Dreaming*. New York.

Gastaut, H.; R. Broughton (1965): «A clinical and polygraphic study of episodic phenomena during sleep». *Rec. Adv. Biol. Psychiat.*, 7, 197.

Gibson, G. E.; Shimada, M. (1980): «Studies on the metabolic pathway of the acetyl group for acetylcholine synthesis», *Biochem. Pharmacol.*, 29.

Giuditta, A. (1984): «The neurochemical approach to the study of sleep», *Handbook of neurochemistry* (2nd edition), hg. v. A. Lajtha, New York.

Greenberg, R.; Pearlman, C. (1974): «Cutting the REM nerve: an approach to the adaptive function of REM sleep», *Perspect. Biol. Med.*, 17, 513−521.

Griffin, D. R., Hg. (1982): *Animal Mind − Human Mind*. Berlin/Heidelberg/New York.

Hamburger, V. (1970): «Embryonic motility in vertebrates», *The Neurosciences, Second Study Programm*, hg. v. F. O. Schmitt, New York, pp. 141−151.

Hasler, A. D.; Scholz, A. T. (1983): *Olfactory imprinting and homing in salmon*, Berlin/Heidelberg.

Helden, C. (1980): «Identical twins reared apart», *Science*, 207, 1323−1328.

Henley, K.; Morrison, A. (1969): «Release of organized behavior during desynchronized sleep in cats with pontine lesion», *Psychophysiology, 6*, 245.

Hennevin, E.; Leconte, P. (1971): «La fonction du sommeil paradoxal. Faits et hypothèses», *Ann. Psychol.*, 2, 489−519.

Hennevin, E.; Leconte, P. (1977): «Études des relations entre le sommeil paradoxal et les processus d'acquisition», *Physiol. Behav.*, 18, 307−319.

Hirsch, J. (1962): «Individual differences in behavior and their genetic basis», *Roots of Behavior*, hg. v. E. L. Bliss, New York.

Holder, N.; Clarke, J. D. W. (1988): «Is there a correlation between continuous neurogenesis and directed axon regeneration in the vertebrate nervous system»?, *TINS*, 11, 94−99.

Hopfield, J. J.; Feinstein, D. I.; Palmer, R. G. (1983): «Unlearning has a stabilizing effect in collective memories», *Nature*, 304, 158−159.

Horn, G.; Rose, S. P. R.; Bateson, P. P. G. (1973): «Experience and plasticity in the central nervous system», *Science*, 181, 506−514.

Jacobson, M. (1970): «Development, specification and diversification of neuronal connections», *The Neurosciences, 2nd Study Program*, hg. v. F. O. Schmitt, New York, pp. 116−129.

Jeannerod, M. (1983): *Le cerveau-machine: Physiologie de la volonté*, Paris.

Jouvet, M. (1962): «Recherches sur les structures nerveuses et les mécanismes responsables des différentes phases du sommeil physiologique», *Arch. Ital. Biol.*, 100, 125−206.

Jouvet, M. (1965): «Paradoxical sleep: A study of its nature and mechanisms». *Prog. Brain Res.*, 18, 20.

Jouvet, M. (1974): «Le Rêve», *La Recherche*, 1974, 46, 515–527.

Jouvet, M. (1978): «Does a genetic programming of the brain occur during paradoxical sleep?», *Cerebral Correlates of Conscious Experience*, INSERM Symposium 6, hg. v. P. Buser und A. Buser-Rougeul, Amsterdam, pp. 245–261.

Jouvet, M. (1978): «Le sommeil paradoxal est-il responsable d'une programmation génétique du cerveau?», *C. R. Soc. Biol.* (Paris), 172, 1–24.

Jouvet, M. (1979): «Le comportement onirique», *Pour la Science*, 1979, 25, 136–152.

Jouvet, M. (1980): «Paradoxical sleep and the nature-nurture controversy. In Adaptive Capabilities of the Nervous System», *Progress in Brain Research*, hg. v. B. McConnel, Amsterdam.

Jouvet, M. (1983): «Hypnogenic indolamine-dependant factors and paradoxical sleep rebound», *Sleep, 6th Eur. Congr. Sleep Res.*, Basel, pp. 2–18.

Jouvet, M. (1986): «Programmation génétique itérative et sommeil paradoxal», *Confrontations psychiatriques*, 27, 153–181.

Jouvet, M.; Delorme, J. F. (1965): «Locus coeruleus et sommeil paradoxal», *C. R. Soc. Biol.*, 159, 859–899.

Jouvet-Mounier, D.; Astic, L.; Lacote, D. (1970): «Ontogenesis of the states of sleep in rat, cat and guinea-pig during the first post-natal month», *Develop. Psychobiol.*, 2, 216–239.

Karnovsky, M. L.; Reich, P.; Anchors, J. M.; Burrows, B. L. (1983): «Changes in brain glycogen during slow wave sleep in the rat», *J. Neurochem.*, 41, 1498–1501.

Kitahama, K.; Valatx, J. L. (1980): «Instrumental and pharmacological paradoxical sleep deprivation in mice: strain differences», *Neuropharmacology*, 19, 529–535.

Kitahama, K.; Valatx, J. L.; Jouvet, M. (1981): «Paradoxical sleep deprivation and performance of an active avoidance task: impairment in C57BR mice and no effect in C57BL/6 mice», *Physiol. Behav.*, 27, 41–50.

Konishi, M.; Emlen, S. T.; Ricklefs, R. E.; Wingfield, J. C. (1989): «Contributions of bird studies to biology», *Science*, 246, 465–472.

Laberge, S. P.; Nagel, L. E.; Dement, W. C.; Zarcone, V. (1981): «Evidence for lucid dreaming during REM sleep», *Sleep Research*, 10, 148–181.

Laberge, S. P. (1985): *Lucid Dreaming: The Power of Being Akare and Aware in Your Dreams*, Los Angeles.

Laurent, J.-P.; Cespuglio, R.; Jouvet, M. (1974): «Délimination des voies ascendantes de l'activité ponto-géniculo-occipitale chez le chat», *Brain Res.*, 65, 29–52.

Lewontin, R. C.; Rose, S.; Kamin, L. J. (1984): *Not in our Genes: Biology, Ideology and Human Nature*, New York.

Lopez-Garcia, C.; Molowny, A.; Garcia-Verdugo, J. M.; Ferrer, I. (1988): «Delayed post-natal neurogenesis in the cerebral cortex of lizards development», *Brain Res.*, 43, 167–174.

Lucero, M. A. (1970): «Lengthening of REM sleep duration consecutive to learning in the rat», *Brain Res.*, 20, 319–322.

Matsuzaki, M. (1969): «Differential effects of sodium butyrate and physostigmine upon the activities of para-sleep in acute brain stem preparations», *Brain Res.*, 13, 247–265.

Mayes, A., Hg. (1983): *Sleep Mechanisms and Functions: An Evolutionary Perspective*. London.

Mayr, E. (1958): «Behavior and Systematics», *Behavior and Evolution*, hg. v. A. Roe und G. G. Simpson, New Haven.

McCarley, R. W.; Hobson, J. A. (1977): «The neurobiological origins of psychoanalytic dream theory», *Am. J. Psychiat.*, 134, 11, 1211–1221.

Meddis, R. (1983): «The evolution of sleep», *Sleep Mechanisms and Functions in humans and animals. An evolutionary perspective*, hg. v. A. Mayes, London.

Milner, T. A.; Aoki, C.; Sheer, K. F.; Blass, P.; Pickel, V. M. (1987): «Light microscopic immunocytochemical localization of pyruvate deshydrogenase complex in rat brain: topographical distribution and relation to cholinergic and catecholaminergic nuclei», *J. Neurosci.*, 7, 3171–3190.

Mukhametov, M. (1984): «Sleep in marine mammals», in: A. Borbely und J. L. Valatx (Hg.), *Sleep mechanisms*, Berlin, *Exp. Brain Res.* (Suppl. 8), 227-238.

Nordeen, E. J.; Nordeen, K. W. (1990): «Neurogenesis and sensitive periods in avian song learning», *TINS*, 13, 31–36.

Oniani, T. N., Hg. (1988): *Neurobiology of sleep-wakefulness cycle*, Metsniereba, Tbilissi.

Oppenheim, R. W. (1985): «Naturally occuring cell death during neural development», *TINS*, 8, 487–493.

Orem, J.; Barnes, C. D., Hg. (1980): *Physiology in Sleep*. New York.

Paton, J. A.; Nottebohm, F. N. (1984): «Neurons generated in the adult brain are recruited into functional circuits», *Science*, 225, 1046–1048.

Perec, G. (1973): *La boutique obscure*. Paris.

Petitjean, F.; Buda, C. ; Janin, M.; David, M. ; Jouvet, M. (1979): «Effets du chloramphenicol sur le sommeil du chat. Comparaison avec le thioamphenicol, l'erythromycine et l'oxytetracycline», *Psychopharmacol.*, 66, 147–153.

Pompeiano, O. (1970): «Mechanism of sensori motor integration during sleep», *Progr. Physiol. Psychol.*, 3, 1–179.

Ramirez, C. (1973): «Synaptic plasma membrane protein synthesis: selective inhibition by chloramphenicol in vivo», *Biochem. Biophys. Res. Commun.*, 50, 452–458.

Ramm, P.; Frost, B. J. (1983): «Regional metabolic activity in the rat brain during sleep-wake activity», *Sleep*, 6, 196–216.

Rampin, C.; Cespuglio, R.; Chastrette, N.; Jouvet, M. (1991): «Immobilisation stress induces a paradoxical sleep rebound in rat», *Neurosci. Lett.*, 126, 113–118.

Rechtschaffen, A. (1967): «Dream report and dream experiences», *Exp. Neurol.*, 19, 4–15.

Robert, W. (1886): *Der Traum als Naturnotwendigkeit erklärt*, Hamburg.

Roffwarg, H. P.; Muzio, J. N.; Dement, W. C.(1966): «Ontogenetic development of Sleep-Dream cycles», *Science*, 52, 604–619.

Sakai, K. (1980): «Some anatomical and physiological properties of pontomesencephalic tegmental neurons with special reference to the PGO waves and postural atonia during paradoxical sleep in the cat», *The Reticular Formation Revisited*, IBRO Monogr. Series, vol. 6, hg. v. M. Brazier, New York.

Sakai, K. (1985): «Anatomical and physiological basis of paradoxical sleep», *Brain Mechanisms of Sleep*, hg. v. D. J. McGinty *et al.*, New York, 111–137.

Sartre, J.-P. (1980): *Das Imaginäre*. Reinbek.

Sastre, J.-P.; Jouvet, M. (1979): «Le comportement onirique du chat», *Physiol. Behav.*, 22, 979–989.

Schenck, C. H.; Bundlie, S. R.; Ettinger, M. G.; Mahowal, M. W. (1986): «Chronic Behavioral Disorders of Human REM Sleep: A New Category of Parasomnia», *Sleep*, 9, 2, 293–308.

Schenck, C. H.; Bundlie, S. R.; Patterson, A. L.; Mahowald, M. W. (1987): «Rapid eye movement sleep behavior disorder». *J. Amer. Med. Ass.*, 257, 1786–1789.

Smith, C. (1985): «Sleep states and learning: A review of the animal literature», *Neuroscience and Biobehavioral reviews*, 9, 157–168.

Smith, C.; Kitahama, K.; Valatx, J. L.; Jouvet, M. (1977): «Increased paradoxical sleep in mice during acquisition of a shock avoidance task», *Brain Res.*, 77, 221–230.

Snyder, F. M. D. (1966): «Toward an evolutionary theory of dreaming», *Amer. J. Psychiat.*, 123, 2.

Steriade, M. (1978): «Cortical long-axoned cells and putative interneurons during the sleep-waking cycle», *Behav. Brain Sci.*, 3, 465–483.

Steriade, M.; Hobson, J. A. (1976): «Neuronal activity during the sleep-waking cycle», *Progress in Neurobiology*, vol. 6, hg. v. G. Kerkut und J. W. Phillis. New York, pp. 1–376.

Steriade, M.; McCarley, R. W. (1990): *Brainstem control of wakefulness and sleep*, New York.

Tissot, R. (1984): *Fonction symbolique et psychopathologie*, Paris.

Trabach-Valadier, C. (1988): *Les fonctions du rêve: à propos de la neurobiologie du sommeil paradoxal*, Thèse de Médecine, Univ. Claude Bernard, Lyon 1988.

Valatx, J. L.; Jouvet-Mounier, D.; Jouvet, M. (1964): «Évolution électroencephalographique des différents états de sommeil chez le chaton», *Electroenceph. clin. Neurophysiol.*, 17, 218–232.

Vogel, G. W. (1975): «A review of REM sleep deprivation», *Arch. Gen. Psychiat.*, 32, 749–764.

Whyte, L. L. (1960): *The Unconscious before Freud*. New York.

Wieland, O. H. (1983): «The mammalian pyruvate deshydrogenase complex: structure and regulation», *Rev. Physiol. Biochem. Pharmacol.*, 96, 123–170.

Windle, W. F. (1955): *Regeneration in the Central Nervous System*. Springfield, Ill.

Zhang, J. X.; Valatx, J. L.; Jouvet, M. (1987): «Absence de rebond de sommeil paradoxal chez des rats hypophysectomisés et traités à la naissance par le glutamate de sodium», *C. R. Acad. Sci.* (Paris), 305, 605–608.

Register

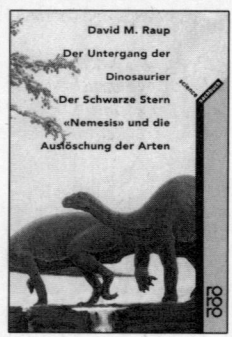

Kosmologie und Astrophysik

Peter W. Atkins
Schöpfung ohne Schöpfer *Was war vor dem Urknall?*
(rororo sachbuch 8391)

John Boslough
Jenseits des Ereignishorizonts
Stephen Hawkings Universum
Deutsch von Hainer Kober
176 Seiten. Gebunden

Reinhard Breuer (Hg.)
Immer Ärger mit dem Urknall
*Das kosmologische Standard-
modell in der Krise*
(rororo science 9323)

Rudolf Diehl
Sonne, Mond und Sterne
*Unser Sonnensystem -
Ein Überblick*
(rororo sachbuch 9305)

Hans Elsässer
Weltall im Wandel
Die neue Astronomie
(rororo sachbuch 8361)

Stephen W. Hawking
Eine kurze Geschichte der Zeit
*Die Suche nach der Urkraft
des Universums*
(rororo science 8850 und als
gebundene Ausgabe)

Stephen W. Hawking (Hg.)
**Stephen Hawkings Kurze
Geschichte der Zeit**
*Ein Wissenschaftler
und sein Werk*
Deutsch von Hainer Kober
224 Seiten mit zahlreichen
Abbildungen. Gebunden

Tor Nørretranders
Der Anfang der Unendlichkeit
Essay über den Himmel
(rororo science 9528)

James Trefil
**Fünf Gründe, warum es die Welt
nicht geben kann**
*Die Astrophysik der Dunklen
Materie*
(rororo science 9313)

Ein Gesamtverzeichnis aller
lieferbaren Bücher und
Taschenbücher der Rowohlt
Verlage und des Wunderlich
Verlags finden Sie in der
Rowohlt Revue. Jedes
Vierteljahr neu. Kostenlos in
Ihrer Buchhandlung.

Jeanne Achterberg
Gedanken heilen *Die Kraft der Imagination. Grundlagen einer neuen Medizin*
(rororo sachbuch 8548)

Bärbel und Walter Bongartz
Hypnose *Wie sie wirkt und wem sie hilft*
(rororo sachbuch 9133)
Hypnose ist ein jahrtausende-altes Phänomen, dessen wissenschaftlicher Erforschung sich Medizin und Psychologie in jüngster Zeit widmen. Was die Hypnose als Therapieform leisten kann, wie sie wirkt und wem sie hilft und bei welchen Beschwerden und Krankheiten ihr Einsatz sinnvoll ist, skizziert dieses Buch.

Frauke Teegen
Die Begegnung mit dem Schatten *Erkundungen in den Tiefenschichten des Bewußtseins*
(rororo sachbuch 8533)
Ganzheitliche Gesundheit *Der sanfte Umgang mit uns selbst*
(rororo sachbuch 8308)

Lutz Schwäbisch /
Martin Siems
Selbstentfaltung durch Meditation *Eine praktische Anleitung*
(rororo sachbuch 8321)

John Selby
Atmen und leben *Ganzheitliche Gesundheit durch Atemintegration*
(rororo sachbuch 8320)

Ulrich Sollmann
Bioenergetik in der Praxis *Streß-bewältigung und Regeneration*
(rororo sachbuch 8484)

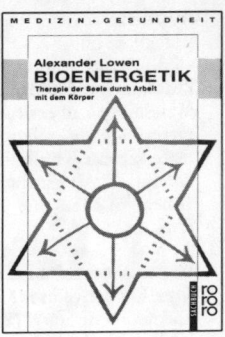

Alexander Lowen
Bioenergetik *Therapie der Seele durch Arbeit mit dem Körper*
(rororo sachbuch 8435)
Alexander Lowen geht davon aus, daß alle körperlichen und seelischen Vorgänge nur verschiedene Ausdrucksformen eines einzigen, einheitlichen Lebensprozesses sind. Sobald sich der Mensch seines Körpers wirklich bewußt wird, mit ihm «arbeitet», ihn «erlebt», gewinnt er ein völlig neues Verhältnis zu sich selbst und wird auch Angstzustände und Stress-Situationen überwinden.
Bioenergetik als Körpertherapie *Der Verrat am Körper und wie er wiedergutzumachen ist*
(rororo sachbuch 9149)

Ein Gesamtverzeichnis aller lieferbaren Titel der Reihe *rororo medizin und gesundheit* finden Sie in der *Rowohlt Revue*. Jedes Vierteljahr neu. Kostenlos in Ihrer Buchhandlung.

Oliver Sacks wurde 1933 in London geboren. Nach einem Medizinstudium in Oxford und neurophysiologischen Forschungen übersiedelte er in die USA. Er ist heute Professor für Klinische Neurologie am Albert Einstein College of Medicine in New York.

Der Mann, der seine Fau mit einem Hut verwechselte

(rororo sachbuch 8780) Erzählt werden zwanzig Geschichten von Menschen, die aus der «Normalität» gefallen sind.
«Oliver Sacks ist ein Neurologe, der ein "Sachbuch" geschrieben hat – und was für eins! Ein Fachbuch, das ich jedem Neurologen, überhaupt jedem Arzt auf den Nachttisch legen möchte...»
Die Zeit

Der Tag, an dem mein Bein fortging

(rororo sachbuch 8884 und als gebundene Ausgabe)
«...wahrheitsgetreue, sachkundige Horrorgeschichten aus der Welt der Medizin und Neurologie, erzählt als Stoff, aus dem Romane sind.»
Stern-TV

Stumme Stimmen *Reise in die Welt der Gehörlosen*

(rororo sachbuch 9198 und als gebundene Ausgabe)
«Ein spannendes, auf jeder Seite neu befriedigendes, bewegendes Buch ... Am Ende möchte man fast dasselbe tun, was Oliver Sacks nach dem Schreiben getan hat: die Gebärdensprache lernen.»
Journal München

Awakenings – Zeit des Erwachens

(rororo sachbuch 8878) Zwischen 1916 und 1937 grassierte weltweit eine Epidemie der sogenannten Europäischen Schlafkrankheit (encephalitis lethargica), eine Gehirnkrankheit, die neben Millionen Toten unzählige schwergeschädigte Menschen hinterließ. Ende der sechziger Jahre begann Oliver Sacks die Überlebenden dieser Krankheit mit einem neu entdeckten Medikament, L-Dopa, zu behandeln. Die Wirkung war überwältigend – jahrelang «erstarrte» Menschen erwachten plötzlich wieder zum Leben.
«Dies ist Literatur, wie sie nur wenige, Freud vielleicht und C. G. Jung, schreiben konnten, und ist zugleich sachliche Information.»
Gero von Randow

Eine Auswahl:

Medizin / Psychologie

Alfred Adler
dargestellt von Josef Rattner
(189)

Anna Freud
dargestellt von
Wilhelm Salber
(343)

Sigmund Freud
dargestellt von
Octave Mannoni
(178)

Erich Fromm
dargestellt von Rainer Funk
(322)

C. G. Jung
dargestellt von Gerhard Wehr
(152)

Alexander Mitscherlich
dargestellt von
Hans-Martin Lohmann
(365)

Paracelsus
dargestellt von Ernst Kaiser
(149)

Wilhelm Reich
dargestellt von
Bernd A. Laska
(298)

Naturwissenschaft

Giordano Bruno
dargestellt von
Jochen Kirchhoff
(285)

Charles Darwin
dargestellt von
Johannes Hemleben
(137)

Thomas Alva Edison
dargestellt von Fritz Vögtle
(305)

Albert Einstein
dargestellt von
Johannes Wickert
(162)

Nikolaus Kopernikus
dargestellt von
Jochen Kirchhoff
(347)

Alfred Nobel
dargestellt von Fritz Vögtle
(319)

Max Planck
dargestellt von
Armin Hermann
(198)

Ein Gesamtverzeichnis der
Reihe *rowohlts bildmono-
graphien* finden Sie in der
Rowohlt Revue. Jedes Viertel-
jahr neu. Kostenlos in Ihrer
Buchhandlung.

Medizin / Psychologie / Naturwissenschaft

rororo bildmonographien